本书为国家社科基金（16BH133）"基于乡村治理的闽台妈祖信俗与乡土文化互动发展研究"资助成果

MINTAI MAZU XINSU YU XIANGTU WENHUA
HUDONG FAZHAN YANJIU

闽台妈祖信俗与乡土文化 互动发展研究

基于乡村治理视角

宋建晓 著

人民出版社

责任编辑:翟金明
封面设计:石笑梦

图书在版编目(CIP)数据

闽台妈祖信俗与乡土文化互动发展研究:基于乡村治理视角/宋建晓 著. —北京:
　人民出版社,2019.11
ISBN 978－7－01－021116－9

Ⅰ.①闽…　Ⅱ.①宋…　Ⅲ.①神-信仰-民间文化-关系-农村-群众自治-
研究-福建、台湾　Ⅳ.①B933②D638

中国版本图书馆 CIP 数据核字(2019)第 158888 号

闽台妈祖信俗与乡土文化互动发展研究
MINTAI MAZU XINSU YU XIANGTU WENHUA HUDONG FAZHAN YANJIU
——基于乡村治理视角

宋建晓　著

人 民 出 版 社 出版发行
(100706　北京市东城区隆福寺街 99 号)

环球东方(北京)印务有限公司印刷　新华书店经销

2019 年 11 月第 1 版　2019 年 11 月北京第 1 次印刷
开本:710 毫米×1000 毫米 1/16　印张:19.25
字数:295 千字

ISBN 978－7－01－021116－9　定价:69.00 元

邮购地址 100706　北京市东城区隆福寺街 99 号
人民东方图书销售中心　电话 (010)65250042　65289539

目　录

序　一

　　《闽台妈祖信俗与乡土文化互动发展研究——基于乡村治理视角》是一部有价值、有意义的新作。2016年,我在《福建日报》上发表了《妈祖文化的三大功能与我国当前发展战略》,提出妈祖文化有三大功能:传承中华民族优秀传统文化,与社会主义核心价值观相承接;促进海峡两岸的"文化认同"与"民族认同";担当海上丝绸之路的和平文化使者,传播中国的海洋文明观。现在,拜读了这本书稿,我意识到妈祖文化还有一大功能,就是在闽台妈祖文化与乡土文化互动发展中,它对乡村治理有着重要的意义和作用。广而推之,我国各个地域民间文化都有与乡土文化的互动关系,都有在创造性发展和创新性转化过程中对乡村治理发挥其作用的问题。

　　本书从福建省乡土文化和乡村治理的现状出发,以妈祖文化为切入点,通过梳理和对比闽台妈祖信俗与乡土文化的互动发展模式,总结出我国台湾地区在乡村治理领域中积极引入民间信仰的力量,从而形成一种良好社会关系的成功做法,分析了福建省妈祖信俗参与乡村治理中存在的不足与值得反思的问题,并借鉴台湾地区在促进妈祖信俗与乡土文化、乡村治理共同发展的有效经验,为福建省充分利用优秀传统乡土文化提升乡村治理水平提供重要参考。那么,从乡村治理着眼,台湾地区妈祖信俗与乡土文化是如何互动发展,它为我们提供了哪些可借鉴的经验呢? 书中概括为"文化纽带""整合器""助推器""规制工具"四个方面。

　　所谓"文化纽带",即妈祖文化是台湾村社和谐的"文化纽带"。在台湾,妈祖文化之所以能够成为乡村建设中的重要构成元素,就在于它具有维系乡土认同、增强社会凝聚力以及整合社会意识的"文化纽带功能"。其中一个重要的环节是把对妈祖的崇敬内化为对邻里乡亲的爱与和善,引导人们一心向善,努力使自己的行为符合道德和法律的规范,积极适应时代的变化和发展,使生活呈现出文明和谐的人文感受。

所谓"整合器",即妈祖宫庙在台湾是兼具有神圣性和地方公益事业双重属性的重要场所,宫庙负责人虽然没有基层干部的身份,却能够在调解民间纠纷、组织村民集体参加公益事业时发挥作用。这也说明当代妈祖信俗主旨已转向教化百姓和谐向善,这与提倡节约、文明和环保等现代社会的主流价值观是契合的。"整合器"的意义就在于把社会上各个不同利益集团的价值观综合统一起来,形成一个供大家共同遵守的规范,以此增强社会的稳定性。

所谓"助推器",即妈祖宫庙对台湾地区村社经济、旅游经济的发展有直接或间接的促进。在有些地方还形成一整条"寺庙"产业链,甚至成为一个地区的商业和经济活动中心。台湾地区妈祖庙会现已成为当地一个标志性的文化符号和文化印记,对吸引两岸同胞乃至全球华人华侨的观光旅游起到了重要作用,对区域经济发展有推动作用。

所谓"规制工具",即妈祖信俗的主旨随着时代的变迁不断丰富。目前除了可以延伸到保护传统文化和人文景观的作用外,诚实、公正、守信等在经济生活中至关重要的美德,通过妈祖信俗以潜移默化的方式传递给信众并对其他社会成员造成影响,产生一定的规制作用,使遵守道德规范和法律程序内化于广大民众的自觉行为当中,从而对提升台湾社会的文明和谐程度,减少村社管理成本奠定了重要的价值基础。

台湾地区妈祖信俗与乡土文化的互动发展模式及其在乡村治理方面所发挥的作用,有许多值得肯定和借鉴的地方,但也有值得反思之处。比如妈祖信俗中某些"迷信"的成分对民众思想就有负面作用。如果一味地靠求神拜佛来改变命运,由此把人生观、世界观建立在宿命论、命由天定的基础上,丧失进取和拼搏精神,就会产生负面作用。再如在台湾妈祖绕境进香活动中,不但大量燃放烟花爆竹会污染环境,而且还出现过抢妈祖銮轿的现象,这种行为有时还会引起冲突甚至酿成群体性事件。此外,随着城市的急剧扩张和城镇化的迅速推进,外来文化受到广大年轻人的追捧,妈祖文化若不与时俱进、适时转化发展,就会日渐式微,甚至消亡。

在我国大陆的许多地方，对于乡村治理普遍存在这样一个误区，认为乡村治理主要是政府机构、"村两委"负责的事，与民间组织机构关系不大，因而很少注意把民间文化与乡土文化相融合发展，在乡村治理中发挥作用。现在应该转变观念，让"村两委"和妈祖宫庙组织都充分认识到在乡村治理上两者各自的优势，不同的主体发挥不同层面的作用，通过优势互补提升治理水平。

我们知道，妈祖文化融合了中华儒释道文化的因素，蕴含着仁爱道德、拼搏精神、和谐正义等优秀传统文化因子，与社会主义核心价值观有相通之处，因而在乡村治理中对妈祖文化中的积极因素进行挖掘、继承、弘扬和践行，使之与社会主义核心价值观相适应，在乡村治理中发挥出其正能量的作用，是完全可行的。在这里，我认为有三个方面大有可为，一是对于妈祖信俗，弱化其宗教性而强化其文化性；二是有意识地促进妈祖文化与乡土文化的融合发展；三是有意识地使妈祖文化、乡土文化和乡村治理形成三位一体的良性互动。

这本书使我们看到，围绕着妈祖文化，闽台等地的"文化社会学"大有用武之地。今后，学者和研究人员做社会学调查时，在闽台地区，妈祖文化与乡土文化、乡村治理，既是一个学术增长点，也可形成社会学中的文化社会学这样一个分支。做这样的学问，既可做出学术创新，也可给政府决策提供有益的参考，有利于乡村社会的健康发展。我期待着在这个著作基础上，宋建晓教授和他的团队做出新的成就！

王震中

中国社会科学院学部委员

序　二

　　妈祖信俗,作为传统民俗文化,历经千年而绵延不衰,颇令人费解。但考察其发展的过程,不难发现其独特魅力所在。随着2009年妈祖信俗被联合国教科文组织列入"人类非物质文化遗产代表作名录",妈祖信俗逐渐升格为带有强烈中华文化印记的世界性精神信仰,成为海峡两岸同胞乃至全球华人寻找文化和情感归属的重要纽带。2016年,以妈祖信俗为核心的妈祖文化,被写入国家"十三五"规划,标志着妈祖信俗在国家战略发展中占有一席之地。2017年,习近平总书记在会见全国精神文明单位代表时,嘱托要"保护好湄洲岛",对妈祖信俗的作用发挥再次给予高度关注。

　　近年来,国内外众多专家学者从事妈祖文化的相关研究,取得了丰硕的成果,但是学术界对妈祖信俗与乡土文化互动的现象及对两岸社会治理影响方面的研究还比较匮乏。本书基于乡村治理的视角,探讨闽台妈祖信俗与乡土文化互动发展的轨迹、模式及对现存问题进行反思,并以实证分析的方法,比较闽台妈祖宫庙对乡村社会治理的作用方式,借鉴日本佛教文化对社会治理的经验,提出福建省利用妈祖信俗与乡土文化促进乡村治理的策略,从而为进一步保护非物质文化遗产,深化两岸交流合作,引导民间信仰与社会主义精神文明建设相适应提供重要的理论和实践支撑。

　　德国古典哲学家黑格尔曾经说过:"凡是存在的都是合理的,凡是合理的都是现实的。"妈祖信俗在千年传承发展中能够不断地闪烁光芒,很重要的是与时偕行,不断地扬弃,彰显其价值。在"一带一路"建设与两岸和平发展的背景下,如何以妈祖信俗这一扎根于基层民众内心的精神载体来推动社会治理,促进民心相通,维护和谐发展,构建人类命运共同体,本书的研究无疑具有很强的现实意义。本书还以宽广的视角、严密的论证、科学的方法开辟了妈祖信俗文化研究的新天地，也为非物质文化遗产和民间信仰价值研究，提供了借鉴参考。

　　当然，妈祖信俗方面的研究博大精深，既有考证方面的基础研究，也有影响方面的应用研究，唯有将二者充分结合起来，不断挖掘其有益成分，使之与当前的主流核心价值相适应，才能更好地服务于中华民族的伟大复兴！

　　是为序。

方宝璋

江西财经大学首席教授

前　言

党的十八大以来,习近平总书记高度重视传承发展中华优秀传统文化,多次作出重要指示。早在 2011 年,习近平同志就指出:"既是乡土文化之一也是重要旅游资源的妈祖文化,是凝聚两岸同胞的一条纽带,要充分发挥其在促进两岸交流合作中的重要作用。"2017 年 11 月在京举行的全国精神文明建设表彰大会上,习近平总书记亲切接见与会代表时,嘱托莆田"要保护好湄洲岛",再次指示要传承保护好发源于湄洲岛的妈祖文化。因此,以妈祖文化作为纽带,加强对台交流,借鉴台湾经验,挖掘妈祖文化的积极因素,使之与乡村治理融合发展,具有很强的现实意义。

本书立足于福建省乡土文化发展和乡村治理的现状,以妈祖文化为主线,对比闽台妈祖信俗与乡土文化的互动发展模式,剖析闽台推动妈祖信俗与乡土文化互动发展中存在的不足及制约因素,总结台湾地区利用妈祖信俗促进乡村治理的成功经验,借鉴日本以佛教和民间信仰推动社会治理的做法,提出福建省利用妈祖信俗与乡土文化促进乡村治理的策略。

绪论,主要从研究概述、研究内容、研究方法、研究意义等方面进行引言。第一章,概述闽台两地妈祖信俗与乡土文化发展的基本情况。分别阐述闽台妈祖信俗的起源、保护、传承与发展,以及闽台乡土文化传承与发展情况,并作出比较。第二章,探究乡村治理视野之下福建妈祖信俗与乡土文化的互动发展情况。不仅对福建乡村治理的现状进行梳理,而且对福建省妈祖信俗与乡土文化在现阶段的互动发展困境及制约因素进行分析,指出传统乡村管理对妈祖信俗与乡土文化互动发展的具体影响。第三章,以妈祖信俗在台湾地区传播和发展的时间轴为序列,从历时性角度阐述台湾妈祖信俗与乡土文化互动发展历程及主要经验模式。第四章,选取福建和台湾有代表性的妈祖宫庙和乡村,着重讨论妈祖信俗与乡土文化、乡村治理的互动关系以及妈祖信俗对民众生活和社会行为的影响,并对闽台双方情况进行比较分析。第五章,借鉴日本利用宗教或民间信仰进行社会治理的主要经验,阐明其启示意义。第六章,在上述分析的基础上有针对性地提出福建省利用妈祖信俗与乡土文化,推动乡村治理水平提升的有效策略。第七章,从两岸交流合作与"一带一路"建设方面,就如何发挥妈祖信俗的独特价值,加以总结与展望。

本书的学术价值和应用价值主要体现在以下方面:

首先,理论意义。妈祖信俗这一民间信仰是我国优秀的传统文化,具有重要的学术科研价值。深入研究乡村治理背景下的妈祖信俗与乡土文化的内在联系,能拓展妈祖信俗的研究视角,为非物质文化遗产与乡土文化之间的相互作用提供学理支撑,对创新和完善乡村治理路径和机制,具有重大的理论意义。

其次,实践意义。通过总结妈祖信俗与台湾乡土文化互动发展的成功经验,以期为福建省创新乡土文化继承方式与转变传统乡村治理方式提供重要的实践基础和经验模式。通过梳理福建省乡土文化与乡村治理互动所取得的阶段性成效,以期将福建省在乡土文化发展和乡村治理模式创新的优势转变为台湾的发展优势,有利于实现两岸的优势互补与协同进步。妈祖信俗与社会主义核心价值观相契合,有着相通的文化因子。在约束和规范公民的社会行为中发挥着积极的作用,不仅有利于重塑和维护当代社会中缺失的价值信仰,更有利于维护社会的团结和稳定。

最后,战略意义。积极借鉴台湾在保护和传承妈祖文化的做法,大力推广妈祖信俗与乡村治理"无缝衔接"的优良模式,有助于提升妈祖文化在社会生活中的地位和影响力,促进闽台妈祖信俗与两地乡土文化、乡村治理理念的互通融合、和谐共生。加强对妈祖信俗及其文化的研究,有利于在"一带一路"沿线国家和地区中加强彼此之间的交流与互动,从而真正实现民心相通。

总之,台湾由于其特殊条件而形成的台湾妈祖信仰文化,既与大陆民间信仰文化有着千丝万缕的联系,又带有其特殊的乡土文化的印记。两岸关于妈祖信俗与乡土文化的互融互通以及在社会治理层面上功能发挥,妈祖信仰与社会结构关系等内容也亟待深入研究。本书尝试将妈祖信俗的力量"乡土化",使之成为一种能够推动乡村文化建设和治理方式创新的一股重要力量,既有利于创新妈祖文化和乡土文化的保护和传承模式,又为乡村治理模式提供新的视角,助力我国乡村振兴战略的实施。本著作旨在抛砖引玉,引起更大范围更为深入的探究。

宋　建　晓
2019 年 8 月于莆田学院

绪　论

妈祖信俗,历经千年而绵延不衰,由福建省东南沿海的民间信仰逐渐升格为带有强烈中华文化印记的世界性精神信仰,成为海峡两岸同胞乃至全球华人寻找文化和情感归属的重要桥梁和纽带。随着妈祖信俗在我国建设与发展中地位的不断提升,关于妈祖信俗的研究逐渐复兴,研究的现实性也愈加鲜明。几十年来,国内外众多专家学者从事妈祖文化的相关研究,取得了丰硕的研究成果。但是学术界对于妈祖信俗的研究主要集中在妈祖信仰的传说、信仰传播、宫庙建设的沿革、祭祀等方面,两岸信俗文化互动的现象和对社会的影响及展望的研究,相对匮乏。探究妈祖文化与乡土文化的互动发展,以妈祖文化促进和提高两岸乡村治理水平方面的研究几乎还是空白。妈祖文化蕴含着精神、物质、伦理文化层面的丰富内涵。在海峡两岸互动机制日趋多元化的今日,有关妈祖文化的研究,除了基本的精神层面的探讨以外,还应该发挥两岸妈祖文化的互动关系,促进两岸更多的交流和借鉴。为此,本书基于乡村治理的视角,探讨闽台妈祖信俗与乡土文化互动发展的轨迹、模式及对现存问题进行反思,并以实证分析的方法,比较乡村治理视野下的闽台妈祖宫庙与乡土文化之间的互动机制,总结妈祖信俗与台湾乡土文化互动成效,为福建省弘扬乡土文化、提高乡村治理水平提供借鉴,从而为进一步保护非物质文化遗产,深化两岸交流合作,引导民间信仰与社会主义精神文明建设相适应提供重要的理论和实践支撑。

一、研究背景

首先,由于历史原因,自 1949 年后海峡两岸中断交流长达三十余年。

1987 年台中县大甲镇澜宫 200 多位妈祖信众提前开启了两岸破冰之旅,出现了"官不通民通,民不通以妈祖为先"的局面,在海峡两岸及全世界华人中引起巨大反响,妈祖文化及相关活动随之复兴。随着我国社会进入快速转型期,尤其是 2009 年联合国教科文组织将妈祖信仰民俗正式列入"人类非物质文化遗产代表作名录"之后,各种关于妈祖信俗的研究和活动日益升温,传承、弘扬和发展妈祖文化也上升为一项重要的国家文化任务。

其次,习近平总书记强调要实现"理论自信、道路自信、制度自信和文化自信",妈祖文化作为中华优秀传统文化的重要组成部分,承载着实现中华文化伟大复兴的光辉使命。妈祖信仰跨越民族、种族和地区,发展至今已逾千年,具有极其深厚的底蕴和内涵。在当代,妈祖文化在实现中华文明复兴中的重要作用不仅受到了国内学者的普遍重视,同时也逐渐成为海外学者关注的一大重点。随着中国国际地位的提升,妈祖文化中所蕴含的历史、宗教、文化、民俗等方面学术价值必将受到国内外学术界更为广泛的关注。

再次,随着发挥妈祖文化作用被正式写入"十三五"规划,弘扬和利用妈祖文化成为国内的一项重要举措。为此,我们要认识到妈祖文化动态价值已经进入新的历史阶段,深入挖掘妈祖文化与社会治理、乡土文化之间的内在关系,加强各妈祖信仰圈和国内外学者的交流和互动,努力提升妈祖文化软实力,为"一带一路"倡议的顺利推进、世界的和谐稳定、全球经济的繁荣发展,提供强有力的支撑。

最后,莆田市作为妈祖信俗及妈祖文化的发源地,已经正式加入了海丝"申遗"城市联盟,成为中国 9 个海丝"申遗"城市代表之一。同时,湄洲妈祖祖庙也入选中国"海上丝绸之路·中国史迹",申报世界文化遗产首批文物点。此外,莆田市政府还将投资 4 亿元,积极推进世界妈祖文化中心建设①,并借此平台打造一系列妈祖文化品牌,致力于提升妈祖文化的国际影响力。这为开展闽台妈祖信俗与乡土文化的互动研究提供了充分的条件。

---

① 《莆田打造世界妈祖文化中心把传承和弘扬妈祖文化融入"海丝"战略》,见 http://www.fj.chinanews.com/news/2017/2017-02-16/373458.html,访问日期 2017 年 8 月 16 日。

二、研究概述

(一)相关概念

　　一是妈祖信俗。妈祖是北宋时期的一个女子,她大爱奉献,乐于助人,常常为困难船民提供帮助,在她去世后乡人感念她的恩德,广泛传颂她的事迹,使其成为中国航海界共同祭祀的神灵,又由从事海上贸易或移民的人们传播到世界各地。《妈祖文化简明读本》提及:妈祖文化是基于妈祖的感人事迹而形成的,以崇奉和颂扬妈祖的立德、行善、大爱精神为核心,以妈祖宫庙为主要活动场所,以有关传说、文献、祭祀、进香、巡安、庙会等为传播途径,具有海洋文化特色的一种民俗文化。[①]　王霄冰等(2013)认为妈祖信俗是当代对于妈祖信仰及其文化的统称。它是在申报"人类非物质文化遗产名录"的过程中确定下来的一个概念,在内涵上与 20 世纪 80 年代以来学术界使用的"妈祖文化"基本一致。其中"妈祖"为清代以来民间对这一神灵的通用名称,它最早盛行于厦台地区的海峡两岸,19 世纪来华的传教士和西方学者也大多采用这一名称,因此,当相关信仰文化在当代的大陆地区得以恢复时,"妈祖"也就自然而然取代了"天妃""天后"等帝王时代的称号而成为标准化名称。在以"妈祖信俗"之名申请列入"人类非物质文化遗产名录"过程中,在"非遗"保护专家们的参与和启发下,锤炼出妈祖精神六个字:立德、行善、大爱。内容分为三块:祭拜、传说故事、相关习俗。本书所提及的妈祖信俗概念沿用前人所提炼的概念,正如妈祖祖庙发行的宣传手册上所写的那样:妈祖信俗也称为娘妈信俗、娘娘信俗、天妃信俗、天后信俗、天上圣母信俗、湄洲妈祖信俗,是以崇奉和颂扬妈祖的立德、行善、大爱精神为核心,以妈祖宫庙为主要活动场所,以庙会、传说、习俗等为表现形式的民俗文化。妈祖信俗由祭祀仪式、民间信俗和故事传说三大系列组成。[②]

[①]　参见林国良:《妈祖文化简明读本》,福州海风出版社 2014 年版,第 287 页。
[②]　湄洲妈祖祖庙董事会编:《天下妈祖在湄洲》(内部资料)。

　　二是乡土文化。著名社会学家费孝通先生认为:"'文化'指的是一个民族,或者群体,共有的生活方式与观念体系总称。"①它是共同生活的人群在长期的历史中逐渐形成起来的。② 在费先生看来,中国文化是土地里长出来的,而且一直在土地的封锁线内徘徊:一方面国家的收入要靠田赋,另一方面农民的收入要靠农产,离开了土地就没法生存。③ 由于农业家庭依靠土地为生,因此一旦获得土地就会稳定下来繁衍子嗣、传承家产,建构起跟土地直接相关的家族和村落文化。

　　对于乡土文化的解读可以是多重的、见仁见智的。陈崇贤(2011)认为乡土文化是起源于农业文明社会,并在一定地域范围内衍生和发展的文化形态。在传统的农业社会形态里乡土文化由乡村社会环境下的群体历经世代相互传承,形成了一个系统、多样、内容丰富的文化脉络。它包含了个体和集体共同努力的结果,是一种带有强烈地方特色的文化积淀,也反映了在一定范围内特定的环境条件下人与自然、人与人相互依存的生存哲学。包括地方的地域特色、历史遗迹、建筑形式、空间形态、民风民俗等内容。刘晓峰(2014)认为乡土文化本质上是一个界域概念,它蕴含了两个前提假设:一是成为乡土这一"社区"类型的存在,即认为在乡土这个区域范围内,存在一个自治的、自给自足的群体共享同一个文化类型;二是认为乡土文化是一种区别于现代(城市)社区文化甚至与现代(城市)社区文化截然相反的文化类型。王华斌(2013)认为乡土文化是乡村特定区域环境下所酿生的共性文化积淀,反映特定时代民族传统文化及乡村经济社会现状。

　　本书认为乡土文化是在乡村中长期共同生活所形成的乡村特有的相对稳定的生活方式和思想观念体系的总和,包括了乡村物质文化、乡村规范文化和乡村表现文化三层结构。乡村物质文化是指以乡村物质形式作为意义的符号载体,如通过乡村的自然风光和建筑风格以及农作方式等体现出来的文化。乡村规范文化在实体上由乡村的行为方式、制度或社群构成,一方面体现和贯

---

　　① 费孝通:《费孝通九十新语》,重庆出版社2005年版,第164页。
　　② 费孝通:《费孝通九十新语》,重庆出版社2005年版,第145页。
　　③ 费孝通:《土地里长出来的文化》,《费孝通文集》第4卷,群言出版社1999年版,第176—180页。

彻了乡村社会的价值和规范,即文化的规则或深层结构;另一方面构成了某种集体意识或伦理意义,具体表现为乡村社会的习俗、舆论和文化观念等。乡村表现文化则是指通过乡村语言、图像、色彩、音调和姿势等体现出的文化,广义的不仅包括纯粹的表现文化,也包括物质表现文化和行为表现文化,具体如农耕文化、民俗节庆以及乡村传统工艺等。

三是治理。国内相关研究人员围绕"治理"提出许多具有借鉴意义的理论,体现了不同时代国内外相关研究者关于治理观念的不同认知。从本体论来看,治理(governance)具有控制、指导和操纵等含义。作为政治学概念,治理则主要指"统治者或管理者通过公共权力的配置和运作,管理公共事务,以支配、影响和调控社会"。① 治理作为政治词汇,在中国文化传统中源远流长。在中国文化语境中作为政治词汇的治理,主要有以下几个方面的含义:第一,指统治,这是治理最原始和基本的意思,反映了统治者对社会的统治和统治者与被统治者的关系。《商君书·更法》提到的"治世不一道",《老子》中的"治大国若烹小鲜",《孟子·滕文公上》提到"或劳心,或劳力。劳心者治人,劳力者治于人,治人者食人",等等。这里的"治"都是指"统治"。第二,指秩序安定。与"乱"相对应。《墨子·兼爱上》提到"天下兼相爱则治,交相恶则乱"。这里的"治"都是指政治社会的稳定秩序。第三,整顿,惩处。指统治者为达到一定目标对政治和社会事务的管理过程。如治罪,治水,治沙等。第三层含义在当下日常政治社会生活中时常可见,如治理整顿、专项治理、综合治理等。

英语中的治理(governance)一词源于拉丁文和古希腊语,原意为控制、引导和操纵。长期以来它与统治管理和政府活动联系在一起,主要用于与国家的公共事务相关的政治和管理活动。② 20 世纪 90 年代以来,西方政治学和经济学家赋予"governance"以新的含义,对治理概念做出了多种界定。不仅其涵盖的范围远远超出了统治的经典意义;而且含义也与"government"相去甚远,区别甚至对立于传统的"统治"(governing)和"政府控制"(government)思

---

① 徐勇:《GOVERNANCE:治理的阐释》,《政治学研究》1997 年第 1 期。

② 早在 14 世纪末叶,英格兰国王亨利四世就使用过这个概念,用以表明上帝之法授予国王对国家的统治之权。因此,传统意义上的"governance""governing"与"government"等概念含义的区别不大,都表明了君主或国家至上权力的统治、管辖、支配和控制。

想和观念。人们还从"治理"理念中引申出"善治"(good governance)的目标,用以表达对依靠自身的创造能力,运用有效的管理途径,驾驭瞬息万变的环境,实现人类可持续发展和提高公民普遍福祉的期盼。由于研究者的视野局限在特定国家或特定的角度,对初露端倪的或不断变化的现象把握的尺度、采用的标准、得出的结论并不统一。故此,治理的概念也五花八门,且彼此间还存在着矛盾和争议。罗伯特·罗茨认为,治理涉及一个全新的社会统治、控制方式转型的进程。他认为,"治理"概念蕴含六个相对独立的角度或层次:第一,作为最小国家的治理模式,即主张建立小而精的政府的观念,尽量减少国家在社会经济生活中的作用。第二,作为公司治理模式的治理,强调服务提供中的公正性、开放性和全面解决问题的责任。第三,作为新公共管理的治理,倡导将私营部门的管理主义精神和市场的竞争机制引入公共部门与公共服务之中,提高公共管理的绩效。第四,作为善治的治理,立意于在一个民主授权的机制下,建立比政府组织更广泛的、更开放的公共事务管理与服务体系。第五,作为新的社会控制系统的治理,认为社会政治体系或模式的形成是行为者互动参与的结果,在这种互动过程中,维持体系运行的不是来自等级制式自上而下的命令控制,而是平等的行为主体之间在相互影响与妥协。第六,作为自组织网络的治理,强调建立以信任、合作、互惠为基础的社会资本资源交换和共享的自主性网络,形成社会自主的和公民自我的管理模式。与此同时,罗兹还通过对支撑人类社会的三大制度体系,即市场模式、政府模式和治理模式三者的比较,提出了他所认为的当代治理的显著特征。① 格里·斯托克则从五个方面阐述了他对"治理"特征的理解。第一,治理是出自政府组织但又不限于政府的一套进入公共政策过程的社会公共机构和行为者,即治理主体范围大于政府组织体系。第二,治理是指在为社会和经济总体问题寻求解答的过程中,存在着行动界限和责任方面的模糊之点,即政策执行的过程更加明显地被分割了,多个行动主体分担着管理职能。第三,治理是在涉及集体行动的各个社会公共机构之间存在着权力的相互依赖关系。第四,治理指社会中各类

---

① [英]罗茨:《新的治理》,转引自俞可平《善治与治理引论》,《马克思主义与现实》1999年第5期。

行为者网络组织的自主自治管理。第五,治理观念认定,办好事情的能力并不只在于政府的单一的权力和力量,也不在于政府是否下命令或运用其权威,而在于政府与公民社会之间广泛的社会联系,但政府可以动用新的治理工具和技术来控制和引导其发展,政府的能力和责任就在于此。这些界定实际上勾勒出当代治理模式动向的一些基本规则和特点。①

库伊曼和范·弗利埃特指出,传统的公共行政将关注的焦点只放在政府这个单一中心上,将管理视野仅仅停留在政府如何控制社会的单向维度上。实际上,治理是一个比政府管理外延更广泛的现象,"它的概念是,它所要创造的社会结构或秩序不能由外部强加;它之所以发挥作用,是要依靠多种相互发生影响的行为者的互动。这种互动是由参与者共同的目标支撑的"②。在治理的体系中,公共部门与私营部门、公民组织一起解决问题,创造社会发展机会,以促进善治目标的实现。

在莱斯特·塞拉蒙看来,当今的治理被看作是一种与传统政府统治迥然相异的新范式,塞拉蒙称之为"新治理"(new governance)。在这里,治理被认为是实现公共服务效益、效率、公平的基本工具,是超越于"公"与"私"二元结构的、实现社会网络体系化的策略创新。"新治理"主张,在公共政策的"分析单位"上,从局限于单一性公共机构或公共项目管理,向雨后春笋般发展起来的多样化治理工具转变;从注重纵向控制的科层制组织,向横向构建的社会网络体系转变;从公共部门与私营部门的对立,向公共部门与私营部门和其他社会组织建立新型关系转变;从科层制式的自上而下的命令体系,向以社会网络为依托的合作式的协商与说服转变;从适应公共行政的种种管理技能,向适应治理要求的授予权力的技能(enablement skills)转变。③

上述可知,不同研究者对治理概念界定的方式和范围是不同的,他们对治理运用与阐述的角度和重点也有差异。一些研究者指出了治理的内涵与实

---

① 　[英]格里·斯托克:《作为理论的治理:五个论点》,转引自俞可平《善治与治理引论》,《马克思主义与现实》1999年第5期。

② 　[英]库伊曼和范·弗利埃特:《治理与公共管理》,转引自俞可平《善治与治理引论》,《马克思主义与现实》1999年第5期。

③ 　[美]莱斯特·M.塞拉蒙等:《全球公民社会——非营利部门视界》,社会科学文献出版社2002年版。

质,而另一些研究者则是通过对治理外延性特征的描述来界定治理这个概念的。尽管如此,治理概念的一些核心要素还是为学者们所公认的:第一,治理意味着政府组织已经不是唯一的治理主体,治理承担着扩展政府以外的公共机构和私人机构;第二,治理中的权力运行方向发生变化,从单一向度的自上而下的统治,转向上下互动、彼此合作、相互协商的多元关系;第三,形成了多样化的社会网络组织,从事公共事务的共同治理;第四,政府治理策略和工具向适应治理模式要求的方向改变。尽管当代"治理"在公共权力的配置和运作方式上与传统"治理"发生了很大变化,但其运用公共权力进行政治管理的本质并未发生变化。正如世界银行采用的治理概念表述方式,"它涉及运用政治权力来管理国家的事务","而要达到治理的目的,必须借助公共权力。因此,在治理的逻辑结构中,公共权力是最为核心的概念"①。

四是乡村治理。20 世纪 70 年代以来学界重新认识到乡村的发展对中国社会发展的意义和地位不容小觑,1998 年华中师范大学中国农村研究中心徐勇等人吸收国外治理理论,把"治理"一词引入乡村社会研究中,结合中国国情首次提出"乡村治理"的概念。之后学界不断从不同角度丰富完善"乡村治理"的定义,对乡村治理展开广泛而深入的研究,取得丰硕的成果。乡村治理内涵较为丰富,相关文献对乡村治理的内涵界定目前有代表性的观点主要有以下几种:

徐勇把"治理"一词引入乡村社会研究中,提出了"乡村治理"的概念。他认为,乡村治理主要指人们运用公共权力对乡村社会的治理过程和绩效。②这个概念强调公共权力在乡村治理中的配置与运作,对村域社会进行组织管理和调控,从而达到一定目的的政治活动。贺雪峰认为"乡村治理是指如何对中国进行,或中国乡村如何可以自主管理,从而实现乡村社会的有序发展。"③这个概念主要阐述了乡村治理这个词有两个偏向性的所指,一是强调地方自主性,二是强调解决农村社会发展中存在问题的能力。他强调从宏观、中观和微观三个层次来对乡村治理进行界定和研究。俞可平认为"农村治理

---

①　徐勇:《GOVERNANCE:治理的阐释》,《政治学研究》1997 年第 1 期。

②　徐勇:《GOVERNANCE:治理的阐释》,《政治学研究》1997 年第 1 期。

③　贺雪峰:《乡村治理研究与村庄治理研究》,《地方财政研究》2007 年第 3 期。

就是农村公共权威管理农村社区,增进社区公共利益的过程"①。这里的公共权威既可以是官方的,也可以是民间的,或官方与民间机构的合作。党国英将乡村治理的定义为"乡村社会处理公共事务的传统制度,包括选举政府首脑、监督政府工作和设置政府更迭的程序,也包括政府制定、执行政策的能力及居民对这些制度的服从状况"②。这个概念主要强调乡村治理是指以乡村政府为基础的国家机构和乡村其他权威机构给乡村社会提供公共品的活动,乡村治理的基本目标是维护乡村社会的基本公正、促进乡村社会的经济增长以及保障乡村社会的可持续发展。卢福营(2009)则通过对当代浙江乡村治理变迁研究,认为乡村治理主要是指人们通过对公共权力的配置和运作对乡村社会实施组织、管理和调控的过程。权丽华(2006)在总结前人有关乡村治理内涵的基础上,从多角度对乡村治理进行了概括,认为乡村治理就是乡镇政府、其他权威机构和各种民间社会力量等多种主体,通过良性互动和共同运作,影响和调控乡村社会公共事务的过程。

上述学者对乡村治理内涵的概括都有两个共同的地方:一是乡村治理的主体是多样性的,以某一个为主体,相互协调、配合。二是乡村治理的目的是促进乡村的可持续发展。本书认为乡村治理就是中央政府、地方政府、乡村集体、社会组织、乡村成员等等多元主体协同分工有机组合相互配合共同促进乡村可持续发展。

(二)国内相关研究现状

1. 妈祖信俗研究

妈祖文化的研究始于宋代,至今千余年。宋代学者对妈祖的文字叙述较多,如莆籍状元黄公度在《题顺济庙》(1151)一诗中写道:"枯木肇灵沧海东,参差宫殿崒晴空。平生不厌混巫媪,已死犹能效国功。万户牲醪无水旱,四时歌舞走儿童。传闻利泽至今在,千里危樯一信风。"③作者运用诗歌的形式,既

① 俞可平、徐秀丽:《中国农村治理的历史与现状》,《经济社会体制比较》2004年第2期。
② 党国英:《废除农业税条件下的乡村治理》,《科学社会主义》2006年第1期。
③ 《妈祖文化与"一带一路"建设:如何从民俗信仰到民心相通》,见 http://pt.fjsen.com/xw/2017-02/28/content_19163994.htm,访问日期:2017年4月18日。

讲述了妈祖的传说与故事,又介绍了妈祖的文化背景;既指出了妈祖的护国佑民宗旨,又描写了妈祖民俗活动;既总结了妈祖文化传播的历史,又点明了妈祖是护佑海上航行的海神。黄公度对妈祖文化的深刻认知和概括,观此后数百年,无人能出其右。元代黄渊,明代学者黄仲元,清代学者全祖望、赵翼等也对妈祖文化有一定的研究并提出过自己的见解。而在 1916 年我国学者蜇庵撰写《台湾妈祖庙游记及天妃考略》,1929 年顾颉刚等学者发表了多篇研究文章①。此后,因各种原因,对妈祖文化的研究进展缓慢甚至陷入停滞状态。1987 年,恰逢妈祖羽化千年,福建莆田湄洲举办"妈祖千年祭"活动,妈祖文化概念由此而生,在海峡两岸产生巨大影响,推动妈祖文化成为热门的研究课题。特别是进入 90 年代以后,国家层面肯定宗教的正面价值,认为宗教具有教化社会的功能性,能与社会主义相适应,是促进社会主义建设的力量。此后,以台湾大甲镇澜宫的破冰之旅为契机,妈祖信俗在民间影响力不断扩大,国家高度重视通过妈祖信俗提升文化软实力,学界研究又重新掀起了一股"妈祖热"。近十多年来,妈祖文化研究界崛起了一批引人瞩目的年轻研究团队,他们都在硕博阶段专注于妈祖文化的研究,其学位论文也是选取妈祖文化为题材。如果说以往的学者多是放眼妈祖文化的整体,那么新生代的研究者则更多关注妈祖文化本身丰富的社会文化现象,更注目于"细部",这使得妈祖文化研究呈现出走向纵深的良好趋势。

当前大陆的学界关于妈祖信俗的研究主要立足于妈祖的起源与传播、妈祖信仰的精神内核、妈祖信俗的社会功能等三大研究视角。一是妈祖起源与传播。妈祖信仰可追溯至宋朝,经过历代的加封和传颂,在大陆约 22 个省份有供奉妈祖的庙宇,其中大部分集中在福建、广东、山东等沿海省份。关于妈祖的身世及其济世显灵的事迹,历来众说纷纭。妈祖信仰在诞生之初,其影响仅限于莆田滨海区域,其后妈祖信仰的影响不断扩大,从海滨一隅传播至全国乃至成为全世界华人的共同信仰。关于这些问题,众多学者进行过深入探讨。徐晓望(1997)认为妈祖文化广泛传播的主要原因主要有三。其一是宋朝以

---

① 《妈祖文化与"一带一路"建设:如何从民俗信仰到民心相通》,见 http://pt.fjsen.com/xw/2017-02/28/content_19163994.htm,访问日期:2017 年 4 月 18 日。

后中国频繁海事活动的发展让中国人认识到大海的伟大,产生崇拜海洋的情结,这种感情抒发于信仰领域便造成了航海保护神的崇拜——妈祖崇拜,使妈祖具备传向全国的条件。其二是和闽人在中国航海界的地位有关。闽人在航海领域不可动摇的地位,闽人的航海文化在航海领域也有了绝对的权威,因此闽人的航海之神被传向全国也是不足为奇的。此外主要是闽人在中国商界的地位、海神成为最高水神以及官府的崇祀。妈祖文化对内陆的传播亦始于宋代。陈祖芬(2017)认为妈祖信仰自元代传入闽北地区,其主要的传播方式有外引式迁移扩散传播、内化式渗透传播和自上而下推送式扩散三种方式。传播途径大体有船工、商人、航海者、官员、其他民众五种,并以自闽江下游遡沿闽江而上,沿江河溪流的路线进行传播。到了明清时期,妈祖文化的传播就相当广泛了,妈祖文化向海外传播主要也是在这一时期。松尾恒一(2018)认为17世纪以来,日本在锁国政策下,仅开放长崎作为对外交流的门户。从清代中国到访长崎的商人主要来自浙江、南京、福建、广东等地。这些来访的清朝华商的海上航行时船内的妈祖祭祀以及旅居长崎期间与妈祖相关的信仰和祭祀行为对妈祖文化传播起到关键作用。

二是妈祖信仰的精神内核。谢重光(1997)认为妈祖信仰在发展演变过程中,儒释道三教都竞相对妈祖信仰渗透和施加影响。儒释道三教思想和宗教因素的兼收并蓄,又是三教合一潮流在民间信仰方面的具体反映。徐晓望(2002)认为妈祖信仰最早不是任何宗教,仅是普通百姓崇拜的一个民间女神。当这一信仰产生、发展并造成广泛影响之后,妈祖信仰才被佛教、道教纳入,因此,今天的妈祖崇拜,已是混合各种宗教的信仰。陈淑媛(2011)认为妈祖信俗是以崇奉和颂扬妈祖的立德、行善、大爱精神为核心,以妈祖宫庙为主要活动场所,以庙会、习俗和传说等为表现和传承形式的民俗文化。董菁(2015)基于价值判断的视角指出妈祖文化的保护价值在于其具有博大的人文内涵、巨大的精神力量、崇高的社会理想、作为特殊的文化纽带和重要的战略资源的特殊地位。

三是妈祖信俗的社会功能。随着妈祖精神力量在现代社会中重要作用的凸显,学界对于妈祖信俗的研究也逐渐从传统神话的角度转变为现代社会功能的角度。徐晓望(2002)认为妈祖信仰具有极大的适应性、灵活性和包容性,从其能够满足不同地区、不同时代、不同人群的广泛需要的历史经验,提出在当今科学昌明、经济发达、交通便捷的时代仍然可以发挥重要作用。其中最突出的一点是它成为海内外华人文化认同的纽带,在当前社会转型时期称为构建新道德体系的重要文化资源,有增进民族团结、加深人际间的互信互助的功效。谢重光(2007)认为妈祖信仰是海洋文明的产物,与21世纪的时代精神更加合拍,具有凝聚感情、道德重构、社会转型的催化剂、区域和平的黏合剂等多种功能,可弥补儒家文化的不足,因而可以成为建构东亚共同体的重要精神资源。陈兴贵(2009)认为现代社会的妈祖信仰被赋予了文化认同、民族认同、民族凝聚力等新的社会功能。王丽梅(2010)认为妈祖文化对当代中国的政治、经济、文化和社会建设等多方面具有重要作用。在政治上已经成为海内外华人文化认同的纽带,对于促进中华民族团结和祖国和平统一意义重大;在经济上能够促进海内外的贸易往来和妈祖文化产业特别是妈祖文化旅游产业的发展;在文化上能够丰富和发展中华民族文化,促进民族精神的弘扬;在社会上具有能够约束信众行为的功能和社会整合功能,有利于维护社会稳定。俞黎媛(2014)阐述了妈祖信俗从传统的慈善参与到现代社会是一种历史趋势,应该使这类活动社会化、生活化、常态化和制度化。苏文菁等(2016)总结出了妈祖在不同时期的社会历史功能,既体现了国家意识与民间需求的分分合合,也反映了人民在这一过程中的主体性建构作用。

　　中国台湾学者对妈祖信俗的研究,或溯其本源,或观察其演变的过程,或概括现状,或进行个例分析,资料翔实、丰富、生动。妈祖是中国台湾主要的民间信仰之一,因此,自古以来,就有不少中国台湾学者对妈祖及其信俗进行了细致深入的研究。其中,较有代表性的有:王见川的《颜思齐传说与新港奉天宫"开台妈祖"信仰的由来》、柳秀英和黎鸿彦的《从六堆天后宫的兴建历史谈妈祖信仰的在地开展》、杨淑雅的《台湾高雄旗后天后宫的创建与发展》、施义修的《妈祖文化的价值观》等,这些文献资料无不以生动形象的形式对台湾的妈祖信仰史做了细致的探究和说明,内容丰富多彩,记载翔实清晰。同时,有些从事妈祖文化研究的学者对妈祖文化及相关档案进行整理,在此过程中具代表性的有蒋毓英《台湾府志》,记载、分析清初台湾妈祖信仰状况;陈祖芬的《现存妈祖信俗非物质文化遗产档案的特点》,对现存妈祖信俗非物质文化遗产档案概况进行了调研,运用内容分析法对多种妈祖信俗档案进行分析,探讨了当代妈祖信俗非物质文化遗产建档中的关键问题,着重研究了当代妈祖信俗口述档案的建立方法,进行了口述建档实践,并对妈祖信俗非物质文化遗产档案资源开发提出了对策建议。20 世纪 60 年代以来,中国台湾学者掀起了研究妈祖文化的热潮,著作颇丰,涌现出张珣、林美容、蔡相煇等对妈祖文化研究颇有造诣的学者,同时台湾各大学、研究所以妈祖文化为研究对象的学位论文大量出现,这体现了妈祖信仰在台湾具有强大而持续的影响力。1987 年中国台湾大甲镇的妈祖信众首次到莆田湄洲妈祖祖庙进香朝拜,成为当时轰动了两岸甚至整个华人世界的事件。此事件也推动了大陆学者对妈祖文化的研究,此后海峡两岸召开了各种形式的妈祖文化学术研讨会。据不完全统计,迄今为止有关妈祖文化的著作达一千三百多部,论文达数千篇,文字累计达数千万。这些文献资料无不极大地充实了妈祖在中国台湾传播和发展历程的资料档案,同时也为其他专家学者开展后续研究奠定了重要的理论基础。

2. 乡土文化研究

我国学界关于乡土文化的研究集中体现在以下几个方面:

一是乡土文化的特征、价值和在现代社会的运用。艾莲(2010)认为乡村优秀传统文化的复兴和发展对于发挥凝聚认同价值、塑造新农民的价值,助推社会主义新农村文化建设具有重要的意义。赵霞(2011)提出乡村文化既充当着"生活秩序"的角色,也是某种"精神秩序",更是非制度性的"自觉秩序"。刘晓峰(2014)认为乡土文化在空间上具有稳定性和封闭性的特点,人际关系是以"亲缘""地缘"关系为基础,其最为直接的外在表现是农民的个性决策行为特征,具有伦理本位特征。张琳、邱灿华(2015)认为传统村落中的文化空间既是展现和传承乡土文化的重要载体,也是一种独特的旅游空间类型,现代旅游发展中应为乡村旅游发展与乡土文化传承的耦合提供载体和支撑。张希(2016)认为对传统乡土文化的回归和后乡土文化的建构是乡土文化在民宿中的主要表达形态。索晓霞(2018)认为乡土文化是乡村振兴凝心聚力的黏合剂和发动机,是城乡融合发展的巨大文化资本,是中国特色乡村文明的多样性文化构成,是中国生态文明建设离不开的传统文化基因。

二是乡土文化的保护、传承和教育。谢治菊(2012)认为现代社会乡土文化日渐式微,"断裂"现象愈演愈烈,其结果是乡村文化呈现出整体的逃离与缺席,乡村学校传承乡土文化的功能弱化、主体断层,乡土教育土壤贫瘠、氛围缺失。为此,乡土教育的复兴迫在眉睫,这一复兴是乡土文化从"被动扬弃"到"主动觉醒"的转变过程。顾玉军、吴明海(2012)认为乡土教育是一种传承乡土文化的教育,是多元文化整合的有效途径,是国民教育的有益补充。王华斌(2013)认为乡土文化能够反映特定时代的民族传统文化,乡土文化传承具有认同价值、美学价值、人文价值和商业价值。但是乡土文化传承面临多重因素,传承乡土文化必须强化教育,拓宽乡土文化市场,创新投资主体,培育乡土文化传承人才。卢渊、李颖、宋攀(2016)认为乡土文化在当代乡村建设中具有重要文化价值。在"美丽乡村"建设过程中,要在延续和传承乡土文化资源等多样性原则下进行村落建设和改造,为当代乡村文化、经济可持续发展提供重要的物质空间环境保障。

三是乡土文化在乡村治理中发挥作用。陈方南(2012)指出传统乡土文化与现代民主意识融合是构建村民自治的文化基础。雷焕贵等(2014)认为优秀的乡土文化是新农村文化的生长点,具有凝聚、教化、融合、润滑及自治等功能,对农村治理有着不容忽视的影响。张君(2015)阐述了传统乡土文化继承的断裂和遗失会严重阻碍村民自治的发展。邱建生、汪明杰(2016)认为乡土文化对乡村治理具有重大积极意义,为促进乡村善治,需要依靠以生态文明为核心的政策空间,更需要乡土文化主体的培育、组织创新、在地知识创新以及在宏观叙事上改写以工业文明、城市文明为中心的历史叙事,传承百年乡村建设的家国情怀。

3. 乡村治理研究

乡村治理是我国治理体系中至关重要的一个组成部分,事关国家的和谐稳定大局。从学界研究的历程来看,二十世纪三四十年代就产生了对我国基层传统社会研究具有深远意义的几部经典著作,如梁漱溟的《乡村建设理论》、李景汉的《定县社会概况调查》、费孝通的《乡土中国》等。这些专家学者或以宏观视角,或以微观切入,通过社会调查的方式详细考察了中国农村的实际情况,深入地探究了我国乡村的主要特征和内在机理,分析了中国基层社会所面临的困境,并提出了相应的解决措施和新型的治理机制,为当代学界的研究奠定了坚实的理论基础。当前学界关于乡村治理的研究集中在治理的功能、面临的困境、治理对策等方面。

一是乡村治理的功能。关于乡村治理的功能,不少学者纷纷从不同的角度提出了不同的见解。王绍光(2002)认为村民自治中的民主决策环节有利于强化政府的财政资源动员的能力;民主监督环节有利于加强党风廉政建设;民主参与和事务公开的环节则有利于村民和政府之间的沟通,消除二者潜在的矛盾,维护了社会和谐,加强了社会的凝聚力。丁祥艳(2009)则指出乡村治理的功能在于:一方面,构建一个协同合作的互动网络,协同为基层事务出谋划策,从而促进乡村民主政治的发展;另一方面,村民能够参与到基层事务的决策层面中,维护了自身的知情权、参与权和监督权,实现了村民自治向乡村善治的转变。

二是乡村治理中存在的主要问题。随着城镇化进程的加速,传统乡村治理的脆弱性逐渐暴露出来,为此,许多学者对当前乡村治理中所面临的问题表示出深切的担忧。李文政(2009)认为中国乡村治理面临着乡村经济发展状况不佳,乡村关系行政化,县乡关系利益化,乡村文化贫弱,村民自治制度亟待完善,农民利益表达机制缺失,乡村社会无组织化现象依然严重等困境。杨建国(2010)认为后农业税时代的乡村治理,面临乡镇政府职能转变迟滞、村民自治运转失灵、农民利益表达梗阻、乡村公共服务匮乏四重困境。周春霞(2012)认为随着农村空心化的加剧,乡村治理面临着一系列困境,农村空心化现象对乡村治理的影响主要表现为主体严重缺位、结构失衡加剧、民主流于形式三大困境。刘东杰、周海生(2015)提出了由于城乡二元分割体制的制约,乡村集体经济呈现出一种较为薄弱的状态,限制了乡村治理的各项资源的供给。黄元武、黄美琳(2015)认为,乡村建设中的基础设施建设等民生工程如果没有纳入政府财政支出的保障范畴,加之乡村集体经济和乡镇企业发展出现困境,这必然会削弱乡村治理的物质基础。郑志桐(2015)探讨了由于村民自治未能产生实际的成效和作用,导致基层腐败问题的频繁出现。魏三珊(2018)认为当前我国农村治理仍存在治理结构不科学、村民参与度低、公共服务供给失衡等困境。

三是关于乡村治理的对策。钟海、陈晓莉(2007)认为20世纪90年代,大规模的农村人口流动使得乡村发展陷入一种治理性困境。在分析当前农村人口流动背景下乡村治理困境的现状及原因的基础上,提出了一系列诸如制度创新、组织建设、教育投入等方面的解决对策。贺雪峰(2007)提及乡村生活中人、物、社会与文化方面的任一因素都可能构成乡村治理的内生基础,也都构成了乡村治理得以进行的条件。姚美云(2009)提出民间信仰是社会资本的重要组成部分,发挥民间信仰的特殊功效是提高政府管理绩效的重要方面。袁金辉(2009)认为要完善法制建设,依法处理乡镇政府与村委会关系,进一步界定乡镇政府与村民各自的治理权限。李正华(2011)指出乡村治理中应该重视农村文化建设,充分发挥基层文化在维持农村稳定、促进经济发展的重要作用。覃琼(2012)指明民间信仰作为一种本地化的文化资源,是乡村社会文化与权力网络的一个重要环节。王瑞军(2012)在其博士论文《民间信仰的社会功能及作用机制研究——基于社会主义新农村建设视角》中,指出在参与乡村治理、促进农村经济和新文化建设、发挥社会心理调适功能、生态环境保护等方面,民间信仰发挥着越来越大的影响,加强对民间信仰的研究,实施科学有效的管理,有利于推动社会主义新农村建设。王四小(2013)认为民间信仰成为乡村治理的重要"一极"。民间信仰起到社会教化,促进社会整合的作用。同时,民间信仰是一种重要的社会资本,有利于实现善治。民间信仰参与乡村治理的方式是多样的:一是民间信仰权威人士参与社会管理;二是民间信仰教团组织独立处理公共事务;三是民间信仰规则、仪式被政府征用,运用到乡村治理中。要使民间信仰有序参与乡村治理,对之应该以自律管理与制度规范兼顾。

4. 乡村治理模式的研究

(1)"一般模式"。基于国家法律和政策规定而形成的乡村治理模式称为"一般模式"。影响"一般模式"的因素主要有:与乡村治理有关的国家法律(例如《中华人民共和国村民委员会组织法》,以下简称"《村组法》")、政策规定(例如《中国共产党章程》);组织之间的关系特别是村党组织与村民委员会之间的关系;治理体系和组织中的人员配置,特别是主要领导者的来源、特性,以及与组织内其他人员之间的关系;权力结构与村庄社会结构的匹配情况,特别是权力资源的分配等。在这些因素中,权力结构设置特别是"村两委"的关系无疑处于主导地位,在村民自治实践初期更是如此。相关研究人员指出,乡村治理的"一般模式"可以细分为"主导"模式、"主辅"模式、"各自为政"模式。

(2)"发展模式"。乡村治理"发展模式"与乡村社会的发展有关,特别是与新兴经济、社会组织崛起并在乡村治理中占据一定的地位有关。随着村民自治的推进,一些与农民利益有直接关系的乡村组织开始出现,它们不仅获得了村党组织、村民委员会和村民的一致认可,还在乡村治理中发挥着越来越重要的作用。它们与村党组织和村民委员会一起,共同组成了乡村治理的主体,促进了乡村治理模式的发展。

一是"合作协商"模式。这种模式与两类组织的出现有关:其一是村庄经济组织的崛起,与之相随的是现代经营管理体系,后者逐渐主导了村庄的治理格局和治理过程;其二是一些临时性或事务性组织的建立,它们与乡村自治组织一起形成了新的组织格局。在前一种情况下,现代经营管理体系与村庄治理体系各司其职,在经营管理与社会管理之间合理分工;在后一种情况下,临时性或事务性组织依托于乡村自治组织,并与之形成了良好的协商与合作关系,从而形成"合作治理"(张润君,2007)、"合作共治"(于水、杨萍,2013)、"协商治理"(胡永保、杨弘,2013)、"民主协商"(季丽新、张晓东,2014)、"协商共治"(鲁可荣、金菁,2015)等形式。这些组织在临时性的事务或特定的功能完成后,有的消失,有的却被纳入村庄自治体系中,其建立和运行过程中形成的协商、民主、合作等理念或原则,也影响着其后的乡村治理过程及治理机制,使乡村治理朝着良性的方向发展。

二是"多元自主"模式。它与"合作协商"模式相对,不仅意味着乡村治理主体的多元化,更意味着各个主体之间没有形成良好的合作或协调机制。它的出现既可能与乡村治理的"一般模式"有关,也与乡村社会的发展有关,特别是与随着乡村经济发展和农民需求多样化而不断出现的新兴组织有关。这些新兴组织既不能与乡村自治组织实现有机结合,也不能与之形成良好的合作与协商关系,只能是各司其职,各谋其事,形成了乡村治理的"多元自主"模式(王春光,2015)。

还有一种非常特殊的情况,这就是传统宗族的复兴,它不仅影响村庄选举与权力分配,甚至导致"宗族治村"。前者例如在湖南省某县的8个《村组法》试点村中,有4个村选举了各自的族长为村委会主任(毛少君,1991);后者例如湖北省荆州市岑河镇东湖村,宗族大姓一直参与控制村庄权力(孙昌洪,2007)。肖唐镖等(2001)对49个样本村庄的调查分析结果显示,村干部尤其是主要村干部大都具有深厚的宗族背景,村党组织书记与村委会主任大多来自大族大房。不过,他的观点在2011年发生了改变。他认为,宗族对选举的影响十分微弱;另外,宗族越是多而杂的村,宗族对选举的影响越弱;反之,宗族越是集中对垒的村,宗族对选举的影响越强(肖唐镖,2011)。也有研究者认为,在选举竞争中常常出现大宗大族成员更易当选村委会成员的情况具有多数原则的客观必然性(王麒、陈沭岸,2014)。从现实情况来看,宗族复兴是农村社会的一种客观现象,随着市场经济的发展和农民个体独立性的增强,"发展模式"中宗族因素的负面影响将会越来越小。

(3)"创新模式"。乡村治理的"创新模式"则突破了乡村原有的治理基础,特别是突破了原有的治理单元和治理区域,建立起了新的治理单元及相应的治理模式。根据乡村当前的实际情况,乡村治理的"创新模式"主要有以下三种:

一是"下沉"模式,主要体现为乡村治理单元向下延伸。即根据农村社会的实际需要,特别是为了解决自治单元与利益单元脱嵌的问题,将村级层次上的治理机制向下级治理单元延伸,从而实现更小范围、更低层次上的自治。最为典型的是村民小组自治。例如,广东省清远市将村委会下沉到自然村一级(自然村与村民小组重合)(参见徐勇、赵德健,2014);湖北省秭归县结合地区自身特点,将自治单元下沉到比村民小组更小的自然村(参见张茜、李华胤,2014)。这种模式一般出现在经济较落后地区和边远地区的农村。不过,在经济发达地区的农村,偶尔也会出现这种模式,例如浙江省东阳市的"杨家模式"(参见鲁可荣、金菁,2015)。

二是"整合"模式,其典型是村庄合并,出现时间早于"下沉"模式。它的出现源于2004年中央"一号文件"《中共中央国务院关于促进农民增加收入若干政策的意见》的出台。该"一号文件"提出,"进一步精简乡镇机构和财政供养人员,积极稳妥地调整乡镇建制,有条件的可实行并村。"①这个文件出台后,从东部地区的山东省、江苏省、浙江省到中部地区的湖北省和湖南省,再到西部地区的四川省和重庆市,以及南部地区的广东省和西南部地区的广西壮族自治区等,都陆陆续续地开展了村庄合并。合并后的村庄一般整合了两个或多个"1+N"治理体系和治理单元,治理单元比原来更大,范围更广。

三是"重组"模式,可以理解为乡村治理单元的重新规划。这种模式主要出现在经济较发达地区的乡村或一些城市郊区。这些地区经济发展水平一般较高,对乡村治理也就提出了更高的要求。基于此,一些地方政府在提升治理能力、整合治理资源、提高治理绩效的基础上,打破既有乡村治理格局,强化区域、资源、人口与组织体系之间的有机联系,创新了乡村社会治理模式。最为典型的是广东省清远市的"片区模式"。该模式以乡镇为单位,将原有的"乡镇—村—村民小组"调整为"街镇—片区—村(原村民小组或自然村)",以片区为基础进行乡村治理。②浙江省金华市金东镇的"赤松模式"亦是如此。它将全镇40个建制村归为5个区域,例如以山口冯村为中心村联合周边7个村组建赤松山区域村域共同体(参见鲁可荣、金菁,2015)。很明显,这种模式突破了"1+N"治理体系中的"1",实现了它的叠加和重组。

5. 妈祖信俗与乡土文化、乡村治理的关联性研究

妈祖信仰作为乡土文化的一种载体在社会治理中发挥着不可替代作用。通过梳理和整合妈祖信仰与乡土文化、乡村治理的关联性材料,能够为充分发挥民间信仰凝聚人心、传播社会正能量和塑造生态、和谐社会的重要功能。

一是妈祖文化与乡土文化的融合。王清生(2013)指出通过妈祖民俗体育活动和传统民族体育来践行妈祖体育文化,不仅丰富了妈祖文化的内涵,也与传统体育所体现的价值观和道德观相契合。黄后杰(2013)认为妈祖文化继承和发展传统儒学,作为近代妈祖文化的内涵渗透到我国民众心中,形成合

---

① 《中共中央国务院关于促进农民增加收入若干政策的意见》,见 http://www.gov.cn/test/2005-07/04/content_11870.htm,访问时间:2017年11月25日。

② 《中共清远市委清远市人民政府关于完善村级基层组织建设推进农村综合改革的意见(试行)》,见 http://zwgk.gd.gov.cn/007299674/201212/t20121215_358504.html,访问日期:2017年11月15日。

理的妈祖文化圈。黄秀琳等（2013）选取妈祖宫庙建筑、妈祖祭典、妈祖服饰和饮食文化景观作为研究示范点，对其所包含的乡土元素加以解读，指出现代保护妈祖文化景观的乡土性是维护妈祖文化景观持续禀存的关键。

二是妈祖信俗与乡村治理的互动。郑镛（2013）考察了漳浦当地的妈祖信仰习俗，解读了相关的文献资料，发现妈祖信仰成为不同姓氏的乡民自我管理、自我教化的有力推手。妈祖庙也成为乡规民约的发布地、道德教化的核心区以及平息调解民事纠纷的裁决所。蔡相辉（2014）以台湾北港朝天宫为例提出了妈祖信仰功能、宫庙的社区整合功能、经济发展功能以及经济发展功能，跳脱了传统意义上对妈祖神职功能的重复概述，使得妈祖信俗上升到了社会治理的高度。蒋忠益（2015）指出妈祖宫庙不仅是当地民众信仰的中心，也积极主动地承担着社区服务的职能，还列举了两项具体实例以佐证。周丽妃（2018）以福建莆田湄洲湾地区妈祖文化对乡村治理的影响为例，分析在新时代背景下民间信仰发展与乡村治理之间的互补模式和作用，探讨民间信仰在乡村治理过程中的辅助作用。

（三）国外相关研究现状

1. 妈祖信俗研究

国外有不少学者以其自身的异域视角对妈祖信俗开展过系统的研究工作。1842年新加坡传教士尚德撰写了《妈祖婆生日之论》等。日本的妈祖文化研究已有百年之久，涌现出大批的研究者与成果，诸如日本研究妈祖文化的先驱者伊能嘉矩于1918年撰写的《台湾汉人信仰之海神》等论文陆续发表，率先从现代意义上研究妈祖信俗。此后有诸多的日本学者发表了大量的有关妈祖研究的论文与著作，尤其是华裔日本学者李献璋的论著《妈祖信仰的研究》，对推动妈祖文化的研究发挥重要的作用，学界认为这是近代第一本妈祖研究的专著。日本学者张凯在其文章中也讨论了妈祖信俗与佛教交互的可能性；马来西亚的吴明珠在其《妈祖文化在地化：马来西亚一个个案研究》一文中探讨了由华人建立的水尾圣娘庙的当地的建立和发展情况。新加坡的学者骆明也从民间信仰的角度，对比"关公"和"妈祖"，深入分析其由"人"至"神"的嬗变路径。美国、韩国、加拿大、澳大利亚、越南、缅甸、荷兰等国家的学者也有相关论文问世。

2. 宗教或民间信仰与乡村治理互动研究

关于发挥宗教或民间信仰在乡村治理中作用,Stephen Fwuchtwang(王斯福)在研究中国农村社会时着眼于农村庙会,从社会人类学的角度出发,试图从农民身上找到建立民主制度的因素,从而构建市民社会;Prasenjit Duara(杜赞奇)在提出"权力的文化网络"概念时指出,"国家政权深入乡村社会有多种方式和途径,而民间信仰即为其一。"爱弥尔·涂尔干在《宗教生活的基本形式》一书中强调了文化方面的权威形象对于现实国家政权在构建过程中所起到的作用。菲奥纳·鲍伊在《宗教人类学导论》一书中说明了宗教在国家权力结构中所展现的宗教性、世俗性和政治性等多方面的功能。

(四)简要述评

首先,全球范围内各种宗教势力林立不绝,妈祖信俗传播受众的有限,这都导致目前学术界对妈祖研究较多的国家仍是以妈祖信俗诞生国——中国为主。国际上的学者大多仅仅是将妈祖作为一种宗教信仰来研究,极少涉及其与乡土文化互动的关系及在基层社会治理中的作用。换言之妈祖信俗的研究和乡村治理的研究几乎处于割裂的状况:妈祖信俗的研究者主要关注的是妈祖信仰本身,而乡村治理的研究者大多尚未深刻认识到民间信仰对乡村治理的积极作用,认为民间信仰的研究是民俗学、宗教学者的研究对象。两者的互动关系研究缺乏实践研究和范式研究,还有很大的研究空间可以探索。

其次,历数妈祖文化研究的热点主要体现在妈祖文化的内涵、精神等方面。在中国,绝大多数关于妈祖文化与妈祖信俗的研究亦是停留在考察妈祖的神格化形象及其神职功能对信众的教化意义,忽视了妈祖信俗这一民间信仰和乡土文化的互融互通及在社区整合和社会治理层面上的功能发挥。中国大陆对妈祖信俗的研究侧重于相关文献资料和档案的整理,研究成果主要集中于介绍妈祖文化在世界非物质文化遗产保护中的重要性以及妈祖文化的传承价值,存在的主要问题是研究成果同质化现象颇为严重。而台湾由于其特殊条件而形成的台湾妈祖信仰文化,既与大陆民间信仰文化有着千丝万缕的联系,又带有其特殊的乡土文化的印记。但截止到目前,台湾关于妈祖信俗的研究也仅仅局限于表面现象或是具体行为的描述,妈祖信仰与社会结构关系等议题亦亟待受到重视。

最后,本书的重大突破就在于将妈祖信俗的力量"乡土化",使之成为一种能够助力于乡村文化建设和治理方式创新的一股重要力量。通过深入对比和探究闽台妈祖信俗与乡土文化之间的互动融合,总结问题和经验,既有利于创新妈祖文化和乡土文化的保护和传承模式,又有利于为乡村治理模式提供新的视角,助力我国乡村的现代化建设。

三、研究内容

(一)研究思路

本书立足于福建省乡土文化发展和乡村治理的现状,以妈祖文化为切入点,通过梳理和对比闽台妈祖信俗与乡土文化的互动发展模式,总结出台湾在乡村治理的领域中积极引入民间信仰的力量,从而形成一种良好社会关系的成功经验,并从中提炼出福建省在传统优秀乡土文化弘扬及妈祖信俗参与乡村治理中存在的不足与值得反思的问题。最后,借鉴台湾在促进妈祖信俗与乡土文化、乡村治理共同发展的有效经验,为福建省充分利用传统优秀乡土文化这一心灵治理手段提升乡村自治水平提供重要参考。主要包括以下几部分内容:

1. 梳理闽台两地妈祖信俗与乡土文化发展的基本情况。首先,分别探讨闽台妈祖信俗的起源、发展、保护和传承及信仰的特点;其次,介绍闽台乡土文化各自的发展历程、影响及特点。

2. 探究乡村治理视野下福建妈祖信俗与乡土文化的互动发展情况。首先,概述福建乡村治理的现状;其次,深入分析福建省妈祖信俗与乡土文化在现阶段的互动发展中所取得成效、存在的不足及对应的原因分析;最后,总结传统乡村管理对妈祖信俗与乡土文化互动发展的影响。

3. 以妈祖信俗在台湾传播和发展的时间轴为序列,从历时的角度阐述乡村治理视野下台湾妈祖信俗与乡土文化互动发展历程及主要经验模式。

4. 分别选取台湾和福建有代表性的妈祖宫庙和乡村,着重讨论妈祖信俗与乡土文化、乡村治理的互动关系以及妈祖对信众的生活和社会行为的影响,总结出台湾的经验,对比反映出福建在此过程中存在的不足。

5. 整合和归纳其他国家和地区利用宗教或民间信仰进行社会治理的主要经验做法和所取得成效。

6. 在上述分析的基础上,有针对性地提出福建省发展乡土文化、推动乡村治理水平提升的有效政策建议。

具体研究思路如图 1 所示。

(二)创新之处

1. 传统与现代融合,研究内容新颖

当前关于妈祖信俗的研究绝大多数从其起源与传播、神职功能和精神内核入手,对妈祖文化的内涵和现代价值挖掘不够。2009 年,妈祖信俗被列入人类非物质文化遗产名录,这说明妈祖信俗作为活态的文化传统,在现代社会依然具有重要的现实意义。在妈祖信俗的现代价值方面学界已经形成共识,但如何将妈祖信俗充分运用于社会治理中,学术界至今也尚未能提出切实可行的举措。借此契机,本书以闽台妈祖信俗与乡土文化的互动与发展作为最主要的研究内容,并将其置于乡村治理的社会背景之下,使妈祖信俗不局限于纯粹的理论与传统的领域,而是令其具备了丰富的现实可操作意义,通过比较乡村治理背景下的闽台妈祖信俗与乡土文化互动的情况,在寻求不足的基础上提出相应的对策,并将我国优秀传统文化与现代乡土文化发展和乡村治理发展困境有机结合,实现了传统与现代的融合,突破了以往研究内容受限的瓶颈,从而实现了传统与现代的融合以及研究内容的创新。

2. 紧扣时代主题,研究视角新颖

随着国家"十三五"规划、"一带一路"倡议等屡次提及要积极弘扬和发展妈祖文化,关于妈祖及其相关领域的研究也随之成为一大热点,本课题正是抓住了这一难得的契机,积极响应号召,在一定意义上为妈祖文化的传播和创新夯实了理论根基。同时,经过爬梳众多的学术著作和期刊,笔者发现绝大多数

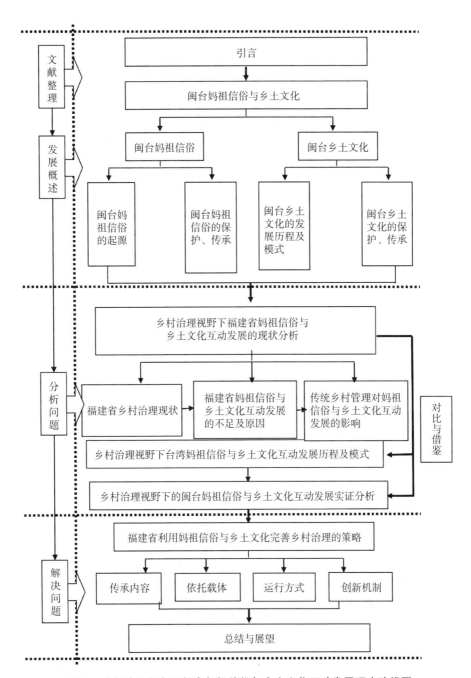

图1   乡村治理视角下闽台妈祖信俗与乡土文化互动发展研究路线图

关于妈祖信俗的研究依旧是停留在人类学或是宗教学的层面上,游离于中国正处在社会转型加速期的实际之外。而本书则是立足于闽台区域发展的比较视角,融合社会学和公共管理学等多门学科,重点探讨妈祖信俗与乡土文化之间的互动模式和经验,为推动福建妈祖信俗的发展提供了新思路。通过借鉴台湾优秀的乡土文化发展模式和经验,从乡村治理的角度对福建省乡土文化发展提出可行的建议,具有一定的创新性和前瞻性。

3. 定性研究与定量研究结合,研究方法创新

笔者在翻阅相关学术资料后发现,关于妈祖信俗的研究在很大程度上仍然停留在理论总结的层面上,缺乏具体调查工作的实证研究。本书在大量查阅档案资料和史志资料来搜集具体的关于妈祖信俗、乡土文化及乡村治理的原始资料的基础上采用实证分析的方法,并在重点环节中辅之以必要的理论框架和数理统计模型,实现了文献阅读和实证研究的充分融合,从而夯实了文章撰写的基础,也保证了文章的深度。

四、研究方法

1. 文献资料法

文献资料法主要是梳理分析各种已有的各类文献资料。本书的文献资料主要包括与妈祖信俗、乡土文化、乡村治理及论述三者内在关系的期刊、专著以及相关的硕博学位论文、官方统计资料以及相关国家政策法规等。

2. 个案研究法

本书分别选取了台湾和福建的一座妈祖宫庙和相关村庄作为个案分析的对象进行深入调查,在田野考察中重点关注妈祖信俗与当地乡村治理的关系,从而使论证过程更为翔实、客观,也使文章具有更强的说服力。调查的内容主要包括:(1)福建省湄洲镇及台湾新港乡妈祖信仰的基本概况;(2)湄洲镇及台湾新港乡主要妈祖宫庙的历史沿革;(3)妈祖信俗对当地社会的影响。包括积极作用和消极影响;妈祖信俗与其他组织机构的互动,如县乡政府及村委会的关系;(4)民间信仰治理路径的思考。考察妈祖宫庙在乡村治理中的职

能及在弘扬优秀传统乡土文化中的独特作用,探讨闽台乡村治理在实际落实过程中所表现出来的差异,着重总结台湾的成功经验,以期为福建省的乡村治理提供借鉴。

3. 比较分析法

本书通过对比闽台妈祖信俗传承的历史过程,探讨两地在妈祖信俗传承的价值共识、乡土文化的继承和保护方式、妈祖信俗与传统乡土文化的互动交流以及乡村治理机制重建和创新策略等方面的异同之处,探讨立足于福建省发展实际的文化导向建构路径。

4. 问卷调查法

本书选取若干村庄,按照配额抽样方法对每村庄选取一定的样本进行问卷调查。通过设计与课题相关的问卷,除了解其妈祖信仰状况外,还调查村民对妈祖信仰的看法和态度,试图了解妈祖信俗对信众的影响及信众对妈祖文化等乡土文化与乡村治理的内在关联性的看法,得到第一手相关研究数据,从而保证文章的信度和效度。问卷调查回收的资料运用社会统计分析软件进行处理。

5. 深度访谈法

深度访谈法主要涉及访谈对象、访谈地点、访谈方式,访谈技巧等,相对比较复杂,但是最大的优点是弹性大,可以充分弥补问卷调查的不足。本书主要通过对村干部、妈祖宫庙负责人等开展相关访谈活动,充分了解该地在乡村治理当中的实际操作情况,了解妈祖宫庙的社会功能及在保护和传承乡土文化中所承担的特殊作用,为研究提供了宝贵的参考材料。

五、研究意义

妈祖信俗是我国优秀传统文化的重要组成部分,其重要的教化意义和凝聚人心的力量在两岸交流日益频繁的新时期具有特殊性。为发扬妈祖信俗在现代社会中的积极作用,有必要对其进行深入研究和探讨。本书的意义主要体现在如下几个方面:

首先,从学科融合的角度分析,看其理论意义。本课题将公共管理学、社会学的研究统一起来,又继承了民俗学和人类学的优良传统。妈祖信俗这一民间信仰是我国优秀的传统文化,具有重要的学术科研价值,在促进文化的多样性及人文社科的繁荣发展方面具有不可替代的作用。妈祖文化是中华民族历史上一块璀璨的瑰宝,在与现代文明互动的历程中留下了许多不可磨灭的印记。同时,随着我国社会发展进程的加速和行政体制改革的不断深化,利用民间信仰这一心灵治理手段进行社会治理的需求越来越强烈,因此,深入研究乡村治理背景下的妈祖信俗与乡土文化的内在联系,能拓展妈祖信俗的研究视角,为非物质文化遗产与乡土文化之间的相互作用提供学理支撑,对进一步弘扬和发展优秀传统乡土文化,保护和传承非物质文化遗产,创新和完善乡村治理路径和机制,具有重大的理论意义。

其次,从解决问题的角度,看其现实意义。首先,在中国由传统社会向现代化社会转型的时代背景下,如何发挥宗教信仰的社会教化作用,积极借助民间信仰的力量促进社会主义建设是我们应当思考的重要课题。本课题以闽台妈祖信俗与乡土文化的互动模式为研究对象,至少有以下三方面现实意义。其一,通过总结妈祖信俗与台湾乡土文化互动发展的成功经验,以期为福建省创新乡土文化继承方式与传统乡村治理方式的转变提供重要的实践基础和经验模式;其二,通过梳理福建省在与乡土文化互动中乡村治理所取得阶段性成效,以期将福建省在乡土文化发展和乡村治理模式创新的优势转变为台湾的发展优势,有利于实现两岸的优势互补与协同进步。其三,妈祖信俗是社会主义核心价值观的重要载体,在约束和规范公民的社会行为中发挥着积极的作用,不仅有利于重塑和维护当代社会中缺失的价值信仰,更有利于维护社会的团结和稳定。

最后,从和谐共荣的角度,看其战略意义。其一,通过进一步继承和发扬闽台妈祖信俗的优秀传统,积极借鉴和学习台湾在保护和传承妈祖文化的做法,实践和推广妈祖信俗与乡村治理"无缝衔接"的优良模式,不仅有助于增强两岸人民的文化认同感和情感归属感,更有助于提升妈祖文化在社会生活中的地位和影响力,促进闽台妈祖信俗与两地乡土文化、乡村治理理念的互通融合、和谐共生。其二,"21世纪海上丝绸之路"的提出和建设适应了我国经济新常态和全球发展新形势的需要,也是实现区域和世界新一轮发展和突破的新动能。妈祖文化都是中华民族宝贵的精神财富,更是中华民族海洋文化的精髓所在,加强对妈祖文化的研究,既能在持续推进"21 世纪海上丝绸之路"建设中发挥积极作用,又能利用妈祖文化的互动功能,促进各地区的交流,强化彼此之间的理解,从而真正实现民心相通。

第一章　闽台妈祖信俗与乡土文化发展概述

　　闽台区域是妈祖信俗传承和发展的核心区域,其中福建是妈祖信俗的起源地,台湾是妈祖信俗的核心传播区。闽台两地一衣带水,妈祖信俗是闽台"五缘"的重要体现,闽台妈祖信俗是两岸文化共同体的重要内容。妈祖信俗起源于福建湄洲,它也是一种乡土文化。探讨妈祖信俗与乡土文化的互动发展,有必要厘清闽台妈祖信俗及乡土文化的内涵、外延,梳理闽台妈祖信俗的发展概况。

一、闽台妈祖信俗概况

(一)福建省妈祖信俗的起源与特点

　　福建省地处东南沿海,地理条件特殊而优越,历史沿革复杂而丰富,民间信仰源远流长,具有鲜明的中国文化风格和特殊的地域色彩。受其特定的自然地理条件和社会历史条件的制约,福建地区具有"好鬼尚巫"的传统,民间信仰神灵众多,庙宇林立,宗教活动频繁。明代以后,福建的民间信仰不但在本地进入兴盛阶段,还随着迁移向外传播。其中很重要的一个地区是台湾,至今在台湾的民间信仰中,大多数神灵都是从福建传播过去的,其中最负盛名的是妈祖信仰。

　　无论是福建或是台湾,二者均形成共识:妈祖信俗来源于民间,是以崇奉和颂扬妈祖"立德、行善、大爱"精神为核心,以妈祖宫庙为主要活动场所,以庙会、习俗和传说等为表现载体的汉族传统民俗文化。

关于妈祖信俗的起源,相关研究中有多种说法,专家学者所普遍接受的一种观点是:妈祖信俗是由闽粤地区的巫觋信仰演化而成,在其发展的过程中吸取了其他民间信仰中的合理成分,同时随着妈祖信仰影响力的不断增强,又纳入了儒释道的因素,最后使得妈祖从诸多海神中脱颖而出,成为中国海神的代表①。

妈祖的诞生地福建是中国大陆妈祖信仰最兴盛的地方,仅在妈祖家乡莆田一地,就有不下百座的妈祖宫庙。据相关史料记载,妈祖原名林默,或称林默娘,出生于宋建隆元年(960),卒于宋雍熙四年(987),妈祖本是湄洲屿一位普普通通的海滨姑娘。元代的古籍中,第一次出现了妈祖在世几年的记载,程瑞学在《灵慈庙记》中说:"神姓林氏,兴化都巡君之季女,生而神异,能力拯人患难,室居未三十而卒,宋元祐年间邑人祠之。"②妈祖的一生充满了传奇色彩,相传她自幼勤奋好学,非常孝顺且充满仁爱之心,能预知海洋气象,还能为民占卦吉凶,驱灾治病,因而受到当地人们尊敬和爱戴。妈祖逝世之后,人们感念她高尚的品格和生前为父老乡亲们所做的贡献,因而奉为保护神,妈祖事迹自此为人所熟知。加之历代帝王的不断褒封行赏,终以天妃、天后最高神格位列于国家祀典,其殊荣在宗教界内堪称典范,从而赢得了无数信众的顶礼膜拜。截至目前,除莆田外,福建沿海各地的妈祖宫庙数量十分庞大,香火鼎盛且延绵不绝。同时,随着交通的发展和各地人员往来逐渐密切,妈祖文化溯闽江而上,传播到内陆的闽北地区和闽西客家山区,成为当地人民祈愿航行平安的守护神。福建有三座妈祖宫庙被列入全国重点文物保护单位名单。福建妈祖信俗中较有代表性的表现形式主要有湄洲女梳妆、妈祖贡品、妈祖金身銮驾和妈祖巡游等。妈祖逐渐成为福建省向世界展示自己的一张标志性"名片"。

妈祖信俗作为福建第一大民间信仰,在其不断传播和演化的过程中呈现出了一系列的新特点,主要表现在以下几个方面:

首先是作为承载妈祖精神的妈祖宫庙得到了更好的保护。在"文革"期

① 纪小美:《福建妈祖信仰传播过程研究》,《闽台文化研究》2011年第4期。
② 许哲娜:《信俗、日常生活与社会空间——以漳州市区妈祖信俗的田野调查为例》,《民俗研究》2012年第5期。

间,大陆妈祖信仰一度被禁止,不少妈祖宫庙也惨遭破坏,就连湄洲妈祖祖庙也难逃厄运。但是改革开放以来,妈祖信仰的作用得到党委政府的高度重视,许多妈祖宫庙尤其是东南沿海地区的妈祖庙也因此得以修缮或重建。随着社会对传统文化和传统建筑保护意识的增强及保护力度的加大,现存的不少妈祖庙还被列为文物保护单位。对妈祖宫庙的修缮和保护不仅维系了妈祖信俗的继承与沉淀,更有助于利用这一坚实载体强化妈祖信俗的社会功能,对维护社会稳定与和谐、规范公民社会行为起到积极作用。

其次是妈祖神职功能在历经千年的传承和发展的过程中发生了显著的转变。妈祖信仰在传播之初,其功能较为单一,主要是以航海庇佑为主。但是在历史的演变、受众范围的扩大以及社会经济发展的过程中,妈祖的神职功能不断发生变化。由原来的护航逐渐拓展为集祈雨、消灾、赐福、求子、解厄等功能于一身。同时,妈祖信俗及其文化中带有的鲜明的海洋文化与"海丝"元素,使妈祖文化具有现实的战略意义。妈祖信俗的传播促进信众的社会交往,共同的信仰把不同地区的信众联系在一起,对我国的统一大业具有积极的作用。

最后是妈祖民俗活动的创新和发展。在福建的妈祖民俗活动当中,除了保留和继承了原有的表现形式,例如妈祖生日、妈祖升天祭、妈祖元宵和妈祖回娘家等,还增添了一些新鲜的内容和形式,例如妈祖宴、妈祖金身巡安等活动,大大地增添了妈祖信俗的传统神韵,使妈祖信仰民俗活动更具时代性,从而为实现中华传统文化的伟大复兴增添了新的动能。

(二)台湾妈祖信俗的起源与特点

台湾自古以来就与祖国大陆有着密切的联系,早在三国时代就有文献记载。南宋以来,政治、经济重心南移,海上交通发达,大陆与台湾的贸易更加繁盛。到明朝,已有颇具规模的海上商业武装集团驻据台湾。从明到清,有过三次移民高潮。① 福建汉人迁居台湾,在为台湾带来先进的政治、经济、文化、教育的同时,也将许多地方的神明带入台湾,这使得台湾地区的社会文化与祖国大陆融为一体,不可分割。

---

① 刘登翰、庄明萱:《台湾文学史》(第一册),现代教育出版社 2007 年版,第 5 页。

　　台湾的妈祖信俗主要是伴随着大规模的大陆移民而来的。福建早期移民只能通过水路渡海入台,海上风云变幻,天气水文变化极其复杂,时常发生意外,故为求安澜利济,过海船只无不祈求妈祖庇护。清赵翼《陔余丛考》记载:"相传大海中,当风浪危急时,号呼求救,往往有红灯或神鸟来,辄得免,皆妃之灵也。(中略)台湾往来,神迹尤著,土人呼神为妈祖。倘遇风浪危急,呼妈祖,则神披发而来,其效立应。若呼天妃,则神必冠帔而至,恐稽时刻。"①然而台湾生存环境恶劣、闽粤移民初来台湾这一蛮夷之地,不免因水土不服或疫流而患病,物资、人员不足、难以求医,移民不得不依靠精神慰藉来征服疾病。又因妈祖有悬壶济世之德,使人们深信崇尚妈祖有利于消灾解难,因此,对妈祖的信奉是早期移民的本能祈求,也是台湾社会逐步开发的客观需要。明朝万历年间,台湾澎湖马公依照福建妈祖宫庙的建筑风格建造了妈祖庙。明末年间,荷兰殖民者占领台湾,妈祖信俗的传播只能是局部的零星行为。妈祖在台湾的真正盛行始于清朝收复台湾后。清朝台湾动荡,在战争中常流传出妈祖助战护民的故事,更加深了官方对妈祖的信仰。郑和下西洋、郑成功收复台湾等事件的参与者大多是妈祖的虔诚信徒,因此在每次民族战争、反侵略的平寇战争之后,妈祖的地位都会被统治阶级升格。妈祖在台湾的迅速发展,不仅与清代政府对妈祖的加封有关,而且与台湾地方官员的积极参与有密切的联系。台湾地方官员对妈祖庙宇的增加与修补、对祭祀活动和礼仪均进行详细记载。② 妈祖在台湾的传播和发展虽然只经历了短短两百多年,但是妈祖信仰却是台湾地区影响力最大的民间信仰,据官方统计,大约拥有一千六百多万信众。根据台湾民政管理机构的调查,截至 2010 年底,登记在案的妈祖庙达一万一千八百多座。其中影响较大的宫庙主要有台南市大王后宫、云林县北港朝天宫、彰化市南瑶宫、台中县大甲镇澜宫、新港奉天宫等。台湾信众对妈祖的尊崇衍生出了许多祭祀和庆典活动,其中影响较大、范围较广、参与人数较多的主要有"大甲妈祖绕境""农历三月疯妈祖"等,这些活动几乎成为台湾岛内人人关注的焦点活动。1999 年,台中县政府把原来单纯的宗教进香活动命

① （清）赵翼:《陔余丛考》卷 35《天妃》,商务印书馆 1957 年版,第 760—761 页。
② 罗春荣:《妈祖文化研究》,天津古籍出版社 2006 年版,第 9 页。

名为"大甲妈祖文化节",到了 2003 年甚至将其升格为国际观光文化活动,命名为"大甲妈祖国际观光文化节",把妈祖文化打造成当地的一枚文化名片,对扩大妈祖文化在世界上的知名度和影响力起到了重要作用。台湾著名的人类学家李亦园先生指出,妈祖信仰随闽粤汉族迁移入台后,"以若干原始的庙宇为中心形成很多信仰圈与祭祀圈,并且因而盛行进香、割香的仪式活动,至今仍是台湾民间信仰的重要现象"①。

台湾独特的人文环境和历史特点深刻地影响了当代台湾的妈祖信俗,使之在与台湾民众生活融合的过程中形成了一些特点。这些特点主要体现为以下几个方面:

第一,台湾的妈祖信俗其实是一种"移民文化"。台湾之所以会形成妈祖信仰文化圈,最主要的原因在于大量闽粤人航海迁移至台湾定居,而他们把自己对妈祖的信仰和崇尚也带到这个地方。台湾现有的妈祖庙绝大多数都是从福建妈祖分灵过去的。台湾的妈祖信俗寄托着台湾民众浓厚的思乡情结,是台湾民众的精神寄托,是其确认自我的重要载体。日据时代,日本为了加强对台湾的殖民统治,实现其"皇民化"的目标,提出要改造台湾人的精神,其中很重要的举措之一就是废除台湾本地的宗教,强制废除和烧毁寺庙神像,企图让台湾在宗教信仰方面也"日本化"。日本殖民统治者在台湾建起了日本神社,要求所有的台湾民众都要信奉神道。尽管如此,20 世纪 30 年代依然有台湾的妈祖信众不顾艰险,组团取道香港等地辗转来到福建莆田朝拜妈祖。据《台湾日日新报》等记载,日据时期,邀请湄洲妈祖及其分身来台四次,台湾妈祖庙到大陆进香至少九次。1949 年以后大陆和台湾"隔海而治",两岸民间的沟通和交流也因此受到了巨大的影响,基本处于停滞的状态。20 世纪 80 年代以后,随着台湾"戒严令"的解除,两岸民间恢复交往,妈祖信俗在其中发挥着重要的作用,通过"妈祖省亲"、"妈祖神像入台巡游"、举办妈祖文化节及学术研讨会等活动,一方面推动台湾民间信仰和民俗活动的发展,另一方面也加深了两岸民众的情谊。因此,台湾的妈祖信俗更多反映了台湾民众对于祖国统一的渴求。

---

① 李亦园:《人类的视野》,上海文艺出版社 1996 年版,第 296 页。

　　第二,台湾妈祖信仰的普及程度非常高。妈祖信俗是台湾地区主要的民间信仰,信众占了台湾总人口的三分之二,其宫庙和信众遍布各地,妈祖的精神内核早已渗透到台湾信众的一言一行之中。但是各地区之间的妈祖信仰还存在着些许的差异,由此逐渐形成了多个妈祖渊源有异、独立管辖却又互通有无的妈祖信仰祭祀文化圈。

　　第三,妈祖信仰的世俗化程度非常高。这主要表现为:(1)妈祖宫庙以法人身份立足于社会之上,其内部管理组织模式亦和现代企业或社区同构,采取的是选举董事管理制及管理委员会制。(2)妈祖宫庙在现代社会中更多地充当着非官方治理力量的角色,且其文化、娱乐和社交功能在当前尤为突出。同时,许多妈祖宫庙致力于回馈社会,出资兴建了一大批公共服务组织和机构。(3)台湾妈祖祭祀庙会还设有商行,在宫庙附近形成集聚性的商业圈,这在很大程度上反映了妈祖文化与社会经济之间的依存关系。

图1-1　台湾大甲镇澜宫进行绕境活动

第四,台湾妈祖信俗的民俗化程度不断提高。台湾的妈祖信俗随着台湾的开发和发展已经成为台湾人民血脉当中的重要组成部分,在台湾,民众非常重视妈祖民俗传统文化的保护和传承,各式各样的妈祖民俗活动异彩纷呈,呈现出浓厚的台湾本地特色。

二、闽台妈祖信俗的传承与发展

(一)福建妈祖信俗的传承与发展

妈祖信仰在福建的传播和影响从未间断,即使在"文化大革命"时期妈祖信仰曾遭受到严重的打击,但当地百姓对于妈祖的诚挚信仰之心却始终如一,从未改变。在改革开放之后,我国的民间信仰逐渐被恢复,加之两岸交流和统战因素的影响,妈祖信仰及相关活动亦重新活络起来。首先,台湾妈祖信众逐渐成为福建省妈祖信俗保护与开发的一支重要力量,目前,莆田市已经实现了对台湾多地海上直航,众多台湾妈祖宫庙与莆田祖庙建立了深厚的联谊关系,每年赴莆田湄洲岛的台湾游客平均达到 20 万人次①。其次,妈祖信俗与妈祖文化在当代的传播和发展具有政策上的优势,尤其是国家"十三五"规划纲要和"一带一路"倡议中强调充分发挥妈祖文化在民心相通中的作用,为妈祖信俗在全球范围内进一步保护和延伸提供了政策支持。最后,福建省妈祖信俗的相关产品也逐渐品牌化。在福建省委、省政府指导下,莆田市斥巨资对妈祖宫庙进行了修缮和重建,建设了新殿建筑群,同时积极推进湄洲和谐生态旅游岛项目建设,极大地拓展了妈祖信俗的内在含义,有力地促进了妈祖信俗的传承与发展。但是,就目前而言,对妈祖信俗及妈祖文化的传承与发展却依然面临着较大的困境,主要是:(1)关于妈祖信俗的调查和研究依然不够深入,正所谓"没有调查就没有发言权",当前福建对于妈祖信俗及妈祖文化的考察和研究尚处于起步阶段,这直接关系妈祖信俗相关保护规划的科学合理制定,也影响

---

① 黄秀琳:《旅游表述语境下的妈祖信俗真实性探析》,《怀化学院学报》2010 年第 7 期。

了妈祖信俗保护的成效。(2)妈祖文化产品开发形式单一,内涵挖掘浅显,当前的妈祖信俗产业尚未形成集聚效应,一定程度上阻碍了妈祖信俗的深度发展。(3)妈祖信俗的传播方式和传播手段较为单一,社区参与程度有待提升。

近年来,随着大陆积极宗教政策的贯彻落实和福建省对优秀传统文化重视程度的提升,与之前相比妈祖信俗得到了更好的传承与发展。第一,妈祖文化的传承和发展必须依托于一定的物质基础才能实现。经过千百年的发展,福建本地早已形成了具有浓厚地方特色的妈祖祭祀仪式和习俗,尤其是在妈祖信仰的核心区——莆田湄洲岛,更是发展出了一套极为繁细的庆典仪式,如妈祖春祭和秋祭、妈祖宴以及妈祖文化旅游节等,各式各样的庆典和祭祀活动大大地丰富了妈祖的文化内涵,拓展了妈祖信俗的时代意义。妈祖信俗传承的“密钥”就埋藏在这些历久弥新的文化仪式之中。第二,妈祖信俗的弘扬和传播有赖于注重优秀文化氛围的建立和培植。为进一步加强对妈祖信俗及妈祖文化的保护,莆田湄洲岛全力打造世界妈祖信俗博物馆和妈祖信俗生态文化保护试验区,福建省各界也纷纷出谋划策做好此项工作,协同推进妈祖文化朝着更深层次和更高水平发展。同时,加强媒体宣传,重点是加强作为社会主义核心价值观载体的妈祖信俗文化的保护,以此为依托重塑社会价值信念。此外,妈祖故乡莆田市还出台了保护妈祖信俗和妈祖文化的专项规定,助推妈祖信俗保护走向规范化、法制化。第三,福建省每年通过举办各类妈祖文化庆典来加强对台、对外的文化交流。福建省充分依托以妈祖为代表的民俗学研究优势大力推进妈祖文化学术交流机制的构建,将弘扬妈祖核心精神融入教育当中,促进“妈祖学”研究的发展,努力培养优秀传统文化传承人,从而更完整地保护、传承和发展妈祖信俗。第四,妈祖文化深厚的历史底蕴和璀璨的地域风情也为福建省文化产业的规划与发展提供了有力的支撑,成为保护和弘扬妈祖信俗与精神的一大特色。福建各地尤其是沿海地区再次掀起了弘扬妈祖信俗及妈祖文化的热潮:从民间到政府、从民俗到研究、从朝拜祭祀到商贸、旅游和文化资源的开发等一系列的活动。福建省正全方位、多层次努力构建并积极打造新的妈祖信仰中心、妈祖朝圣中心以及妈祖文化研究中心[①]。妈

---

① 郭克克、谢志逸:《福建莆田妈祖信仰文化》,《科技信息》2011 年第 16 期。

祖信仰在传承中得到进一步的发展。

（二）台湾妈祖信俗的传承与发展

对台湾民众来说,妈祖文化早已成为生活中不可或缺的一部分,得到了台湾社会的普遍认同,是一种独特的社会文化现象。台湾对妈祖信俗的传承与发展贯穿于每个民众的日常生产、生活过程中。台湾交通观光管理机构从2001年起,在台湾各地推动十二节庆,其中就包含了台中县大甲妈祖文化节,由此可见台湾有关方面对妈祖文化的积极作为和重视程度。

首先,体现在妈祖信俗、妈祖文化与经济的融合。在台湾,妈祖宫庙的周围几乎无一不遍布着大大小小、鳞次栉比的商户,由此形成了一个个富有特色的妈祖文化创意产业聚集区,这对于创新妈祖文化保护形式、推动妈祖文化走向繁荣和实现中华文明的复兴产生了不可替代的重要作用。

其次,体现在妈祖信俗与政治的融合。妈祖信俗的传承和传播依托各大妈祖宫庙,而妈祖宫庙的职能随着社会转型的加速在台湾当地也发生了相应的转变,逐渐成为处理邻里纠纷、维系社群和谐的重要民间治理力量,民众对于妈祖宫庙的依赖程度不断加强,从而为更好地保护、传承和发展妈祖信俗奠定了深厚的情感基础。同时,妈祖宫庙的祭祀圈也在一定程度上左右着台湾当局的选举结果,因此,台湾地区历届领导人都十分注重处理好与妈祖宫庙的关系,只要妈祖有祭典活动,台湾官方人员均会出面参加或主持,甚至各个党派都会到当地妈祖庙烧香来争取妈祖信徒的支持,争相做妈祖的"代言人"。[1]例如,2004年台湾四组领导候选人都到大甲镇澜宫参加妈祖绕境活动的起驾仪式,其后年年都有高级官员来参与。由此可见台湾地区对妈祖信俗的重视程度。因此,在这样的背景下,官方必定会提高对妈祖宫庙及文化的保护程度。

再者,体现在妈祖信俗与市民社会的融合。这一融合主要体现在以下三个方面:一是台湾妈祖信俗在地化过程中出现了众多的民俗活动和形式,在丰

[1]　庞志龙:《文化认同:台湾妈祖文化传播与"两岸"关系互动研究》,博士学位论文,苏州大学,2016年,第36—38页。

富民众生活的同时也更好地弘扬和发展了妈祖文化。以大甲妈祖进香活动为例,台中县政府致力于扩大活动规模以实施整合性和系统性的营销策略,从而将妈祖文化推广到全球性文化的高度。同时,台湾在传承妈祖信俗的过程中不断推进乡土文化的发展,取得了不少经验可供总结和借鉴。如新港奉天宫为了保留乡村纯朴民风,提升乡土文化品味,成立了文教基金会,制定推广图书、文艺展演、环保绿化、社区关怀和国际交流五大目标,让新港脱离文化贫穷。同时策划成立了第一个以香为主题的文化园区,以奉天宫香灰加入香粉制成"平安香饼",依据奉天宫虎爷设计出特别的8种香饼造型等,让民众感受吃香、玩香、品香的乐趣。因此,台湾妈祖信仰已成为将社会各界维系在一起、寓意丰富的纽带象征。这些活动以文化为灵魂,一方面推动了台中县文化观光的发展,提高了地方整体实力。另一方面可以让妈祖文化因信众的频繁接触而长期存在并得以传承。二是青壮年已经逐步成为该文化活动的主力,改变了人们以往对进香祭祀群体的认知。民俗活动寄希望于年轻而富有活力的学子,意在让保护、传承和发展传统民俗文化的意识在校园里生根发芽。三是妈祖信俗成为台湾民众"民族认同"的精神支柱。台湾民众依托各式各样的"妈祖省亲""回娘家"活动掀起了台胞前往大陆探亲的热潮,凭借祭祀供奉妈祖,追忆和怀念故乡故土,这一系列举措有效地促进了台湾对妈祖信俗的保护与传承,体现了两岸人民强大的凝聚力和向心力。

最后,台湾的许多妈祖宫庙都在以自己的方式尽力引导和回馈社会,致力于宣传和践行生态文明的理念和价值,甚至不惜投入巨大的财力、人力和物力,建立和创办一系列服务于社会各阶层的基础设施项目和工程,其承担的职能已经不再局限于人们所认知的神职和精神慰藉功能,更重要的是在于对社会的责任与担当。以大甲镇澜宫为例,信众所捐赠的善款,除用在宫庙事务、祭祀庆典活动之外,也秉承着妈祖济世的精神核心,积极地运用于各项慈善和公益事务上。2003年,大甲镇澜宫成立大甲妈祖基金会;2009年,为了给无家可归的儿童提供一个可以健康成长的环境,成立了台湾第一所寺庙创办的幼育园机构——镇澜儿童家园。镇澜儿童家园原则上对入住的孩子抚养到18岁,但是由于各种情况,依然会延长照顾的时间,直到确定孩子可以自立生活才完全放手。正是因为妈祖信俗有了这份历史使命和社会关怀,才能够在漫漫历史长河中依然充满着生机与活力①。

　　台湾在传承和发展妈祖信俗的过程中,成功地摸索出了一套具有借鉴意义的经验做法,主要表现在:首先,台湾当局推动了对妈祖信俗和妈祖文化的保护,政策上的鼓励和扶持为妈祖信俗的保存和传播起到了关键的作用。各地宫庙也积极创新传承机制,扩大妈祖信仰的影响力。一方面,台湾当局出台相关法律法规支持民众保护传统优秀文化,另一方面,积极引导妈祖宫庙逐步实现转型和升级,使之更为符合台湾的实际情况和时代需要。其次是台湾注重发展与妈祖信俗、妈祖文化相关的产业,致力于打造妈祖精品文化商业圈,开发出品种丰富广受欢迎的妈祖文化创意产品,也创建了具有本地特色的妈祖品牌,将妈祖信俗的文化底蕴优势成功地转化为经济发展的一大新动力,为妈祖信俗的内涵注入了新的内容,促进了妈祖信俗与经济社会的深度融合。比如在每

图1-2　台湾进香团前来湄洲妈祖祖庙

年大甲妈祖的绕境活动中,新的科技及文创产品都会作为宣传点,贴近年轻人的心,使越来越多的年轻人加入绕境活动中。2006 年起,甚至和当地大学合作,开发可以实时定位绕境活动位置的 APP,并且能够随时提供绕境活动的景象,世界各地的人们可以通过网络随时观看活动的精彩现场画面,这种活动

---

　　①　张珣:《妈祖信仰与文化产业:人类学的个案研究——以台湾嘉义新港奉天宫为例》,《莆田学院学报》2012 年第 3 期。

大大扩大了妈祖的影响力。再次,妈祖信俗之所以会成为台湾第一大民间信仰,与各行各业的协同努力是密不可分的。在台湾,无论是政治家,还是商人,抑或普通的老百姓,对妈祖的强烈崇敬之情使他们打破了阶层的局限走到了一起,形成了一个个互通共融的妈祖祭祀圈。广大信众在妈祖的感召之下凝聚在一起,协同攻克了各种难题,也开拓了妈祖信俗在台湾传承与发展的新局面。最后,台湾妈祖宫庙自身也努力实现职能转变。如今的台湾妈祖宫庙摒弃了以往铺张浪费、破坏生态的祭祀方式,以实际行动践行生态文明和绿色发展的新型理念,同时,台湾的众多妈祖宫庙也承担着社会教化和扶贫济世双重功能,除了采用更为民众所喜闻乐见的形式传播社会正能量之外,还广泛开展各类慈善和救助活动,加速了妈祖信俗与台湾民众社会生活的融合。因此,台湾的妈祖信俗在传承妈祖精神的同时,越来越多地进入人们的日常生活,在提升妈祖文化影响力、推动两岸交流互动、带动文化创意产业等方面作出卓越贡献,使得妈祖信仰更加现代化、普及化、生活化和年轻化,为妈祖文化的薪火相传注入新活力。

三、闽台乡土文化概况

(一)福建省乡土文化的发展历程及特点

中国的乡土文化源远流长,它产生并服务于农耕社会,是农业时代生活的传承,影响和制约着农民的正义感、审美感、是非感等一系列思想道德观念和行为,已成为农民精神世界的重要组成部分,融合在人们的人伦日用之中,是村民的精神支柱。① 乡土文化包含了众多农民群体在世代相传过程当中形成的文化因子,主要有语言、信仰、宗教、传统习俗、宇宙观及社会组织形式等等。同时,乡土文化作为某种共性文化的积淀,具有极强的凝聚力和融合作用,可以消除人际隔阂,增进村民间的情感交流;具有文化功能,可以培育农民积极

---

① 费孝通:《乡土中国》,华文出版社1999年版,第165页。

健康的价值观,并承担着一定的经济职能及沟通和规范约束功能。另一方面,就现实情况而言,福建和台湾相对于中国其他地区来说有着一定的文化特殊性,这种特殊性恰恰是体现在了福建和台湾的乡土文化气息尤为浓厚且生生不息,直至今日。其作用和影响力依然存在于各村落之间,成为农民生活中约定俗成的独特文化形式。

闽台两地拥有深厚的地缘和血缘关系,外加闽台自古就属蛮荒之地,经济物质基础较为薄弱且皇庭威严难及此地,乡土文化作为进一步适应该环境和规范管理好村落内部事物的重要力量应运而生且相传至今。闽台乡土文化虽然都经历了在夹缝之间求生存的际遇,但是无论在哪一时期,乡土文化都时刻拥有顽强的生命力,为福建和台湾留下了丰厚的历史和人文底蕴。无论是在福建还是台湾,只要走在村野街头,都能够感受到浓厚的本地文化的气息,且现有的80%以上的台湾人都是从福建迁居过去,因此两地的风土人情存在着大量的共性。比如福建和台湾两地的祭祀和宗教礼俗十分接近,庙宇众多,而且影响范围极其广泛;在村落里以血缘关系为纽带的宗族势力盛行,族长拥有很大的权威性;以传统的婚姻礼仪、诞生礼仪和殡葬礼仪为代表的村落风俗等等。这些富有地方特色的乡土文化影响了生活在福建和台湾的一代又一代人,成为在中国范围内一大独具特色的文化现象。虽然闽台的乡土文化总体上呈现出某种共性,但是闽台两地乡土文化的发展历程和所表现出来的特征也存在着些许差异。

福建的乡土文化经历了一个从"超稳定状态到除旧历新",再到"在困境中稳步前进",最后到"加大力度推进且卓有成效"的发展过程。在辛亥革命之前,福建的村落基于自给自足的小农经济形成了一个超稳定的社会结构。以"孝"文化、乡贤文化、宗教文化、宗族文化和乡俗民约为代表的文化力量共同构成了福建乡土文化的主体。同时,由于福建村落大多位于山区,交通不便,人口流动性不强,外加福建百姓大都安土重迁,因此当时福建的乡土文化处于一个较为稳定的延续时期。辛亥革命和五四运动之后,全国范围内大多数封建伦理思想和文化很大程度地被压制,福建也不例外,这在客观上冲击和打压了一部分优秀乡土文化,但也为其融入了一些符合时代特征和潮流的新思想和新观念,丰富了乡土文化的内容和形式。此外,经历过新中国成立之前的战争岁月,许多村落及其所蕴含的深厚乡土文化底蕴惨遭毁坏。新中国成立之后的十五年间,在"农业反哺工业"的大趋势下,福建农民无法得到充足的物质保障,生活在清贫的农村,乡土文化的传承遭受压抑。一方面,在"文革"时期不少流传于村落之间的传统文化遭到破坏。另一方面,知青"上山下乡",为农村带去知识,注入活力,一定程度上有利于乡土文化的传承和发扬。同时,改革开放迎来了传统乡土文化的解禁,但是在不断加速推进新型城镇化进程中,许多具有较高保护价值的传统村落及其优秀乡土文化逐渐没落甚至消亡,出现"城进村退"的状况,相关法律制度和规范缺失,乡土文化传承价值认知和执行力不足及资金匮乏且来源单一等问题都长期存在并制约着乡土文化的发展与传承。而在新时代习近平总书记也强调要在新型城镇化建设中,保护传统村落,弘扬传统村落文化。福建省在大力发展经济和推进城镇化的过程中,对保护传统村落文化的关注度越来越高,并制定了一系列相关文件及政策以加大福建乡土文化的保护和传承力度。

福建省乡土文化在发展的历程中,也逐渐展现出其地域特色。首先,福建乡土文化构成主体多元化,表现形式和载体丰富,较有代表性的有妈祖文化、客家文化以及闽南文化等等。之所以会形成如此丰富多彩的文化类型,除了受到闽越遗风的影响和根深蒂固的汉民族传统习惯的主导,随着中华文化与海外文化的不断交融,福建地区的乡土文化也吸收了许多异域的风俗和习惯,这些文化形式经过了几千年的发展早已融入福建民众的生产、生活和工作当中,也因此形成了福建省独具特色的乡土文化表现形式。其次,福建各地区的乡土文化也存在着相对的独立性。由于福建"八山一水一分田"的区位特征和方言众多的文化特征,交通不便和语言障碍一定程度上阻碍了各地区的文化交流和融合,比如福州地区的闽剧和评话在闽南地区并不受欢迎,同样,闽南的戏曲艺术在福州等地的受众也极其有限。当然,这些相对独立的乡土文化表现形式的存在,不但不影响福建乡土文化的交融与传承,反而还起到了保护地方乡土特色的作用,为福建多姿多彩的乡土文化产生了积极有效的影响。最后,福建乡土文化虽然植根于本地的发展实际,但它却不是封闭、一成不变的地方文化。无论是在历史长河中,还是在现当代,福建乡土文化一直秉持着对外交流和传播的开放态度,成为连接全球各地、闽台两岸交流、沟通乡情民心的重要桥梁。自宋元明清以来,福建乡土文化以自身独特的魅力逐渐传播到全球各个角落,尤其是大量闽人迁居至台湾使福建乡土文化广泛传播到台湾各地。如今,还有众多居住在台湾的闽人后代,他们对中华文化具有强烈的认同感和归属感,许多人在台湾还致力于维护和传播福建乡土文化,为促成闽台更加密切的交流和祖国统一做出了巨大的贡献。以妈祖信俗为例,台湾的妈祖宫庙数量达千余座,每逢妈祖诞辰之时,许多台湾信众都会自发组成拜谒团至湄洲岛,到妈祖祖庙烧香祭拜。妈祖文化及其祭祀、庆典活动早已成为闽台乡土文化互动中不可或缺的一环,两岸人民的感情沟通通过这些乡土文化的共融达到了一个新的高度。因此,福建乡土文化对台湾民间深入持久的影响以及闽台两地长期的社会文化交流所形成的同风共俗,是构成福建乡土文化另一个显著的特点①。

(二)台湾乡土文化的发展历程及特点

"光复"前(1945年以前)的台湾是一个典型的农业社会,到了60年代中期,台湾基本实现了农业社会向现代工商社会的过渡,社会都市化的程度急剧提高。60年代以来社会的转型、西方经济和文化的入侵,对传统文化体系冲击甚大,台湾的乡土呈现出各种不同的文化因素相互渗透又杂然并存的局面,带有原始色彩的传统文化抵御不了现代文明和西方文化的强大攻势,本地文化制约下特有的人生形态被击碎。② 台湾乡土文化经历了一个由"明清时期接受"到"战乱时期顿挫"到"新时期碰撞"最后再到"后现代、本土化"的进程。台湾乡土文化植根于本地的实际情况,同时也吸收了来自福建传统村落文化的精华,从而孕育了独具特色的文化内涵。台湾从明清时期比较系统地接受了来自大陆的文化传统,吸取了适宜于当地开发和发展实际的内容之后,台湾的先民们就开始了乡土文化的创新之路。在日本殖民时期,台湾乡土文化在传承过程中曾一度遭遇被全盘否定和破坏的挫折,但由于台湾人民对祖国的深厚情感及文化特有的稳定性使得乡土的印记更为深刻地烙印在了每个

① 周文辉、刘永玉:《神同源人同根——台湾大甲镇澜宫谒祖进香侧记》,《台声》2000年第9期。

② 郭家琪:《鸿沟与跨越——两岸乡土小说比较》,博士学位论文,北京大学,2013年。

台湾人民的身上。台湾同福建一样,也十分注重传统的民俗习惯,宗教观念甚为浓厚,祭祀尤其讲究各类仪式和风俗。一直到了新时期,随着台湾社会与外界和国际接触的日益广泛,其内在文化与外界文化发生激烈碰撞,此举不仅促成了本地文化的转型,也为传统村落文化增添了不少异域元素,一定程度上创新和发展了台湾本地文化。众所周知,台湾地区拥有纯朴的自然风光,具有浓郁的历史人文风情,这显然与其地域空间范围较为狭隘及与国际社会接轨较早相关。同时,虽然台湾也曾经历过封建统治时期,但由于其所处的特殊地理位置,自古社会风气比其他地区较为开化,当地百姓思想也较为自由、开放,这就为其形成浓厚而又质朴的人情社会奠定了基础。在后现代主义的启蒙之下,台湾传统的风土人情在不同的时代风貌下依然保持着顽强的生命力,成为台湾民众在骨血里流淌着的文化精髓。此外,由于台湾的经济发展水平和文明程度较高,其乡土文化俨然已经成为台湾民众在工作、生活中不可或缺地发挥着政治、经济及社会职能的重要治理和约束力量,本土优秀传统村落文化真正成为一种服务于经济和社会发展需要的软实力。

当然,台湾的乡土文化在其不断发展的历程中也呈现出异于福建乡土文化的独特之处。首先,认同中华文化和故土文化是台湾乡土文化的一个重要特征。明清以来,大量闽人带着自己家乡的文化和风俗习惯至台定居,经过了数代的繁衍生息,福建乡土文化早已扎根于台湾的土地上,形成了具有台湾本地特色的文化形式。绝大多数台湾人都是闽粤后裔,由于他们对家乡故土的深切眷恋,涌现出了一批又一批捍卫中华文化和宗亲文化的先锋者,特别是以台湾乡土文学研究者和妈祖信众为代表,它们不仅表达了台湾民众渴求回到故土和家人团聚的迫切心情,也促进了两岸民间交往和文化互动。可以说,台湾乡土文化是中华文化在区域上的一种延伸和发展,与祖国大陆同属于一个不可分割的文化体系。其次,台湾乡土文化与福建乡土文化相比,呈现出了更大的包容性,对西方工业文明并没有体现出太大的抵制和反抗。这和台湾的历史有极大的关系。台湾很早就开始了与大陆和海外的贸易往来,频繁的商贸交易使得台湾经济的主体部分在很大程度上都是依靠工业,因此并没有形成自给自足的自然经济体系。对外交流的日益广泛使得台湾的经济和乡土文化都有其他地区和民族的文化痕迹,加之台湾当局对于其文化的互动和沟通并没有表现出明显的抵触和抗拒,这使得台湾乡土文化对于外来的文明具有一定开放和包容的态度。最后,台湾乡土文化与民众的日常生活关系极其密切,传统乡土文化形式保存良好。随着福建省城镇化进程的加速,不少传统乡土文化逐渐淡出了人们的视线,甚至面临着濒临消失殆尽的困境。而在当局台湾的推动下,民众将台湾传统乡土文化完整地继承了下来,并对其形式和内容进行了不断的发展和创新,也早已将这一整套文化体系融入他们的血脉当中,并内化于他们日常的生活和工作当中,成为彼此心中的一种共识和默契。

图 1-3　台湾进香中的仪式活动

(三)福建省乡土文化的传承与发展

　　闽台优秀乡土文化之所以能够在历史长河中跨越重重阻力流传至今,其原因不仅在于乡土文化对两地百姓的日常生活所发挥的重要作用,更关键的是百姓发自内心真诚的守护及当地政府对乡土文化的重视和保护。

　　在福建,对传统优秀乡土文化的传承和发展也经历了一个"由浅及深"的过程。起初,对乡土文化的保护是通过村落内部的行为示范、口口相传、在册记载,抑或借助乡贤威望在村内强制推行,这一方式在一定程度上保留了传统乡土文化的原始风貌。但此后由于村内与外部交流的日益频繁、特殊历史时期所带来的破坏以及外来文化的冲击等影响,福建当地对乡土文化的保护和传承也一度式微。同时,随着福建社会发展进程的加速与城乡之间不平衡风险的增加,乡村社会问题层出不穷且解决乏力,其根源就在于乡村生活的意义以及传统乡土文化的价值被逐渐削弱。为解决这一问题,提升对乡土文化的重视程度,重塑乡土文化价值,实现村民的本体性价值和社会性价值的双重回归被提上了政府的议事日程。当前,福建对乡土文化的保护、传承和发展主要依靠三大力量:首先是乡村和乡土教育。福建各级政府按照中央的统一要求,不断提高基础教育教师队伍的整体素质及各方面待遇,加大了对基础教育的投入力度,增加了乡土文化和乡土知识在基础课程建设中的比重,从而让更多的青少年能深入理解和认识乡村生活的意义与本地文化的内在价值,形成热爱家乡、关心邻里和热心服务社区的思想意识和造福家乡的勇气能力,提升了对乡土文化的重视和保护程度。其次是城乡文化的统筹和发展。福建省认真贯彻中央关于城乡一体化的战略部署,致力于矫正城市文化发展的倾斜政策,重点加大了对福建山区乡村文化保护、传承与创新发展的投入、引导和扶持。再者,当传统乡土文化长期遭受解构和同化后,福建各级政府相关部门开始重新审视和评估传统乡土文化的重要价值和意义,并通过网络等现代新媒体进行大力宣传,充分肯定了传统乡土文化是我国历史发展过程中一笔富饶的精神财富,从而让这一理念成为社会共识。传统乡土文化蕴含着仁爱、友善、平等、和谐、亲情、诚信、互助、勤劳、脚踏实地、热爱自然等与现代价值相一致的优良品质。传统乡土文化在与现代文明整合后对传承区域和民族文脉、保持其文化特色、保障其文化安全,是具有重大现实价值的文化形式。最后是以社会主义核心价值观引领乡土文化建设。福建省在新农村和谐文化建设中,着力建设以社会主义核心价值体系为引领的文化体系,努力消除那些与国家文化政策相违背的错误思想和认识,平等宽容地看待福建传统乡土文化。同时,福建省通过宣传先进文化,促使广大乡村地区自觉摒弃腐朽落后的风俗习惯,积极塑造健康、文明、向上的乡风和民俗。此外,福建各级地方政府高度重视并采取有效措施保护和开发具有地方特色的文化资源,并进一步加强对乡村优秀传统文化表现形式的系统性整理和完善,逐步建立起了科学有效的优秀乡土文化传承和保护机制。在全省中小学长期开设以本地文化知识为主的相关课程。以社会主义核心价值观为引领,积极开展了具有地域特色的形式丰富的民间艺术展演与比赛,用村民喜闻乐见的文化形式丰富他们的业余生活。

(四)台湾乡土文化的传承与发展

由于特殊的政治和历史原因,台湾的乡土问题显得更为复杂。但台湾较大陆而言,其现代化进程开始得较早,面临的乡土文化重建危机及其化解也更早。因此,在全球化视野下和现代化进程中,台湾乡土文化的弘扬与转型之于大陆有着举足轻重的模范作用。台湾对于乡土文化的保护、传承和发展亦经历了一个较为曲折的发展过程,存在明显的阶段性特征,且其介入主体不再仅仅局限于当地政府,更多是来自于民间自发而成的力量。二十世纪二三十年代,台湾一批富有远见的文学家首举"乡土"旗帜,倡导乡土文学建设,以促进民族意识的觉醒,抵抗日本殖民奴役和同化。此时台湾乡土文化的觉醒被认为是在特定的历史条件下区域性民族觉醒的自我认同,开创了台湾乡土文化保护的先河。二十世纪六七十年代,随着与外界接触和交流的日益频繁,台湾急剧向工商业社会转变,而这一变迁导致了乡土文化的迅速凋敝和消亡,引发台湾社会的深刻反思,爆发了台湾第二次乡土文化保护运动。一些大大小小的演义团体在此阶段纷纷成立,它们的作品明显地传达了对传统台湾本地文化在现代化社会中如何生存等问题的思考。这时期爆发的乡土文学论争,早已超越了传统的文学领域,作为文化意识形态论战,显示出在西方文化帝国主义霸权和入侵的情况下如何保全本地传统文化的重重忧虑,从思想上唤起了人们的普遍关注和重视。从二十世纪八九十年代开始,台湾环境愈加趋于开放和自由,同时,全球化的深入发展带来了西方文化和价值观的强势渗入,引起台湾当局和知识界对台湾乡土文化前途和命运进一步的审视和思考。在亚洲金融危机过后,台湾致力于优化和调整产业结构,将乡土文化创意产业列为台湾参与全球竞争的"关键武器"。在这一转型时期,台湾乡土文化的形式和内容留存、区域特色呈现以及文化身份认同等价值和意义再次得到复兴。台湾乡土文化既依托社区营造融入于社区的日常生活之中,又依靠台湾当局的支持及地方自发形成的民间群体不断推广和保护,从而使台湾优秀乡土文化随着一代又一代台湾人民的繁衍生息得以保存和继承,逐渐成为台湾人民生命中不可缺少的一部分。同时,台湾紧跟文创潮流锐意创新成就具有地方特色的文创品牌,从而使它在全球各大都市中也能被接纳,甚至已作为一种具有标志性的文化标识步入国际舞台。

在传统和现代及本地和全球的激烈碰撞和交融中,台湾乡土文化已经探寻了出一条颇有成效的保护、传承和复兴之路。首先,台湾注重对传统乡土文化的相关资料进行有效整理、归纳和总结。通过走访民间艺人、查阅相关文献等方式对乡土文化资料进行归纳和整合,挖掘其中所蕴含的人文精神和文化内涵,在填补现有文化记载空白的基础上按照其发展脉络进行,吸取各方文化精华对乡土文化进行合理的添加和创作,使其更易于被理解和保存,从而让台湾优秀传统乡土文化得到升华。其次是台湾重视对人才的培养,从源头上保护乡土文化。乡土文化发源于乡村地区,其传承和挖掘的主力主要是广大老百姓。然而经过漫长的岁月,这些文化传承者大多都已迈入晚年,针对这一情况,台湾开始致力于培养专业的传承队伍,利用各种资源和形式培养了一大批乡土文艺创作者和工作者,为保护台湾优秀传统文化提供了坚实的人才和人力保障。再者是台湾加大了对乡土文化保护的投入,搭建了一系列优质的平台,通过开展各项活动发扬和发展传统乡土文化。保护、传承和弘扬乡土文化就必须转换视角,立足于一定的经济社会背景和群众的实际需求,"敢于狠下手笔才能稳出成果",只有通过加大对乡土文化的扶持力度,才能不断拓宽乡土文化的阵地。乡土文化的传承和发展才能实现有效延续。最后,台湾对传统乡土文化的开发和利用顺应了时代的潮流。乡土文化需要继承,但是在当代更需要创新。为此,必须树立科学的乡土文化发展观,始终秉持与时俱进的态度,对乡土文化进行合理转型与加工,如此才能永葆优秀传统乡土文化的青春与活力。此外,台湾切实增强了保护乡土文化的历史责任感。台湾乡土文化是独具特色的地域文化,是历史发展的结晶与积淀,具有极高的历史意义和学术价值,它折射着时代的发展,见证着中华民族文化发展的轨迹。因此,对于乡土文化的保护和继承,就必须充分借鉴和学习台湾经验,在依托媒体宣传和大力推进乡土教育的基础上增强文化自豪感和忧患意识,真正使乡土文化拥有广阔的发展前景。

第二章　福建省妈祖信俗与乡土文化互动发展的现状分析

乡土文化是乡村社会凝心聚力的黏合剂和发动机，充分利用乡土文化的价值，有利于调整乡村社会秩序。沈费伟提出，实体性、规范性、信仰性文化三者相互促进，是共同递推的农村文化共建模式。调动乡土文化资源，发挥优秀乡土文化的积极作用，有益于促进乡村文明建设，推动乡村治理。福建的乡土文化资源非常丰富，妈祖信俗与其他民俗文化、宗教文化在许多乡村共存互融，对乡村社会的稳定发挥了重要作用。基于乡村治理的背景，福建在利用妈祖信俗与其他乡土文化融合发展中，一系列问题值得深入思考：两者是否良性互动，存在哪些困境，妈祖信俗与其他乡土文化互动的制约因素有哪些？传统乡村治理理念，对妈祖信俗与乡土文化互动产生了怎样的影响？这是本章要着力解决的问题。

一、福建省乡村治理发展概况

改革开放以来，福建省按照中央关于加强社会建设和社会治理的一系列部署要求，积极探索新思路新办法，乡村治理工作取得了明显成效。①

一是统筹协调推进乡村治理工作。坚持把社会建设与经济、政治、文化、

---

① 中共福建省委政策研究室：《提高社会治理水平，维护社会和谐稳定》，《调研文稿》2014第106期。

生态文明建设和党的建设同步协调推进,完善、改善和保障民生的制度安排,全省各级财政民生支出逐年增加,基本公共服务供给能力不断增强,不断夯实乡村社会治理源头性、基础性和根本性工作。省委、省政府出台文件,加强对乡村社会治理创新的统筹协调,推动各地各部门切实履行乡村社会治理职责。省委、省政府把社区网格化服务管理平台建设纳入为民办实事项目,省财政每年安排4000万元作为项目经费补助,并开展省市县乡领导机关、领导干部"下基层、解民忧、办实事、促发展"活动。

二是逐步完善乡村治理体制机制。全面推进规范行政权力运行特别是规范自由裁量权工作,从清权、确权入手,编制行政职权目录,市县两级分别绘制了1.67万幅和4.25万幅行政权力运行流程图,有效减少行政自由裁量权滥用,促进行政权力运行透明、公正。坚持依法处理信访事项"路线图",把信访问题纳入法治轨道依法有序解决,化解处理了大量信访问题。健全党政主导"大调解"工作体系,把专业调处机制向矛盾纠纷多发的行业领域延伸。健全社会治安防控体系,完善排查整治长效机制,开展治安稳定突出问题整治活动,有效解决了一批突出区域性治安稳定问题。

三是有效解决乡村治理突出问题。扎实有效推进源头治理,省市普遍开展重大决策、重大项目、重大事项社会稳定风险评估,对涉及群众利益的重大建设项目纳入评估范畴。加强社会矛盾前端预防,及时排查化解征地拆迁、环境污染、劳资纠纷、非法集资等领域的突出矛盾问题。推行和谐征迁"五五"工作法,全省因征地拆迁引发的群体性事件明显减少。完善流动人口服务管理,建立流动人口信息社会化采集系统,建设3533个流动人口服务管理站(所),配备专职协管员近10000人,初步形成了覆盖城乡的服务管理网络,登记流动人口1300多万人,流动人口案前登记率上升到66.5%,犯罪率同比下降2.5%。

四是持续巩固乡村治理基层基础。全面推广农村"168"和城市社区"135"基层党建工作机制,全省城乡社区党组织和共青团、妇联组织覆盖面达100%;全省规模以上非公经济组织和已登记的社会组织基本建立了党组织、工会组织和共青团组织,规模以下非公经济组织党组织应建已建率达75.5%。推进行业协会改革,全省约有1800个行业协会和行政主管部门脱钩,实现了政社分开、管办分离。在乡镇(街道)综治服务中心建设的基础上,启动新一轮乡镇(街道)综治信访维稳中心规范化建设,并向上拓展,在县一级建立部门整体联动的矛盾纠纷排查化解中心;向下延伸,在村居(社区)建立综治信访维稳工作站。在村级综治协管员、平安中心户长、综治(平安)协会建设的基础上,大力推进维稳信息员、维稳群众工作队和网络舆情引导员三支队伍建设,全省群防群治队伍发展至4万多支50多万人。

五是积极推动公众参与乡村治理。健全群众工作机制,不断增强群众工作的针对性和有效性,把做群众工作的过程体现在社会治理和服务的过程中。各地探索创造了农村"六要工程"、"四下基层"、"无讼社区(村居)"、"百姓问题排解团"、社情民意"直通车"等经验做法,更加紧密联系群众,更加周到服务群众,使群众切身感受到加强和创新社会治理的成效,从而主动配合治理、积极参与治理。进一步完善利益协调、诉求表达、矛盾化解、权益保障机制,坚持依法行政,加强监督惩处,维护人民群众的切身利益。

福建省乡村治理在取得明显成效的同时,应该清醒地看到,与人民日益增长的美好生活需要相比较,乡村治理还存在一些突出问题和薄弱环节。

一是乡村治理的机制体制不够顺畅。从治理主体来看,政府角色转换和职能转变不到位,包揽的社会治理事项太多,社会治理结构依然呈现"政府独大"局面,而且部门条块分割、权责利不统一,影响和制约了社会治理创新。社会组织培育不足,多数社会组织尤其是地方性社会组织存在数量少、规模小,专业人才队伍力量不足,资金缺乏,自主能力低、结构布局不均衡、服务功能不强等问题。社会组织党建工作力度有待加大,党组织和党员作用有待发挥,治理体制有待理顺。从治理手段来看,福建省直接与社会治理相关特别是民生方面的立法,仅占全省立法总量的40%左右,社会治理法律法规还不够完备。比如有的部门规范性文件和地方性法规之间缺乏协调性,存在一定冲突。福建省非公经济组织和社会组织比较多,但缺乏一部综合性的地方社会组织法规。对引导社会舆论、保障公民权益等方面法制建设和政策引导还比较滞后,有的存在空白。

二是运用法治思维和法治方式比较薄弱。一些党政机关和公务人员重政策、轻法律,不自觉、不善于运用法律手段调节利益关系、化解社会矛盾,习惯用法律来约束和惩治被管理者,忽视对权力运行的规范、约束和制衡。有的为了达到维护暂时稳定目的而无原则迁就、让步,违反法律规定满足不合理的要求。根据 2013 年年初的《领导荟萃》显示,55.7%的群众认为"大多数官员在决策和处理问题时,没有运用法治方式"。同时,公民法治信仰缺失,法治缺乏权威,"信权不信法""信访不信法""信关系不信法"等现象普遍存在。一些部门从自身利益出发,与民争利,引发了大量社会矛盾;一些部门推诿扯皮,不作为、乱作为,甚至以权谋私,损害群众利益,激化了社会矛盾。从近年来全省信访情况看,有关土地征用、房屋拆迁、劳动保障和村财管理等方面问题,约占全省信访总量的 60%。

三是影响稳定平安的问题仍然突出。教育、就业、医疗、住房、社会保障等领域事关民生的部分重大矛盾纠纷仍未妥善化解,一些生活困难群众、利益受损群体没有得到有效帮扶,一些重大决策出台、重大项目建设中的社会稳定风险评估机制没有得到很好落实。全省信访总量仍然较大,涉法涉诉、土地征用、房屋拆迁和村财村务管理等领域信访问题占多数,不同利益诉求群体在敏感时期相互串联,策划实施到北京重点地区、敏感部位上访"维权"的现象较为突出。一些地方因政策性遗留的历史问题、征地拆迁以及清除违章搭盖、环境保护、加快项目推进引发的群体性事件不断增多且趋于激烈。这些群体性事件有些时间跨度长、参与人数多、行为激烈、对抗性强。重点领域与行业的公共安全排查整治不够有力,安全隐患仍然不少,公共安全应急管理机制不健全,生产安全、交通安全、环境安全等公共安全事故仍时有发生。网络违法犯罪日趋严重,借助互联网平台实施赌博、淫秽色情、销售违禁品、网络诈骗等违法犯罪活动屡禁不止。

四是乡村治理的水平有待提高。由于缺乏党政主导的推动力度和一些部门思想认识的不到位,上热下冷,综治部门热、其他部门冷,多数地方以综治部门牵头协调为主,其他部门主动参与意愿不强,协作配合积极性不高。特别是在涉及社区(村居)服务管理资源和力量整合时,一些部门往往强调条条工作的特殊性和重要性,不愿把自身与社区有关的资源力量和服务管理事项纳入网格管理,造成各自为政、各自为战和职能封锁、条块分割的状况。一些地方缺乏全局性考虑和总体性设计,在综合信息系统和综合指挥平台建设上,难以实现更高层面的资源共享和联网运行,造成资源浪费和重复建设。同时,乡村工作人员专业素养和工作方法有待改进,社会专业工作者少。在闲散青少年、社区矫正对象、刑释解教人员等重点人群的服务管理上,由于大多数地方缺少专业的社会工作者,现有工作人员又普遍没有接受过社会工作的专业教育和培训,难以提供个性化、多样化、专业化服务。此外,一些村(居)组织软弱涣散,一些综治基层组织的编制、经费等问题依然突出,难以有效发挥作用,妨碍了社会治理效能。

二、福建省妈祖信俗与乡土文化互动发展困境

(一)妈祖信俗对乡土文化的不利影响

社会功能理论是研究分析各种社会现象的有效工具。其理论基础是把社会看作由各个部分组成的有机均衡系统,社会各部分在某种机制的协调下构成社会系统。社会系统的各部分相互依存、相互制约,任何一个部分的变化都会波及其他部分,从而影响整个系统的协调运行。人类社会就是一个由很多要素组成的系统,这些要素称为社会的子系统。子系统受社会大系统的控制和影响,但每个子系统都有其他子系统不可替代的社会功能。民间信仰是一个社会子系统,它和社会整体是密不可分的,是双向的、相互的关系,社会整体系统对民间信仰子系统的作用是制约性的。但是,民间信仰对社会整体的作用,即民间信仰的社会功能也是很显著的。[①] 民间信仰的社会功能具有多维性,包括对社会共同体的能动作用、对其他社会子系统的功能以及对信众个体(群体)的功能。关于民间信仰的社会功能,现今大多数学者认为这种功能具有两重性,即正功能和负功能并存。

在社会主义市场经济发展的进程中,乡土文化的内涵不断得到丰富,在一定程度上促进了乡村经济的发展,丰富了乡村农民的精神,提升了乡村治理的

---

① 王瑞军:《民间信仰的社会功能及作用机制——基于社会主义新农村建设视角》,博士学位论文,南京航空航天大学,2012年,第28页。

水平。妈祖信俗作为民间信仰的一种,其社会功能同样具有两重性,在促进乡土文化发展的同时,还存在与乡土文化发展不相协调的现象。妈祖信俗对乡土文化的不利影响即负功能主要表现在:

一是对村民思想的影响,容易让信众产生宿命论,逃避现实。妈祖信俗中很重要的仪式是祭祀活动,包括到湄洲妈祖祖庙谒祖进香、三献礼、点香火和放鞭炮等。信奉者以此来祈福,求平安,获得精神上的满足。在漫长的历史长河中,妈祖信俗的心理调适机制,为信众提供安全感和心理慰藉,消除恐惧和不安,心中有信仰的人往往心态积极、乐观向上。但是,现代社会不同于传统社会,面对财富、人际关系、道德等问题,民众的价值观已经由过去的一元化转变为当今的多元化,极易迷失产生无助感。在现代社会,这种功能依然发挥着重要作用,具有深刻的现实意义。但是如果过于依赖信仰,凡事都求助神灵,面对现实生活中遇到的问题消极对待或者逃避现实,没有采取科学的办法去解决面临的问题,就很可能产生宿命思想,消极地听任命运摆布,不仅无法真正解决问题,有时反而会贻误时机。比如,因为生育问题,如果没有求助于医疗技术,仅是向妈祖求子,那将无济于事。这就是马克思所谓宗教是人民的"鸦片",不但指出了宗教的心理调适功能,也指出了它可能带来的负功能。从这种角度上说,如果不能正确对待妈祖信俗,就会禁锢村民的思想,不利于发挥村民的主观能动性,也不利于人们对科学真理的追求。

二是对乡村生态环境和村庄和谐的影响。生态文明建设是实现可持续发展和提高人民生活质量的必然要求。妈祖信俗活动作为规模较大的群众性活动,也应顺应时代发展,倡导生态文化。但是在妈祖信俗活动中却存在一些不利于生态文明建设的情况,比如在妈祖祭典中,焚烧大量的香烛、金银纸帛等来表达对妈祖的崇拜,严重污染了环境①。焚香、点烛、燃放鞭炮在现代完全可以用电子产品替代。另外,在妈祖信俗活动开展中,乱丢乱扔垃圾、乱搭乱建等不良现象较为严重,影响的不只是村庄环境整洁和村容村貌,更重要的是村民不良习惯、不良风气的养成。另外,妈祖信俗活动的开展需要一定的经

---

① 黄秀琳、黄新丰:《妈祖祭典文化元素的构成与再造——以湄洲妈祖祭典为例》,《莆田学院学报》2010 年第 17 期。

费,经费主要来源于妈祖信众对妈祖宫庙的捐款。妈祖宫庙则负责对信众所捐款进行管理,并且要对信众负责。但是在实际管理中,有的妈祖宫庙的妈祖经费使用缺乏透明性,管理者不可避免受到道德的考验,发生贪污受贿等情况,影响宫庙的正常运行,并进而影响村庄的和谐氛围。信仰妈祖的村落,有时为了利益之争,而发生械斗,影响了村庄和谐。

图2-1 信众在妈祖宫庙中拜神活动

(二)乡土文化变迁对妈祖信俗的负面作用

乡土文化的变迁主要表现在以下几个方面。一是安土重迁的传统被打破。随着改革开放的推进,一些地方先发展起来,国家长期以来的重工轻农、重城市轻农村的政策使得农村发展落后于城镇,农民的收入低于城镇居民,农民在土地上看不到希望,因此选择外出打工,长期以来的安土重迁传统被打破。农民外出务工给农村带来了新的思想观念等,尤其是市场经济的观念,冲击着传统落后的农村。二是村庄社会信任程度降低。随着市场经济思想在农村的逐步蔓延,加之政策松动使得农民有更多自由追逐经济利益,原来互帮互助的村民越走越远,村民之间互相不信任,关系变得更加冷漠。村民和村委会之间更是变成了敌对关系。村委会本是村民自治的组织,是村民选举出来的,受到村民的尊重,具有一定的权威,但是在当下由于村委会成员的选举受到村民的怀疑,加之村委会权力更多是地位所赋予的,在村民中权威较低,甚至毫无威信可言。

乡土文化的变迁对妈祖信俗的不利影响主要表现在以下几个方面:一是陈旧思想。乡土文化在市场经济的冲击下发生了较大变化,但仍残留着一些陈旧思想。一方面,农村中仍有不少信奉鬼神之说。在一些农村地区,物质上脱贫了,但是在精神上却愚昧了。农村有些地方在致富以后却大兴土木修庙建坟,求神拜佛。这些对妈祖信俗的传播极为不利。另一方面,长期以来形成的小农思想对建设农村大农业不利,影响农村商品经济的发展和农民收入水平的提高,并进而影响妈祖信俗活动的开展。二是城乡二元化。长期以来的城乡二元户籍制度加大了城镇和农村的差距,大部分农民选择到城镇打工,进而将城镇中市场、商品、竞争等观念带回农村,并激发了农民的攀比心理,表现在教育、婚丧嫁娶、住房等方面,激化了村民之间的矛盾,村庄社会信任程度降低,村民原子化现象加剧。在这种情况下开展妈祖信俗活动,过于原子化的村民很难协调一致为妈祖信俗活动的开展献策献力,更多考虑的是各自的利益得失,影响了妈祖信俗活动的有效开展。三是教育薄弱。在福建省的广大农村地区,基础教育仍较为薄弱,教育资源匮乏,教育投入不足。薄弱的基础教育使得广大农民认知能力较为低下,缺乏长远眼光,使得广大农民对妈祖信俗的认知停留在浅层次上,对妈祖信俗所传播的立德、行善、大爱等精神难以深刻体会。妈祖信俗的广泛传播依赖于高认知水平的信众,教育薄弱则直接影响妈祖信俗的广泛传播。另外,妈祖信俗需要各种各样的人才来促进其传播和发展,包括妈祖宫庙的管理、妈祖信俗的研究等人才,在教育薄弱的情况下,妈祖信俗的传播和发展将后续无力。

三、福建省妈祖信俗与乡土文化互动发展的制约因素

从经济发展来看,随着城市空间的拓展,产业布局的调整,靠近城郊的农村纳入城市版图,有的发展为繁华的卫星小城镇,与大城市相呼应。地处边远

的乡村,由于人口的迁移,出现了"空心化"。同样是乡村,地理位置的差别,在经济发展中出现分化,有的成为强镇富村,有的则停滞不前,甚至一蹶不振,走向衰落。面对城乡发展不平衡的状况,农民进城打工却又无法留在城镇,城市的一些思想观念与农村经济发展水平格格不入,在激发其追求物质动力的同时,也激发了其自私自利、物欲横流的一面,将所谓的妈祖信俗所蕴含的立德、行善、大爱等抛在一边,影响了妈祖信俗与乡土文化的融合发展。

从社会建设来看,长期把经济发展作为重头戏,社会发展相对滞后,"一条腿长、一条腿短"的现象比较突出,特别是在农村城镇化过程中,一些地方只注重乡村经济建设和基础设施建设,忽视了乡村传统文化的保护与开发。据文化部《2015 年文化发展统计公报》,2015 年全国县及县以下文化单位文化事业费 330.13 亿元,占全国文化事业费用的 48.3%,比重比上年下降了1.6 个百分点。西部地区文化单位文化事业费 193.87 亿元,占 28.4%,比重下降了 0.9 个百分点。一些乡村地区的居民受市场经济的影响,本着金钱至上的观念,片面追求物质享受,沉迷于赌博、喝酒等不健康的生活方式,不注重一定品位的文化消费。有的乡村文化发展形式较为单一、内容也缺乏积极的引导,甚至出现封建迷信活动,给农村社会发展带来消极的影响,不利于妈祖信俗与乡土文化的互动发展。

从民主政治来看,随着我国市场经济的不断深入,农村青壮年或是进城打工,或是为了小孩上好学而举家进城,留在农村的大多是老弱妇孺,一些乡村干部老龄化、低素质化的趋势严重。作为"经济人"的乡村基层群体片面追求自身的利益,对于自身在公共事务中的责任缺乏明确的认知,责任意识和担当精神比较不足。部分村干部封建家长作风、专制思想严重,乡村治理的观念淡薄。同时,国家对农村管理体制的变革,使得政治权力对农村经济和农民生活的干预和控制日趋减少,解放了农民,农民有更多的自由去追逐经济利益①。但在农民的个人主义权利增长的同时,农民个人的义务和责任意识并没有同步增长,出现了权利与责任不对称的个人主义②。一些村民在获取利益的过

① 赵光勇:《经济嵌入与乡村治理——来自浙江农村的思考》,《浙江学刊》2014 年第 3 期。
② 刘涛、赵晓峰:《中国乡村治理研究的路径与现状——近十年来"华中乡土派"的村治研究》,《江西师范大学学报(哲学社会科学版)》2009 年第 4 期。

程中,缺乏相应的制度引导,采取侵害他人利益的方法,导致村民之间纠纷发生,不利于农村社会和谐稳定。这些都在一定程度上影响了乡村民主政治的发展,进而影响了妈祖信俗与乡土文化的良性发展。

四、传统乡村管理对妈祖信俗与乡土文化互动发展的影响

在传统乡村社会中,村民之间虽有摩擦,但都是比较琐碎、容易解决的小纠纷事件,而且由于大家经常在一个较小的空间中活动,加之传统乡村管理者或其他权威人员的协调,村民之间比较容易相互妥协,不会产生较大仇恨。村民之间关系相对来说是比较和谐的。但是随着村庄外围环境的变化,传统的乡村管理性质也发生了变化。它通过各种方式塑造着村庄社会格局,并对乡土文化产生重要影响。乡土文化是一个村庄整体风貌的体现,扎根于传统的乡村管理之中,既受到外部环境的制约,也在一定程度上影响妈祖信俗在民间信仰活动的开展。

传统乡村管理下,妈祖信俗与乡土文化的互动主要表现在以下几个方面:一是道德教化方面。妈祖信俗是以崇奉和颂扬妈祖的立德、行善、大爱精神为核心。妈祖信俗通过庙会、习俗和传说等表现形式得以将妈祖信俗进行传播,人们通过参与上述妈祖信俗相关活动,在心灵上受到妈祖信俗的熏陶,并将其表现在日常的行为中。尤其是妈祖习俗的立德、行善、大爱的精神,在村民的道德教化方面发挥了重要作用。二是纠纷调解方面。妈祖信俗以妈祖宫庙为主要活动场所,妈祖宫庙为村民提供了休闲娱乐的场所,在这里,村民可以敞开心扉交谈,通过休闲娱乐获得舒适的心情,从而减少相互之间发生纠纷的概率。此外,即使发生纠纷,通过在妈祖宫庙开展妈祖信俗活动,有助于其化解矛盾,促进村民之间关系的改善。三是文化需求方面。妈祖信俗活动多种多样,比如妈祖文化旅游节、妈祖回娘家等,这些活动需要村民的积极参与,同时村民通过参与也满足了其文化方面的需求。

(一)传统乡村管理对妈祖信俗与乡土文化互动的促进作用

为了促进城乡一体化发展,各级政府积极推动美丽乡村建设,实施乡村振兴计划,不断改善农村发展环境,提升农村发展水平。村庄通过开展美丽乡村建设,一方面美化了当地环境,吸引更多游客前来参观,为当地经济发展做出贡献;另一方面,在美丽乡村建设的过程中,通过广大村民的积极参与,进一步提高了村民参与政治活动的积极性。通过营造一个共同的目标加强了村民之间的互相认同,促进了乡村社会和谐。这些都有助于乡土文化在农业现代化冲击和城镇化人口流动加速的背景下更好地延续,进而提升与妈祖信俗的互动。同时,乡村管理通过提供公共物品促进妈祖信俗与乡土文化的互动,比如便利的交通条件、休闲娱乐的场所,都有助于促进乡村村民之间的交往交流。和谐的乡土文化又有助于举办妈祖文化活动,促进妈祖信俗的传播发展。村民之间通过乡村治理带来的这种良性循环,更好地促进了妈祖信俗与乡土文化的互动。

福建省所开展的农家书屋工程是乡村管理提供公共品方面的一个典型例子。福建省农家书屋工程建设从 2007 年开始试点,2008 年全面铺开,已连续多年被省委、省政府列为"为民办实事"的重点项目。福建省农家书屋工程为农民送去了实实在在的好处。一是为农民提供了休闲时的好去处。一方面农民来到农家书屋,可以看书放松自己,在遇到农业种植养殖方面的难题时,也可以向书本请教,解决农户技术贫乏的难题,从而提高农民收入;另一方面,农户在空闲时来农家书屋替代了休闲时的打麻将等活动,在农村中形成良好的氛围。二是农家书屋可以将农民聚集到一块,而不是各自在家看电视,这有助于农村社会的团结和谐。福建省农家书屋实际上促进了妈祖信俗和乡土文化的互动。农民在解决了农业技术问题之后,有更多时间精力参加各种妈祖信俗活动,增强其相互间的联系,在妈祖信俗活动开展中形成共识。

乡村管理还通过一系列措施给予农民福利,解决贫困农民的实际困难,促进了农民生活水平的提高。农民收入增加,便更有经济实力参与到妈祖信俗的相关活动中,使妈祖信俗得到广泛传播,也有助于乡土文化的和谐稳定发展。

（二）传统乡村管理对妈祖信俗与乡土文化互动的不利影响

福建省乡村管理促进妈祖信俗和乡土文化有效互动的同时，也存在一些不利的影响因素。国家通过输入资源促进乡村经济发展的过程中，有些乡村不仅无法承接资源，还给乡村治理带来更大的困难。例如，由于村级组织承接国家、省级资源时都需要自己承担一部分资源的支出，在农村集体经济匮乏、财政短缺的情况下，这部分支出可能转嫁到农民身上。但是一些农民对基层政府的不信任，使得基层政府很难去承接，即使承接到了，村民并不会感激村委对村庄的贡献，相反可能会怀疑其是否有贪污等。这样，国家输入的资源无法和村民有效对接，直接导致了村民对一些基层政府的信任度降低，导致社会不和谐因素增加。另外，在承接国家资源时，一些农户故意闹事，为自己谋取经济利益。尽管这种行为是个别现象，却产生了极坏的影响，导致政府输入的资源在促进乡村经济发展的同时，再一次冲击了原本脆弱的乡土文化。村民之间由于在利益分配方面的不公平关系更加紧张，纠纷增加。随着城镇化进程的加速，人口流动增加，以前的熟人社会消失，个人的羞耻感也随之下降，乡村治理不利程度更是加剧。这些变迁阻碍了妈祖信俗与乡土文化的良性互动。

第三章　台湾妈祖信俗与乡土文化 互动发展历程及模式

　　大多数妈祖文化研究学者认为,明末清初妈祖信俗从福建传播到台湾,既延续了大陆地区妈祖信俗的标准化特点,又呈现了它与台湾地区文化、社会交融的地域性特征。由于闽台两地在文化建制、社会制度、妈祖宫庙管理模式等方面差异较大,台湾地区的妈祖信俗与乡土文化互动发展具有独特性。在互动融合历程方面,妈祖信俗在台湾经历了与村规民俗融合、与社区管理融合阶段。由于妈祖信俗超越了其他民间信仰文化的影响力,成为乡村治理中重要的文化资源。妈祖信俗与乡土文化形成了特定的互动模式。

一、台湾妈祖信俗与乡土文化互动发展历程

(一)第一阶段:妈祖信俗与台湾村规民俗的互动融合

　　村规民俗是一个特定群体在一定地域范围内的社会治理生活和治理思想信念相结合的产物,是来源于群体历史积淀的用于制约和规范村民习惯性行为。自从台湾人民接受了妈祖信仰之后,其村规民俗就会受到妈祖文化的影响,而对这些村规民俗的传承则会加深对妈祖的信仰,于是二者便产生了互动。妈祖信仰是伴随着来自大陆的先民到台湾开荒垦殖才逐渐在台湾"生根发芽",传播之初,妈祖信仰在台湾很大程度上是起着安抚民心和威严震慑的作用。初到台湾的先民对这一片广袤的土地并不熟悉,在开发和治理的过程

中面临着重重困难,因此,需要一种可以抚慰、凝聚和震慑人心的力量来协助地区和乡村的管理活动。妈祖信仰就在此时被台湾先民所接受并不断传播和传承,并成为约束和规范人们行为,以巩固乡村治理的重要精神力量。社会心理学中有一个观点,人们在想象中,会根据自身需要,利用已有的认知结构,产生对某种无关刺激物的同化作用。① 由于妈祖成为人们心目中所敬仰和崇拜的偶像和力量,使得与之有关的事物的颜色、状态和表征,都内化成妈祖预示着平安和权威的信息。妈祖信仰,在传入台湾的初期也就伴随着这种社会心理需要而在人们的思想认知和乡村治理中不断得到强化和深入。

图 3-1　前来新港奉天宫的进香团开展的阵头表演

(二)第二阶段:妈祖信俗与台湾社区生活的互动融合

在妈祖信俗传播的早期,其内在含义主要是与广大基层地区的村规民约产生互动与融合,而随着时代的发展,妈祖信俗逐渐渗入以社区为代表的市民社会当中,体现出一种"由农村到城市"的发展路径。

---

① 曹云周、冠辰:《城镇化进程中乡土文化的保护困境与有效传承策略》,《现代城市研究》2013 年第 6 期。

　　社区是指聚集在某一特定的区域,在生活上彼此联系,具有一定社会关系的人群。① 在台湾,社区的发展程度是较为成熟的,而且作为一个相对独立的现代自治组织,一些社会活动都是在社区里进行的,因此社会现象会通过社区折射出来。台湾的妈祖宫庙,在一定程度上扮演着社区治理和文化生活的倡导者与组织者的双重角色,逐渐成为该社区活动的一个中心和枢纽。对妈祖崇拜方式的不同,也是根源于其所在社区特定的文化和生活环境。台湾不同的妈祖宫庙都有其特色的庆典活动,这些活动成为凝聚不同社区的重要依托。更重要的是,台湾的妈祖宫庙承接着调节和管理乡村社区事务的职能定位,其鲜明的信仰文化已经融入社区居民的生活、生产和工作之中。妈祖文化传承至今,时代发生了巨大变化,许多信条早已经跳脱了传统的神化色彩,守护妈祖信仰的核心价值,不过多强调神迹和奇迹,逐渐融入台湾现代社会的价值观念之中。例如,妈祖信俗引导人们从事环保和公益活动、自觉规范自身的行为、讲求邻里和睦和追求社会和谐等。

图 3-2　台中市万春宫

　　① 钱奠香、李如龙:《论闽台两省方言和文化的共同特点——兼评台湾的乡土语言教育》,《语言文字应用》2002 年第 2 期。

　　妈祖文化在台湾的传播和弘扬是一个"在地化"的过程,如今它早已成为台湾乡土文化的一个重要组成部分,伴随着台湾人民一代代的繁衍生息深入了他们的骨髓之中,在塑造和改造乡土文化的同时也丰富了自身的内涵。社区生活中妈祖的尊崇地位则昭示了这一信仰与社会生活的密切关系。所有这一切,都是妈祖信仰与乡土文化的各个结构成分产生双向互动的结果和表现。

图3-3　台中万春宫开展慈善活动

二、台湾妈祖信俗与乡土文化互动模式①

(一)妈祖文化是台湾村社和谐的"文化纽带"

　　在台湾,妈祖文化之所以能够成为乡村建设中的重要构成元素,是因为其具有维系乡土认同、增强社会凝聚力以及整合社会意识的"文化纽带"功能。

---

　　①　宋建晓:《台湾妈祖信俗与乡土社会的互动发展研究》,《世界宗教研究》2019年第4期。

而这种文化纽带不仅通过共同体的信仰力量编织而成,还通过各式各样的仪式庆典凝结而成。台湾的妈祖宫庙以及宫庙所举办的各种仪式和庆典强化了群体的记忆、增强了对文化和社会意识的认同和情感,对妈祖的崇敬内化为对邻里乡亲的爱与和善。在日常生活当中,每个人可能都会因为快节奏的生活而过于关注与自己有关的事物,这有可能导致人们的社会意识和情感受到侵蚀和瓦解;但是在妈祖信仰的熏陶之下,人们的思想和情感又重新凝聚到共同的信仰和传统之上,对社会施予更多的价值关怀,这使人们完全倾注于社会事物,人与人之间的关系更为密切。因此,社会在这样一种文化氛围的感染之下更富有活力和生机,或者说使一个散乱的社会获得了转变和新生。在这样一种亲和的世界中,那些曾经因利益而彼此冲突的小群体彼此都消除了对彼此的防备心理,重新融入了村社或社区这个"大共同体"当中。妈祖宫庙和庆典仪式改变了当地人们的文化价值、关系价值和生活价值。同时,台湾妈祖文化作为民间文化的主体,不仅是一种宗教文化,更是一种乡土社会独具特色的艺术和规制文化。妈祖信仰的审美体验,不仅使寻常的农家生活充满诗情画意,引导人们创造生活,同时也能引导人们一心向善,努力使自己的行为符合道德和法律的规范,积极适应时代的变化和发展,使生活呈现出文明和谐的人文感受。

图3-4　大甲镇澜宫2018年至新港奉天宫进香活动

（二）妈祖文化是台湾村社治理的"整合器"

由于台湾村社的发育程度较高且独立组织的发展程度也较快,妈祖宫庙就在这样的背景下成为兼具神圣性和地方公业相结合双重属性的重要场所。妈祖宫庙的负责人参与社会公共事务是比较常见的。许多宫庙负责人为村中的"民间权威"或是"非正式权威",在村社之间的威望较大,虽然没有基层干部的身份,但却能够在调解民间纠纷、组织村民集体参加公益事业时发挥实际领导作用。在某些乡村,民间信仰场所甚至充当了处理地方事务的机构,是权力向基层社会渗透的一个窗口。台湾妈祖宫庙虽然不是行政组织,但它代表的是妈祖的意志,体现出"公"的一面,往往能得到当地民众的信赖。"宫庙董事会"依靠民间信仰带来的各种社会资本的力量,在台湾当局直接管理不到位的领域发挥着积极作用,成为处理村社矛盾冲突、维护村社公平正义,维系村社秩序的重要力量。此外,妈祖信俗的主旨仍是教化百姓和谐向善,但是随着台湾社会不断向前发展,其文明和开化的速度也大幅度提升,妈祖信仰主旨也逐渐融入了时代的要求当中,直接应用到社会治理中,比如提倡节俭、文明和环保等与现代社会息息相关的主流价值。这些价值是宝贵的文化财富,是

图3-5　2018年拱天宫十万信徒进香活动

乡村治理中可利用的重要资源。妈祖信仰以其"神圣性"把社会上各个不同利益集团的价值观综合统一起来,形成一个供大家共同遵守的规范,以此增加社会的稳定性。总之,通过将妈祖文化融入村社管理以及村社文化之中,有力地促成了不同祖籍人群、不同信仰人群的再度整合,妈祖成了社会整合和凝聚的一种精神力量。

(三)妈祖文化是台湾村社经济发展的"助推器"

在村社形成的时候,寺庙也随之建立,整个社区就会以寺庙为中心向四周延展,寺庙所承担的不仅是聚落地理中心位置的作用,以其形成的一整条"寺庙"产业链对当地的经济发展状况也产生了直接或间接的促进作用,甚至成为一个地区的商业和经济活动中心。台湾妈祖信仰与当地经济发展之间存在着一种互动的关系,而且在大多数情况下这种互动是成正比的,呈现出一种互为依存的状态。台湾妈祖信仰区的经济状况在一定程度上决定了当地宫庙和相关活动的规模;反之,妈祖信仰香火的旺盛又会带动整个社区的经济活动,促进当地经济的发展。各种类型的妈祖庙会就是这种互动关系的一个具体表现,它是集文化活动与经济活动于一体的典型代表。同时,在台湾的妈祖信俗中蕴藏着能够激发广大游客好奇心和求知欲的内容。关于妈祖的一些传说、仪式活动和道具等,都成为在台湾当地独具特色的民俗文化旅游资源,大大充实了妈祖文化这一人文景观的底蕴和内涵,不仅提高了相关游览区的知名度,更是增强了对游客的吸引力。台湾妈祖庙会现已成为当地一个标志性的文化符号和文化印记,对吸引两岸同胞乃至全球华人华侨的观光旅游起到了重要的作用。此外,随着社会的发展,妈祖文化对台湾经济的影响日益扩大,经济文化一体化越来越引起台湾人民的重视。从某种意义上说,文化是发展经济的精神支柱和智力保障。独具风格的妈祖文化利用自身优势充分整合各类文化资源实现招商引资,不仅有利于妈祖文化自身的传承和发展,也对区域经济发展产生强大的推动作用。

(四)妈祖文化是台湾民众行为的"规制工具"

妈祖信俗主旨随着时代的变迁不断丰富和完善。目前,妈祖信俗中增加

图 3-6　台湾新港奉天宫带动当地经济发展

了不少注重环境和规范民众行为的重要内容。妈祖信俗中关于生态环境的禁忌在一定程度上起到了保护传统文化资源和人文景观的作用。妈祖信仰中有大量关于信仰场所、仪式器物的禁忌和崇尚自然的价值内核,对自然环境、妈祖文化资源和景观的保护延续都起到了积极的作用。此外,诚实、公正、守信等在经济生活中至关重要的美德,都通过妈祖信俗以潜移默化的形式灌输给信众并对其他社会成员造成影响,产生一种规制作用,使遵守道德规范和法律秩序内化于广大民众的自觉行为当中,从而对提升台湾社会的文明和谐程度,减少村社管理成本提供了重要的价值基础。同时,妈祖进学校进课堂在台湾得到了强烈的回应与反响,对下一代的教育首先是源自对其世界观、人生观和价值观的塑造,妈祖信俗自带着许多优良的成分,对青少年学生的思想和道德教育都会产生积极的作用。通过开展颂讲妈祖故事、讲解贡品制作等相关活动,不仅让在校学生感受到一种心灵的净化,更是将妈祖信俗的精华以潜移默化的形式传播给学生,这种正能量能转化为学生的自觉思想和行为,使其在社会生活中处处以道德和法律要求自己,从而形成一种良好、文明、守法的社会风气。

图 3-7　台中"百年妈祖会"开展的各种活动

三、台湾妈祖信俗与乡土文化互动模式的反思

　　台湾地区在传承和发展妈祖文化的过程中摸索出一条特色鲜明成效卓著的道路,让妈祖文化世俗化、年轻化,焕发出强大的生命力,值得肯定和借鉴,但是,在传播妈祖文化中也不可避免产生一些负面的影响,应该辩证客观地看待。总之,对妈祖信俗的扭曲和误解可能会让信众的价值观迷失,形成不良的社会风气,浪费宝贵的社会资源,影响当地的健康发展。

(一)妈祖信俗中"迷信"思想对民众思想的负面影响

　　妈祖信俗高度崇尚和信奉妈祖的旨意,常常含有宿命论、因果报应、命由天定等消极观念,容易对民众的心理和行为产生误导,忽视个人后天的努力,从而导致扭曲的世界观、人生观和价值观。封建迷信的思想会导致民众形成错误的思想观念和意识,在这样一种错误观念和意识的指引下,人们容易丧失明辨是非和真伪的能力,这对民众的心灵和身体都会造成一定的伤害。在台湾现代化发展的过程中,这无疑是妈祖信俗所带来的潜在威胁,同时也影响了民众正常的生产和生活。正如镇澜宫的郑铭坤董事向大学生说妈祖信仰时说到,信仰,可迷不可信,在这个社会人总要出去工作,不可以在那里只是一直拜,要去打拼,要脚踏实地,不是只在那里拿着香一直拜求妈祖赐予钱财或者其他,若不去努力,是没办法的。但是很多信众无法意识到这一点,不知道发挥个人的主观能动性而是一味求神灵保佑。更甚者,有些信众为了改运,花大笔资金去求神拜佛,将求的神符整碗喝下去,甚至吃香灰,影响健康。

(二)狂热的妈祖信俗活动影响社会安定

由于受到迷信思想的影响,台湾部分信众对妈祖的信奉和崇拜有时候达到狂热的程度,或大兴土木、修缮和建设各类宫庙;或投入大笔资金盲目举办各类庆典和祭祀活动。以声名远播的大甲妈祖绕境敬香活动为例,活动每年都吸引了众多信众参与,近年来甚至有很多海内外游客慕名而来,创造了宗教活动的奇观。在妈祖绕境活动中,所行之处都受到当地民众的热烈欢迎。民众们都认为妈祖銮轿会给所经之处带来好运,停留时间越长,福气就越多。因此,为了让妈祖能够多停留一些时间,通常会燃放大量的烟花爆竹,不但污染环境还造成大量的浪费。更甚者还会出现抢轿的行为,这种行为有时候会引起冲突甚至酿成群体性事件,为此,需要出动大量警力来维持秩序,这不但对行政造成一定的压力,也会消耗大量社会公共资源。台湾彰化地区是妈祖绕境活动中抢轿最严重的地方,以前是地方角头(黑社会)参与较多,现在是由于信息技术的发达,绕境活动全程直播,全世界都可以实时观看,有些年轻人甚至希望通过打架斗殴等方式来抢轿,目的是为了上镜来提升自己在帮派或者组织的名声。

（三）城镇化的快速推进导致传统妈祖信俗和妈祖文化受到冲击

随着城市的急剧扩张和城镇化的迅速推进，许多外来文化在台湾生根发芽，受到了广大年轻人的追捧和欢迎，逐渐成为社会的主流文化。而以妈祖信俗为代表的优秀传统文化由于形式过于烦琐、内容过于单一、未能及时实现自身的转型和发展等原因而日渐式微，甚至一度面临消亡的困境，因此，如何在面对外来强势文化的冲击的情况下又能保持妈祖信俗的生命力，就成为一个亟待深入思考和解决的重要问题。

第四章　闽台妈祖信俗与乡土文化
互动发展实证分析

　　闽台在乡村社会经济文化发展过程中,都经历或正在推进乡村治理工作。台湾地区更多使用乡村再造或乡村营造,福建正在推进乡村振兴或美丽乡村建设。两者在推动乡村发展中共同目标是一致的,可谓殊途同归,也就是推进乡村治理。闽台妈祖信俗与乡土文化互动发展的实际情况具有相似性,又有差异性。本章主要通过案例比较方法,选择两地妈祖信俗及乡土文化极具代表性的乡镇比较,分别是福建省湄洲镇和台湾地区新港乡,主要比较两地如何运用妈祖信俗融入乡村治理、如何推动妈祖信俗与其他乡土文化有效互动、妈祖宫庙组织与乡村管理机构如何有效互动等问题。在具体案例比较中,通过问卷调查、深度访谈等实证研究方法,客观分析乡村治理背景下的妈祖信俗及乡土文化互动途径、模式及效果等。

一、福建省妈祖信俗与乡土文化互动分析
——以福建省湄洲镇为例

　　莆田市湄洲岛位于海峡西岸经济区沿海中部,与台湾一水之隔,是“海上和平女神”——妈祖的故乡,也是妈祖祖庙所在地,素有“南国蓬莱”“东方麦加”的美称。全岛南北长 9.6 公里,东西宽 1.3 公里,陆域面积 14.35 平方公里,人口 4.05 万,下辖湄洲镇,有宫下、高朱、东蔡、莲池、寨下、西亭、北埭、港楼、后巷、下山、汕尾 11 个行政村。1988 年经省政府批准设立省级对外开放

旅游经济区,1992年成为国务院批准创办的国家级旅游度假区,2012年被列入国家5A级风景名胜区,在海峡西岸经济区和湄洲湾港口城市建设中具有得天独厚的优势。

（一）湄洲镇的妈祖信俗及乡村治理概况

1. 湄洲镇的妈祖信俗发展概况

湄洲岛是妈祖信俗的发源地,公元987年妈祖羽化升天后,为了感念妈祖舍己救人乐于奉献的精神,当地人开始在岛上建升天阁供奉。公元1122年(北宋宣和四年)路允迪出使高丽,"感神功,奏上。立庙江口祀之,(徽宗)赐顺济庙额",正式成为国家承认的宫庙、神灵。

随着宋朝抗金运动,妈祖显灵多有发生,妈祖信仰从湄洲岛向莆田沿海,如平海天后宫,又向涵江、秀屿地区传播,宋朝妈祖封号12次。到了元朝,泉州是世界最大贸易港之一,元政府为了发展海上贸易,妈祖因被引进至海外交通贸易繁盛的泉州港,成为泉州海神,并因漕运及海外交通的发展,成为全国性海神并远播海外。湄洲岛作为妈祖祖庙的地位也更加提高。到明朝,明成祖金陵都城仪凤门外,建宫庙一座,改庙额为"弘仁普济天妃宫"。另永乐年间郑和七下西洋,多次来湄洲岛祭拜,大大提升祖庙影响力。明清海禁,福建大批民众为了生计下南洋过台湾,妈祖信仰也随着商人和移民的足迹更为广泛地在海外传播。郑和本人曾两次奉旨来湄屿主持御祭仪式并扩建庙宇。至清康熙时,已形成了具有五组建筑群的"海上龙宫"。清代是妈祖信仰的又一个鼎盛时期。清代两百多年中,妈祖不但得到清廷的15次褒封,而且妈祖从天妃被册封为天上圣母、天后,并多次受到钦赐御匾,妈祖神格被推举到巅峰。尤其是清雍正皇帝更把妈祖、黄帝、孔子诏封为天下三大祭典,复诏普天下行三跪九叩礼;清廷下令各省,凡有天后宫的都要祭祀天后,且皆由地方最高长官总督与巡抚主祭,这段时间祖庙地位达到顶峰。到了现代,随着妈祖文化的蓬勃发展,妈祖文化作为文化交流的先锋,妈祖信俗作为一种民间习俗得到极好地传承和发展外,在促进地方经济文化协调发展和区域经济深度合作方面也发挥着重要作用。湄洲镇还将妈祖信俗作为一种治理资源,融入民俗活动和家庭学校教育中,为湄洲镇的治理发挥了重要作用。

2. 湄洲镇的主要妈祖宫庙情况

(1)上兴宫

上兴宫位于湄洲镇宫下自然村,属安宁社,炉下弟子为宫下、宫下沙、牛头尾三个自然村人,约 3100 人。始建时间未详,据《上兴宫重建碑记》载,创建者为 16 户先民。又据宫内石柱刻记清光绪十年(1844)曾经重修,后废置,于1980 年重修并扩建。宫中配祀为司马圣王、田公元帅。元宵妈祖活动从正月十五开始,十五至十九为妈祖绕境出游。宫前为戏台和广场,后面及左侧为马路和民居,右侧为宫下村老人会和土地庙。宫庙始建何年月不详,根据庙内石柱刻记清光绪十年曾经重修。因遭到破坏,于 1980 年再次修缮,并在中轴线上进行扩建加宽 2 米、延长 3.36 米、增高 1.8 米。如今主殿坐东朝西宽 11.2米、长 16 米,总面积 179.2 平方米,占地总面积达 600 多平方米。宫庙配有天井,结构规模更加雄伟。在主殿对面为长 8.5 米、宽 11.5 米的戏台。主要对联有:圣德弥高泽被阖境,庙堂华丽光照千秋;物华天宝千秋沾圣德,人杰地灵万载感慈恩。有"神昭海表""惠施黎庶"和"威镇海疆"等匾额。

(2)文兴宫

湄洲岛文兴宫始建于明朝初期,为湄洲妈祖分灵宫,位于湄洲岛东南部,远山翠色,遥望巍峨,环境幽静,历史悠久,与台湾隔海相望。因具有得天独厚的深水澳,历代世界远洋船、台湾商、渔船,在澳避风。加水时,必进宫庙焚香,祈求顺风顺水,香火鼎盛。清朝光绪十三年重建,初具规模,随着湄洲岛国家旅游度假区的设立,台湾同胞香客增多,1989 年按宋代宫廷建筑风格扩建,分主殿、偏殿、罗汉殿等,现占地面积 6668 平方米,建筑面积 2668 平方米,雄伟壮观,别具特色。每年元宵佳节,以最隆重的仪式把本宫妈祖奉到湄洲妈祖庙请香。

(3)上林宫

上林宫位于湄洲岛西北角东蔡村。因妈祖生长于上林村,为人们做了不少好事,升天后,朝廷褒封的"天妃故里"四个大字刻在上林宫辖区的大岩石上,铭记妈祖祖籍地"上林",故宫庙因此得名。上林宫建于宋朝,宫殿建筑面积约 350 平方米,由于宋代至今已相隔千年之久,又经过道光丙午年、庚午年等多次修缮,无法辨别建筑年代,只有较为古老的雕刻护栏保留至今,这些雕刻精美非常,弥足珍贵。现主殿神像正中为妈祖,右边"齐天大圣"(即孙悟空),左边杨公大帅(即杨五郎),两尊神像护驾妈祖。左边偏殿还供奉司马圣王等。近年来,上林宫接受各地虔诚人士捐资,建成一座框架结构的董事楼,作宾戏时可供住宿、平时供老人作为文化娱乐活动场所。

图4-1　湄洲岛西北角东蔡村的上林宫

(4)麟山宫

麟山宫位于湄洲岛南端下山村,与北端妈祖祖庙遥相呼应。该宫始建于明洪武七年(1374),清道光二年(1822)重修。总建筑面积523平方米,由山门、前殿、左右偏殿、戏台等组成。其正殿建筑风格为重檐歇山顶,门殿顶建有如意斗拱。该宫又是莆田市重要涉台文物单位,至今仍保存着一方敬仰妈祖的清代木匾《圣迹益彰》,落款时间为"道光岁次乙酉十月谷旦",即清道光五年(1825),系当时福建汀漳龙摄理台湾府事方传燧所献,是研究闽台历史关系的重要实物。

(5)天利宫

湄洲岛天利宫,亦称港楼天利宫,位于莆田市秀屿区湄洲岛港楼自然村,属人和社,始建于宋代。宫内有从宋代保存至今的妈祖神像,因村民自觉积极

图4-2　湄洲岛镇下山村的麟山宫

虔诚组织保护,"文革"时期未受破坏。湄洲岛天利宫曾在1990年进行全面翻修,2007年,该宫又建起戏台,2008年再次进行翻修,在原来的基础上增加了精美的石雕、龙柱等建筑。每年农历正月初三,天利宫请法师来诵经礼节圣请妈祖"栢杯"选一年的"福首"和头人,选拿草绳和火盆。正月十一早上,组织队伍去湄洲妈祖祖庙请祖庙妈祖到港楼闹元宵,法师会在正月十二日早上诵经请妈祖出宫入大殿就位入座。本村元宵活动时间为正月十二到正月十五日,正月十六为送求炉妈祖到"福首"家,按人口分妈祖果品、丁饼、元帅符等,是正月妈祖出游日一个非常热闹的时间。

3. 湄洲镇的治理概况

作为妈祖文化发源地,湄洲镇运用其得天独厚的优势,在创建文明城市、共建美丽乡村活动中,号召大家要有作为国家级旅游度假区妈祖故乡人的荣誉感,强调全民支持、全民动员、全民投入,在全岛营造浓厚的创建氛围,充分利用妈祖信俗力量,丰富治理手段,扎实做好各项创建工作,努力提升治理水平。镇政府在美丽乡村、文明创城推进中,针对乱扔垃圾、乱搭乱建、乱摆放电瓶车等"脏、乱、差"等问题,开展联合执法,建规立制,从严治理,着重围绕卫生整治、文明习惯形成等,花了大力气、动了真手段。一方面采用"硬"治理,对活动场所、乡村道路两侧、房前屋后等区域进行卫生整治和绿化提升,进一

图4-3　湄洲岛港楼村的天利宫

步完善村道路灯亮化、污水处理等基础设施建设。围绕吃、住、行等重要环节，规范市场管理，强化食品安全、交通等各项保障。加大沿途、沿街、沙滩和农村环境卫生等整治，借助举办活动的有利时机，不断提升景区服务水平和整体形象。开展全区户外广告全面普查工作，制定了《湄洲岛历史遗留户外广告分类整治具体实施方案》，针对不同类型户外广告，分类施策、分批处理。另一方面采用"软"治理，加强环境治理的宣传，号召民众"做妈祖故乡文明人"。在美丽乡村创建中，动员群众要把路边的鸡舍鸭舍处理掉，特别是组织老年人和年轻人开展妈祖义工活动，倡导文明素养的形成。通过义工队伍中比较德高望重的老人发话，对湄洲岛整个活动的开展起到良好的示范作用。

（二）湄洲镇妈祖信俗与乡土文化互动分析①

1. 乡村治理下的湄洲镇妈祖信俗发展

乡村治理是国家治理体系的重要组成部分，乡村治理主体是乡村治理的

---

① 宋建晓、曹悦宁：《乡村治理视野下妈祖信俗与乡土社会互动发展研究——以福建省莆田市湄洲镇为例》，《华侨大学学报（哲学社会科学版）》2019年第2期。

一个重要课题。我国的乡村治理已经走过近百年历程,乡村治理主体也随着时代的发展发生相应的变化。目前,乡村治理主体的多元化,已经得到学界的广泛接受和认可。乡村治理主体包括中央政府、地方政府、乡村集体、社会组织、乡村成员等。其中,各级政府在乡村治理中主要作用是顶层设计,起到指导和引导作用。社会组织是乡村治理的重要补充。同时,一些乡村成员,如德高望重的乡贤和能人也是乡村治理中一支重要的力量。多元的治理主体功能各异、协同分工、有机整合、共同促进促进乡村治理。其中,社会组织在社会治理中所扮演的角色和功能不能忽视。有些地区的社会组织早已根植于当地社会,对当地社会结构具有持久和巨大的影响力。然而,在我国,社会组织在农村覆盖不足,据 2015 年华中师范大学中国农村研究院发布的"中国农村社会组织发展报告"显示,在中国农村,社会组织"覆盖不足",每万人不足 10 个。目前我国农村的社会组织虽然多样化,但数量、规模偏小,发展不均衡,进一步发展中存在着社会组织主体"空转"、构架"官化"、活力不足等难题。① 换言之,我国乡村治理多元主体参与面临着一系列现实困境。

　　莆田市湄洲岛是"海上和平女神"——妈祖的故乡,也是妈祖祖庙和中华妈祖文化交流协会所在地。湄洲岛上的居民除了极少数信仰基督教以外,绝大多数的岛民历代都是妈祖的虔诚信仰者。为了对妈祖信俗与乡土文化互动发展现状以及对乡村治理的作用进行实证分析,课题组主要通过深度访谈和问卷调查等方法,对湄洲镇的村民进行抽样调查,对村两委、村民代表、宫庙董事会成员等展开深度访谈,获取具有代表性的真实可信的资料并进行科学分析。共随机发放 239 份问卷,回收 229 份,回收率为 95.82%。首先,问卷调查针对湄洲岛上居民的妈祖信仰时间长度做了摸底调查,具体调查结果如表4-1 所示,其中信仰时间跨度长达 25 年以上的占整体 41.03%,占据绝对优势,由此可见在湄洲湾地区妈祖信仰具有深刻的影响,有着广泛的群众基础,是老百姓精神世界的重要组成部分。

---

　　① 雷宇:《社会组织在农村覆盖不足》,见 http://www.chinanpo.gov.cn/1940/87071/index.html,访问日期 2018 年 7 月 11 日。

表 4-1　湄洲镇村民妈祖信仰的时间

选　项	比　例
A. 5 年以下	17.95%
B. 5 年—10 年	12.82%
C. 10 年—15 年	2.56%
D. 15 年——20 年	12.82%
E. 20 年——25 年	12.82%
F. 25 年以上	41.03%

　　同时,在问卷调查中,课题组设置一个定性问题,"您认为在乡村治理中是否应该引入妈祖信俗或其他乡土文化的力量",调查结果如表 4-2 所示,84.62%的受访者认为在乡村治理中应该引入妈祖信俗,并且应该大力提倡。可见,妈祖信仰不仅仅是民众不可缺少的精神依托,妈祖信俗的道德教化和行为约束功能得以凸显,能够在乡村治理方面发挥积极作用。从上述两个问卷调查中可以得知,湄洲镇的妈祖信俗深植于当地社会,观察研究其与乡土文化的互动关系及对乡村治理的影响,对解决乡村地区及转型中社会的治理困境具有重要意义。

表 4-2　湄洲镇村民对乡村治理中引入妈祖信俗的看法

选　项	比　例
A. 应该,值得大力提倡	84.62%
B. 可以,无所谓	15.38%
C. 不应该	0%

　　2. 湄洲镇妈祖信俗与乡土文化的融合发展

　　妈祖信俗在"文革"时期遭到巨大冲击,到了八九十年代,宗教政策放宽,妈祖信俗迅速复苏并显示出强大的生命力。在社会转型发展过程中,随着湄洲岛的妈祖信俗被纳入世界文化遗产名录,当地居民进一步加深对妈祖信俗文化价值的认识,与乡土文化形成良性互动,融合发展。

　　湄洲妈祖祖庙在每年农历三月廿三妈祖诞辰日和农历九月初九妈祖羽化

升天的纪念日都会举行隆重的祭祀。此外,妈祖祖庙还会举行割火分灵、谒祖进香、妈祖巡游、民俗表演等一系列的庙会活动。除了宫庙的祭祀以外,湄洲当地的居民也会举行家庭祭祀,渔民和航海者在船上供奉妈祖神像,祈求航海安全,俗称"船仔妈"崇拜。湄洲和其他地区的渔民、船民在海边或在沙滩上摆上供桌、贡品面对大海,向妈祖祭拜,俗称对海祭拜。渔民和居民也会在家中的神龛上供奉妈祖像点香、祭拜。平常,妈祖信众也会到妈祖庙向妈祖神像跪拜,主要包括献鲜花、点香火、摆贡品、行跪拜礼、燃鞭炮以及烧金帛等方式。另外还有很多传统的民俗活动,这些活动都是妈祖信俗与乡土文化在长期的互动过程中固定下来的,成为当地优秀传统文化的一部分。湄洲渔民在妈祖诞辰日前后自发不下海捕鱼,体现人与自然和谐相处的理念,这与科学发展观相适应。湄洲妇女平常头上都梳着帆船状的发髻,着蓝色的上衣和红黑相间的裤子,表示对妈祖的敬仰和对家人出海平安归来的期盼,这种朴素的愿望体现于服饰上,形塑了妈祖服饰文化。湄洲岛每年正月初八到十八各家各户都会举行热闹的元宵活动,恭请妈祖神像参加元宵活动。这是当地的一大民俗活动,很多在外工作的岛民甚至为了参加元宵活动特地回来,他们常常觉得不参加元宵活动年就没有过完。在元宵活动中,妈祖巡游队伍中的彩车常常走街串巷宣扬妈祖精神,这样的民俗活动寓教于乐,不但丰富了当地的文化生活,对民众也有很好的教化作用。岛民家的大门上贴着妈祖的神符。渔民、农民、市民等在节日的晚上都提着"妈祖灯笼"绕游。这些妈祖信俗活动以妈祖宫庙为主要场所,通过形式丰富的民俗活动与乡土文化形成良好互动,丰富了岛民的生活,是维护家庭和睦、促进社会和谐发展的重要的文化纽带。随着妈祖信俗被列入人类非物质文化遗产名录,妈祖信俗受瞩目度显著提高,当地居民也得以重新认识妈祖信俗的价值和意义。妈祖信俗在申遗的过程中,对其包含的祭祀仪式、民间习俗和故事传说的内容进行系统阐述,这些内容在老百姓的日常中被不断地重复演绎,与当地的乡土文化互动融合并固定下来,成为湄洲地区乡土文化的重要组成部分。

　　3. 湄洲镇妈祖信俗与乡土文化互动对乡村治理的作用

　　2011 年 3 月,习近平同志在参加全国人大会议福建代表团审议时指出:妈祖文化既是乡土文化也是重要的旅游资源。妈祖信俗是湄洲岛地区乡土文化最重要的组成部分。在现实生活中,妈祖信俗渗透到湄洲岛民众日常生活的方方面面,在与乡土文化互动的过程中对人们行为规范形成约束力和引导力,这些积极因素不但有利于引导民众形成积极健康合理的生活方式,对维系社会规范,促进社会稳定,促进乡村治理,发挥着政府行政管理无可替代的作用,是新农村文化的生长点,是建设社会主义新农村的文化软实力。妈祖信俗与乡土文化互动并作用于乡村治理的具体方式主要体现在如下方面。

(1)以公益活动来营造大爱氛围

湄洲岛的妈祖信俗根植于当地乡土社会,其内含的价值观非常契合当地民众的价值观。近年来,湄洲镇政府在大力弘扬和传承妈祖文化的同时,充分发挥妈祖信俗的道德教化和行为约束功能,积极践行"立德、行善、大爱"精神,让妈祖信仰在现代社会发挥其更大的价值。镇政府主要通过组建妈祖义工队、开展慈善活动、净化人心、在全社会形成大爱氛围,培育大家的爱乡爱家之情,形成对乡土社会的强大向心力和内聚力。

一是组建湄洲岛妈祖义工队。2014年11月,按照统一招募、统一组织、统一管理、统一部署、统一行动的模式,依托机关、企事业单位、社会团体等成立妈祖志愿服务队,共设立8支小分队。义工队主要由湄洲岛机关青年干部、学校教师、企业青年职工组成,现有妈祖义工志愿者300人左右。岛上设立2座妈祖义工志愿服务站,主要由学校和机关事业单位的人组成,目的是为了服务岛民及游客,为他们提供便利。日常工作主要围绕以下一些方面展开:为岛民及游客提供饮用水、为游客指路、协助一些腿脚不方便的人参观景区、为外国游客讲解等等一系列便民服务。其中妈祖祖庙站点依托祖庙管理,针对游客开展景区向导、维护环境卫生等服务,在平时会对游客、岛民的不文明行为进行劝导;湄洲码头站点依托湄洲岛旅游服务公司管理,开展文明上下船、咨询向导等服务。服务站内还设有自动饮水系统,方便游客取用。

义工们用轿子把前来朝拜的残疾人抬上山;带领外国游客参观景区;还经常到码头迎接朝圣的老人家,帮助他们上下船;免费教人梳妈祖头等。他们都是长年累月地默默奉献。有些人可能没有披绶带,但他们也是妈祖义工。妈祖义工其实也是教化人心的活动。如果以宫庙名义提出要为妈祖举办活动,就会有很多民众积极响应,人数甚至可达几百人几千人,而且不求任何回报。

如果是政府部门出面组织,很多民众可能就要收取务工费。

湄洲妈祖庙倡议大家做妈祖义工,服务乡村建设,从活动实施的实际效果来看,村民们大都能积极响应号召参与义工活动,默默付出,真诚服务,践行妈祖精神传播妈祖文化,成为湄洲岛上的一道亮丽风景线。很多游客来到妈祖庙,看到妈祖义工队忙碌的身影,都认为这是妈祖精神最好的体现。村民们从小耳濡目染妈祖文化的魅力,认为加入妈祖义工队能够树立妈祖信众的良好形象,为妈祖故乡做贡献,参与乡村建设、参与祖庙的相关事务是一种荣耀。课题组针对"以何种方式传承和保护妈祖信俗,更好地发挥其在精神文明建设中的积极作用"进行调查,调查结果如表4-3所示。妈祖信众受妈祖精神感召和妈祖文化熏陶,对投身妈祖公益活动具有很高的热情,58.97%的受访者表示非常乐意加入妈祖义工队伍,尽己所能,发挥所长,服务社会。在妈祖信俗传承和保护上,43.59%的受访者表示愿意参与建设妈祖信俗教育学堂,学习妈祖精神,深化文化知识养成;46.15%的受访者表示在家庭教育中,经常会通过妈祖的故事来教育子女,教导子女学习妈祖立德行善大爱精神,以期形成良好家风家规,为湄洲岛的精神文明建设贡献力量。

表4-3　湄洲镇村民愿意发挥妈祖信俗参与治理的方式选择

选　项	比　例
A. 大力弘扬以生态、环保的方式举办宫庙活动	61.54%
B. 争当妈祖宫庙义工,奉献应尽的力量	58.97%
C. 义卖与妈祖相关的周边产品,捐助需要帮助的人	30.77%
D. 开办妈祖信俗教育学堂,弘扬和传播优秀妈祖文化	43.59%
E. 在家风教育中积极宣传妈祖文化精神	46.15%

二是开展慈善活动。自1998年来,妈祖祖庙董事会积极承担社会责任,投身公益慈善事业,造福岛民,造福社会,将妈祖立德行善大爱的精神传递给身边的每一个人。妈祖祖庙每年开展"慈善之光"送温暖、奖教助学、扶贫济困活动。2014年,祖庙重点建设无障碍电梯通道工程,为众多游客特别是老、少、弱、残者出行提供便利;首次扩大助学对象和范围,设立50万元的"妈祖

奖教助学"专项基金,奖励 100 名老少边岛教师和 100 名贫困学生;在岛内开展兴学助困活动,奖励各类竞赛优等学子和指导教师。全年颁发教师助学基金 100 多万元;关注弱势群体,资助贫困残弱等人员。春节期间开展"慈善之光"活动,组织慰问岛上福利院、敬老院;慰问岛上 110 户困难户、贫困户;按惯例慰问祖庙退休员工。2015 年,湄洲妈祖祖庙董事会注资 200 万元申请成立莆田市湄洲妈祖慈善基金会,计划每年投入 200 万元,专项用于慈善事业。2016 年湄洲妈祖祖庙投入 600 多万元人民币用于慈善事业,并通过新闻媒体大力宣传公益活动。资助岛上比较贫困的村民,分发扶贫金,共 110 户人家受到资助,每户获捐 1500 元并获得米粮。2016 年,湄洲妈祖祖庙"慈善之光"春节送温暖活动发放善款 300 余万元,金额达到历史新高。当年拨款 50 万元给莆田市教育局用于助学及奖教活动,投入 60 万元用于支持莆田学院妈祖文化研究事业,其中 20 万元用于妈祖班及教学科研活动;投入 200 多万元用于岛内的奖教助学活动。同时,湄洲妈祖祖庙对岛内的老人家发年终红包,年龄 70—80 岁的年终发 800 元的红包,80—90 岁的发 1000 元的红包,90 岁以上的发 1200 元的红包。祖庙投入 91 万元用于岛内年龄在 60 岁以上老人的农村医保及意外人寿保险缴费。另外,祖庙董事会设置奖教奖学基金,参与奖教助学活动。湄洲妈祖祖庙董事会在莆田市关工委、教育局、莆田学院、湄洲岛中小学等设置妈祖奖教助学基金,推进妈祖精神在校园的传播和传承,以妈祖文化感染师生的情操,影响师生的日常行为。2016 年台湾地区发生地震,妈祖祖庙董事会在祖庙天后殿举行诵经会,为台湾同胞祈求平安,并发动广大信众进行义捐活动,将妈祖的恩泽传达给台湾同胞。妈祖祖庙以实际行动,践行弘扬妈祖"立德、行善、大爱"的精神,让村民感受妈祖扶危济困、乐于助人的精神,无形中感化信众和村民。

(2)以化解矛盾来促进社会和谐

当下乡村社会急剧分化和整合,农民的意识发生较大转变,村委会等乡村基层组织权威性降低,农村各种矛盾和问题大量凸显,乡村社会不稳定因素增多。

乡村治理的首要任务之一就是化解社会冲突,缓和社会矛盾。但是,行政和法律手段有时候不但无法解决问题,甚至会导致冲突进一步升级。妈祖信俗作为土生土长的乡土文化,借助文化的意识形态功能,服务于乡村治理,在纠纷调解、缓和人际关系、维护社会稳定方面发挥积极作用。受妈祖精神的感化,妈祖信众秉承与人为善、以和为贵的精神,这对于消弭人与人之间的隔阂、化解矛盾具有积极意义。问卷调查显示,58.97%受访村民认为妈祖信俗有助于人们形成宽以待人的意识,减少了邻里纠纷的次数。66.67%受访村民认为,妈祖信俗提升自身乐于助人的优良品德,加强了道德修养。

首先,促进社会治安改善。生活在湄洲岛的民众从小对妈祖故事耳熟能详,妈祖精神极大地感化村民。许多村民反映,大家从小就是在妈祖精神的熏陶下长大,妈祖的事迹对岛民有着潜移默化的影响,在这种环境下大家都以妈祖高尚品德为榜样,积极向善。妈祖是湄洲岛村民心目中"真善美"的化身,同时妈祖也成为惩恶扬善、鞭挞丑陋的正义力量。课题组在调研过程中,湄洲岛管委会文明办主任指出,20世纪80年代以及90年代初期湄洲岛社会治安不稳定,岛民经常打架斗殴惹是生非,各村庄间也因为一些利益冲突关系恶化。后来随着湄洲岛的开发,妈祖信仰的现代价值得以重新审视,各级政府和妈祖祖庙大力弘扬妈祖精神,岛民对妈祖的信仰从思想落到实处,用自身行动践行妈祖精神,各村庄间冲突矛盾减少了,关系逐步改善,村民的关系也更和谐友善。

其次,调解邻里关系。在妈祖精神感召下,村民能从大局出发、不计较个人利益。例如村里在处理土地纠纷、道路铺设维护等问题时,经常需要发挥妈祖信俗的力量来化解,让村民们学会宽容、甘于奉献等。课题组调研中获知,岛上四个村(三个行政村寨下村、高朱村、东蔡村及一个自然村)共同供奉一个宫庙,因为妈祖,四个村庄之间友好往来,一个宫庙将几个村联系了起来。此外,湄洲镇宣传委员告诉调研人员,原来镇上有两个村庄之间因为纠纷断绝往来好几年,但是后来因为妈祖的巡安活动,两个村庄开始尝试沟通,村干部特地坐下来面对面友好协商,共同修建了巡安的路,因此化解了多年的争端。在湄洲岛的汕尾村,曾经有两家因为道路问题发生争端,九年间连续三届村书记、主任都出面调解但是都没有解决,后来因为妈祖游灯要经过这一条路,两家就各让一步,纷争和平解决。另外,民众在日常生活中若遇到争端也会求助于妈祖,他们通过农村的信俗途径来调解。岛上一位姓陈的女士告诉调研人员,她以前经营旅馆的时候,有一位房客在退房之后发现自己的钻戒丢失,一口咬定这个戒指就是在店里,陈女士建议客人报案解决。但是客人还是不接受,陈女士后来烧一炷香在妈祖像前起誓自己没有私藏戒指,得到了客人的理解,问题迎刃而解。尽管这些事例中有的属于偶然因素,但从这些事例可以看出,妈祖信仰教导信众与人为善,谦恭礼让,在调解村民内部纠纷方面提供了多元的解决方法;在政府行政管理无法触及或者无法解决的地方,妈祖信俗有时会发挥着处理冲突解决争端的重要作用,成为维持乡村秩序的重要力量。

最后,促进移风易俗,倡导文明新风。自古以来,由于湄洲岛属于海岛,远离陆地,在交通不便的时代,和外界交流甚少,经济发展水平低,岛民思想愚昧落后,高彩礼买卖婚姻的歪风陋习盛行。1997年以来,政府借助岛上妈祖宫庙董事会的影响力,通过召开座谈会来宣传买卖婚姻的陋习的危害,在宣传过程中也常常通过妈祖的故事来教导当地人民。传说中妈祖不满封建婚姻制度,立志不嫁,妈祖的父亲没有干涉妈祖的婚姻问题,而是支持她去做自己喜欢做的事,以行善济世为己任,实现个人的人生价值,千年后的今天依然受到世人的尊敬和爱戴。通过这样的故事教导人们学习妈祖父母的开明精神,支持年轻人的价值追求,抵制买卖婚姻的陋习,形成良好的婚俗习惯。此外,政府还录制了一些短视频,利用湄洲电视频道进行播放宣传。另外,还发动村里的妇女主任、五好工人家庭、先进青年代表、宫庙代表以及村里德高望重的老人以身作则,带头积极宣传"学习妈祖,移风易俗"的活动。2017年,湄洲镇为了落实贯彻党的十九大"倡导文明"的精神,加强社风民风建设,特地向湄洲岛岛民发布倡议书并举行移风易俗承诺签字仪式。倡议书特别提出要树立文明向上的婚恋观,提倡婚姻自由,反对买卖婚姻,自觉抵制"高价彩礼"等不良风气,做妈祖精神的倡导者、传播者、实践者。这些活动受到群众的好评,有些村庄甚至把移风易俗加入村规民约,认为应该提升群众认知水平,扭转观念。

另外,课题组开展问卷调查活动对开展倡导文明新风活动的实际效果做摸底调查。如今,岛内的婚嫁习俗和以前大不相同,逐渐形成了良好的风气,长期以来困扰群众的高彩礼问题得到缓解,很多家庭从中受益,长期以来疲于应对的精神枷锁解脱了,有利于婚姻家庭乃至社会的稳定。问卷调查结果如表4-4所示,针对村委会在弘扬妈祖文化以加强新农村精神文明和乡村文化建设方面的作为,村民的满意度高达71.8%,其中满意占48.72%,非常满意占23.08%,不满意的仅为2.56%。由此可见,政府部门利用妈祖信俗倡导移风易俗成效显著,老百姓满意度高。

表4-4　湄洲镇村民对村委会在弘扬妈祖文化的满意程度

选　项	比　例
A. 非常满意	� 23.08%
B. 满意	▄▄▄▄oo 48.72%
C. 一般	▄▄▄ooo 25.64%
D. 不满意	ooooo 2.56%

(3)以融合发展来践行乡村文明

妈祖是"真、善、美"的化身,信仰妈祖就是对"真、善、美"的弘扬,践行文明行为。妈祖信俗以健康的价值观引导民众,与政府部门形成多元合作共治局面。近年来,湄洲岛管委会充分利用妈祖信俗,把妈祖信俗融入文明创城和美丽乡村创建活动中,推进湄洲岛的文明风气和乡村建设。

一是妈祖信俗融入文明创城活动。首先,把妈祖信俗融入文明创城宣传中,湄洲岛文明创建宣传办向岛民群发公益短信,传播妈祖精神,倡议岛民要做妈祖故乡文明人。在创城工作的入户宣传活动中,妈祖义工队发挥了重要作用。妈祖义工们不畏艰辛,耐心细致地为岛民解答疑问,号召大家以身作则,以实际行动参与到创城工作中去。湄洲湾第二中心小学还举行"讲妈祖事,做文明人"故事大王比赛,号召学生们学习妈祖的好品德,把文明礼仪的教育做到学生的心中。年底时很多外出务工的岛民回乡过年,镇政府用莆仙话和普通话向全岛广播文明倡议书,每天三遍,内容主要是"六提倡、六反对",呼吁大家文明过节。

为了解妈祖文化对个人行为习惯的影响,课题组进行了问卷调查,并应用灰色理论中的关联性分析方法对调查结果进行分析。表4-5给出了部分问卷调查问题的影响因子相应的百分比率,其中X_{ij}表示对相应所调查问题的影响因素。根据调查结果,有97.44%的被调查者了解妈祖文化内涵问题(其中有 74.36% 的被调查者非常清楚地知道妈祖文化的内涵,一般了解的人占了 23.08% 的比率)。因此,可以得出在调查的样本中,大部分人是了解妈祖文化的内涵问题。这也说明了基于问卷中所设置问题和所获得的结论是可信的,即调查的对象基本上都具有妈祖文化的素养。

表 4-5　妈祖文化问卷调查统计表

i	X_{1i}	X_{2i}	X_{3i}	X_{4i}	X_{5i}	X_{6i}
1	66.67%	64.10%	58.97%	58.97%	61.54%	79.49%
2	56.41%	28.21%	25.64%	66.67%	43.59%	66.67%
3	38.46%	7.69%	15.39%	58.97%	46.15%	48.72%

问及被调查者接触妈祖文化的动机和原因时,调查结果发现有 66.67% 的被调查者是因为地区信教(X_{11})传统的影响,但是受妈祖信俗影响(X_{12})的比率也达到 56.41%,其他因素比率为 38.46%(X_{13})。这意味着虽然区域性问题可能影响到人们接触妈祖文化,但是妈祖文化的深刻内涵对人们接触妈祖文化也具有重要的作用。该统计结果也揭示了人们接触妈祖文化具有民间信仰的广泛基础,因为妈祖文化倡导的“立德、行善、大爱”精神具有教化的功能,可以让人们充满正能量,拥有蓬勃向上的精神状态。

关于妈祖文化对个人文明行为习惯的形成和对村民思想意识的影响,调查结果如表 4-6 所示。92.31% 的受访者认为妈祖信俗对形成文明的行为习惯和思想意识存在一定的影响,其中 64.1% 的受访者认为影响很大,28.21% 的受访者认为有一些影响,仅有 7.69% 的人觉得完全没有影响。表 4-5 的数据也显示,妈祖文化对个人的文明行为习惯和思想意识存在较大的影响。约有 64.10% 的被调查者认为影响是很大的(X_{21}),而只有 28.21% 的被调查者认为影响是一般的(X_{22}),认为没有影响的被调查者只有 7.69%(X_{23})。从这个调查结果发现,若只考虑对个人的习惯和思想意识的影响问题,而不考虑影响的强度性,显然其比率高达 92.31%,意味着所调查的样本中妈祖文化对个人几乎都是有影响的,因此可以确认妈祖文化对个人的文明素养形成从统计意义上考虑是有显著的影响。由此可见,湄洲岛岛民生于长于妈祖故乡,从小对妈祖耳濡目染,他们都非常认可妈祖信俗在影响人的文明的行为习惯和思想意识方面的作用,妈祖精神的传承和践行是他们日常生活的重要组成部分,形成良性循环。此外,我们也调查了妈祖文化对个人的行为习惯和思想观念带来哪些方面的影响。表4-5的数据显示,有58.97%的被调查者认为妈祖文化可以凝聚人际感情(X_{41})、增强族人的认同;有66.67%的被调查者认为可以提升自身乐于助人的优良品德(X_{42})、加强了道德修养;有58.97%的被调查者认为妈祖文化可以形成宽以待人的意识(X_{43}),通过妈祖文化纽带,减少了邻居纠纷问题。这些结果揭示了妈祖文化确实对个人行为和道德规范问题起到了决定性的作用。

表4-6 湄洲镇村民在妈祖信俗对形成文明的行为习惯和思想意识影响大小方面看法

选　项	比　例
A. 是,影响很大	64.1%
B. 否,完全没有	7.69%
C. 有一些影响	28.21%

　　课题组在访谈中发现,湄洲岛开展文明创城活动以来,通过多种渠道加强宣传环境卫生整治工作。受访村民们普遍认为,全民参与创城活动是在为妈祖圣地做事,大家有责任把妈祖好的品德带到生活中,转变观念,推动文明风气的形成。调查结果如表4-7所示,多数受访者都认为妈祖信俗与促进人性升华、追求幸福美好的人生理想相一致,有利于现实生活和社会公共秩序的和谐发展,其中46.15%的受访村民认为,妈祖信俗加强了自身的环保意识,养成了良好的环保习惯;58.97%的受访村民认为妈祖信俗有利于形成宽以待人的意识,减少邻里纠纷次数,有助于形成和谐友善的社会氛围;66.67%的受访村民认为妈祖信俗能够提升自身乐于助人的优良品德,加强道德修养;58.97%的受访村民村民表示,妈祖信俗可以凝聚人和人之间的感情,增强了族群认同和文化认同,这种认同感转化成为家乡奉献的精神力量,从而极大地支持文明创城各项工作的推进。

表 4-7　湄洲镇村民对妈祖信俗在参与乡村管理中发挥的作用

选　项	比　例
A. 加强了自身的环保意识,养成了良好的环保习惯	46.15%
B. 形成了宽以待人的意识,减少了邻里纠纷的次数	58.97%
C. 提升了自身乐于助人的优良品德,加强了道德修养	66.67%
D. 凝聚人际感情,增强了族群认同和文化认同	58.97%
E. 是一种迷信思想,不利于科学价值观的传播和弘扬	0%

　　湄洲岛管委会文明办相关负责人表示,在开展创城工作的过程中,工作人员利用妈祖与创城宣传结合,村民们的文明意识、环保意识明显提高,村民们也渐渐养成了良好的文明行为习惯。例如各村各小组各户严格执行"三包",不乱搭乱建(前些年随意建房现象较普遍)、不乱扔垃圾、乱倒污水、乱挂布条等。尤其湄洲岛通过文明创城活动,人们的交通行为习惯日益文明,文明驾驶、文明出行的程度普遍提高。文明旅游是湄洲岛文明创城的重要内容。近年来,湄洲镇旅游产业日益发展,从事民宿、餐饮等行业的村民越来越多。在政府的大力宣传和引导下,村民们遵纪守法经营,经营行为日渐规范化,餐饮、住宿、特色伴手礼经营商家也明码标价,杜绝欺诈行为,诚实守信待客。湄洲管委会旅游局投诉科相关负责人介绍,近年来所受理的"欺客""宰客"等案例逐年减少,旅游环境逐步优化,湄洲岛旅游品牌形象逐步提升,助推文明创城活动。

　　二是妈祖信俗融入美丽乡村创建活动。根据党的十九大报告关于推动实施乡村振兴战略精神,我们调查了妈祖文化在新农村建设中的作用。表 4-5 的数据显示,高达 79.49% 的被调查者认为妈祖文化可以提供精神支持(X_{61});同时 66.67% 的被调查者认为妈祖文化可以促进文化繁荣及丰富民众的生活(X_{62});选择提供公共服务,增进社会福利的比率为 48.72%(X_{63})。这些结果揭示了妈祖文化可以加强农村的社会主义精神文明建设,进而推动乡村振兴。

　　对于湄洲岛岛民来说,在房前屋后养鸡养鸭是很平常的事。但是近年来养殖污染已成为湄洲岛生态环境的主要污染源之一,不利于湄洲岛的旅游形象。在创城活动中,湄洲岛管委会积极开展畜禽整治工作,村干部通过广播及莆仙戏演出等方式宣传相关政策,政府工作人员走街串巷入户动员村民,在这个过程中干部们最常说的话就是要让妈祖故乡整治干净,村民基本都会主动配合整治工作。在美丽乡村环境整治中,村干部经常会提到"我们是为妈祖做事的,是为妈祖故乡做事的,我们要做妈祖故乡的文明人",以此来引导群众重视乡村环境建设,村民非常配合解决垃圾堆放、乱搭乱建等问题,共同维护湄洲岛的环境卫生,助力湄洲岛旅游环境的提升和创城活动。

(4)以乡土教育来推动文化认同

乡土文化教育是妈祖信俗影响村民思想和行为的重要方式,也是传承妈祖信俗的重要载体。通过教育,妈祖故事、妈祖精神都对信众产生潜移默化的影响,成为信众精神涵养的重要来源,并内化为其精神的重要组成部分,建立对妈祖文化的认同和联系,形成地域归属和认同。因此,课题组调查了妈祖文化通过何种方式进行传承和保护,从而使妈祖文化能够在社会治理中起到重要作用。根据调查的结果,发现有61.54%的被调查者认为以生态环保的方式进行妈祖文化活动的宣传(X_{51}),不仅可以宣传妈祖的文化,而且也可以传播环保的理念;同时也有43.59%的人认为可通过开办妈祖教育学堂来弘扬和传播妈祖文化(X_{52}),进一步扩大妈祖文化的宣传效应。当然,也有46.15%的人是通过家族文化传承中学习妈祖文化的(X_{53}),即使这种方法比率很高,但是该方法仅限制局部村庄或区域,无法进一步拓展宣传的范围。由此可见,妈祖文化在个人文明素养形成和社会治理中都起到举足轻重的作用。

表4-8　数据的绝对误差

i	Z_{1i}	Z_{2i}	Z_{3i}	Z_{4i}	Z_{5i}	Z_{6i}
1	66.67%	64.10%	58.97%	58.97%	61.54%	79.49%
2	56.41%	28.21%	25.64%	66.67%	43.59%	66.67%
3	38.46%	7.69%	15.39%	58.97%	746.15%	48.72%

为确认到底哪些因子组合是妈祖文化对个人影响的最好选择,本书基于灰色关联性分析进一步描述这些因子的影响问题。通过对表4-5数据的转

化,我们获得数据的绝对误差(如表4-8所示)。

根据表4-8中数据,我们通过排列组合形成729个组合,这意味着需要考虑不同组合元素的影响因素。基于这729个组合,本书采用灰色关联性分析哪些是最优选择的组合,即哪些组合最好表明妈祖文化对个人文明素养形成起到决定性的作用,这样有利于宣传妈祖文化和加强妈祖文化对个人文明素养形成提供科学的依据。根据灰色关联性分析,有两个外生的变量需要事先给定,即分辨系数 ρ 和权重系数 ω。对于分辨系数,一般条件下取值为0.5。为了分析选择不同权重对于关联序的数值结果的影响,我们先不分析分辨系数的影响问题,而直接设置分辨系数为 $\rho = 0.5$。对权重系数,在给定分辨系数条件下,本书选取不同权重系数来计算关联序的数值,即,

(1)假设所有的因素影响是等权重,即 $\omega_i = 1/6$;

(2)根据关联系数的数值定义不同数值贡献的权重,即

$$\omega_i = \frac{\zeta_i(k)}{\sum\limits_{k=1}^{6} \zeta_i(k)}$$

根据前面假设结果及关联序的计算方法,图4-4给出了不同的关联序的数值结果。从整体上观察,图4-4对于不同权重系数所计算关联序形状没有差异,最大不同在于数值的大小。基于关联系数数值比重所得关联序范围在区间 $[0.6336, 0.8472]$,而根据等权重范围为 $[0.6182, 0.8403]$。显然,选取不同权重函数所获得数值结果没有显著的不同,因此无须注重权重的选取。进一步研究也发现基于这两种不同权重的选择所获得的最优组合都为第29组,相应等权重和比率权重关联序 r 最大值分别为 $(0.8472, 0.8403)$,因此基于等权重和比率权重所得的最优关联序值也没有显著的差异。这意味着即使使用不同权重系数计算关联序所得最优组合是一样。

根据最优关联序数值 r,对应于表4-8中的数据为 $(43.59\%, 35.90\%, 41.03\%, 33.33\%, 38.46\%, 20.51\%)$,在表4-9中的数据为 $(56.41\%, 64.10\%, 58.97\%, 66.67\%, 61.54\%, 79.49\%)$,所对应的组合为 $(X_{11}, X_{21}, X_{31}, X_{42}, X_{51}, X_{61})$。根据这个组合课题组发现,个人行为习惯及文化素养的形成依赖妈祖文化内涵,因此可以说明妈祖信仰不仅具有教化功能,更重要的是妈

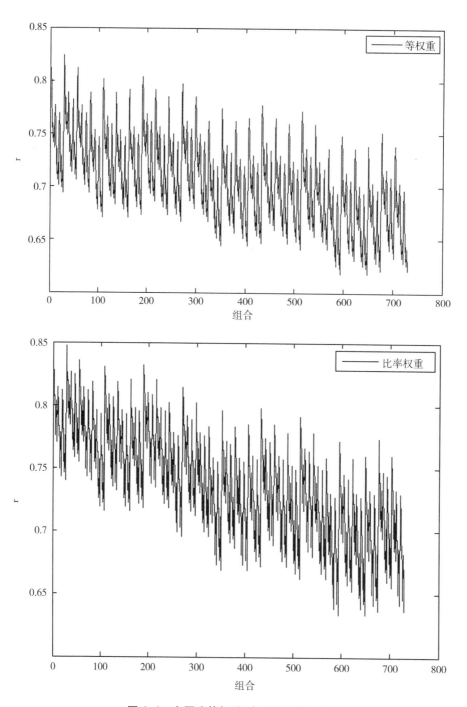

图 4-4   左图为等权重,右图为比率权重

祖文化内在强大的内涵影响着个人行为规范。因此,通过乡土教育弘扬妈祖文化,推动文化认同,有利于民众文明素养的形成。另一方面,根据最优选取组合,我们也发现传播妈祖文化受到区域性的限制,因此应该加大力度弘扬妈祖文化,特别是立德、行善、大爱的精神,使之脱离区域的限制。

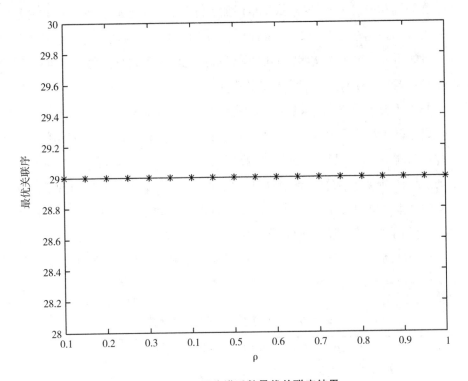

图 4-5　不同分辨系数最优关联序结果

　　由于前面分析结果基于分辨系数为 $\rho = 0.5$,本书进一步分析不同的分辨系数是否改变最优组合的选择。为了给出分析的结果,这里选择等权重,原因是根据前面分析结果可知等权重和比率权重所获得结果是一样的。图 4-5 给出不同分辨系数获得的最优关联序值的组合都是 29,隐含着最优组合的选择不依赖于分辨系数的数值结果,也意味着前面选择分辨系数为 $\rho = 0.5$ 所获得分析结果是可信的。

　　根据调查的数据,课题组选择不同的问题来纵向比较。首先根据问卷调查结果,本书选择如下三个问题来进行比较。问题 1(X_4)调查妈祖信俗给个人的行为习惯和思想带来了哪些影响,这个问题和前文的问题 4 是一样的,但是这里调查的结果多了一项,即"加强了自身的环保意识,养成了良好的习惯"的问题,调查比率为 46.15%;问题 2(X_5)涉及上面问题 5,这里也添加了"对争当妈祖庙义工,奉献应尽的力量"的问题,该比率为 58.97%。最后也考虑上文问题 6(X_6)调查结果,这里也添加了"降低交易成本,活跃乡村农村经济"的问题,该比率为 12.82%。此时组合为(X_4,X_5,X_6),注意这三个问题分别设计妈祖文化对个人文明素养的形成问题,也考虑到妈祖文化传承问题,同时也涉及妈祖文化对乡村建设起到什么作用。

基于上述的灰色关联性分析,我们可以获得关联序列(r_1,r_2,r_3)=(0.7515,0.7094,0.7498),其中下标对应于相应的问题,例如 r_1 表示问题 1(X_4)的关联序值。显然根据关联序数值,由于 $r_1 > r_3 > r_2$,可得问题 1 是最优的选择,意味着在问卷调查中妈祖文化对个人的行为习惯和思想观念的问题受到调查对象的关注,因此有理由相信妈祖文化确实影响或改变个人的行为,也有助于人们精神面貌的改善。相对于妈祖文化对个人的影响,妈祖文化对乡村治理问题就比较弱,这也意味着政府需要加大宣传和教育力度,提升妈祖文化对社会治理的影响力。

表 4-9　关于问题 Y 的统计调查数据

Y_{1i}	41.03%	30.77%	12.82%	17.95%
Y_{2i}	74.36%	2.56%	23.08%	0
Y_{3i}	10.26%	10.26%	25.64%	53.85%
Y_{4i}	15.38%	56.41%	12.82%	15.38%
Y_{5i}	23.08	48.72	25.64%	2.56%
Y_{6i}	46.15	5.132	23.08%	25.64%

根据调查数据,本书也涉及如下几个信仰时间的问题。我们考虑了 5 年以下,5—10 年,10—20 年及 25 年以上,相应的比率数值为(Y_{1i})(i=1,2,3,4),呈现在表 4-9 中。第二个问题(Y_{2i})事实上是上面问题 2 的调查数据(X_{2i})。第三个问题(Y_{3i})是调查参加活动频率问题,所涉及分为信教但不

参加宗教活动的比率、很少参加、偶尔参加和经常参加。显然超过一半的经常参加妈祖信俗活动。第四个问题（Y_{4i}），课题组调查了妈祖信俗是如何影响您的行为习惯和思想意识，这里涉及问题是宫庙所提倡的理念、妈祖文化的核心精神、参与宫庙所举办的活动和信众之间的交流和沟通。调查结果显示：高达 56.41% 的被调查者是因为妈祖文化精神的影响，因此进一步说明了妈祖文化精神是大部分人的信仰妈祖文化的动力源泉。对于第五个问题（Y_{5i}），我们调查了村委会在弘扬妈祖文化以及加强新农村精神文明和乡村文化建设上的满意度，涉及问题有非常满意、满意、一般和不满意。这个问题满意程度比率不超过一半，这和我们前面分析一样，村委会需要加大妈祖文化的建设和宣传活动，同时妈祖文化对乡村治理方面还有待于进一步提高。最后，调查了参与妈祖信仰相关活动的主要途径（Y_{6i}），涉及问题是自身发起、跟随信众、受长辈或亲属影响和宫庙组织邀请活动及动员。根据这个调查数据，虽然自愿比率没有达到一半，但是整个调查对象中自愿比率最高，因此自发因素在信仰妈祖文化方面起到决定性作用。

　　基于相关调查数据，进一步应用上述的关联性分析模型，其中分辨系数为 $\rho = 0.5$，权重为等权重，相应的关联序数值为 $(r_1, r_2, r_3, r_4, r_5, r_6) = (0.6132, 0.6533, 0.6194, 0.6208, 0.6160, 0.6137)$。显然 $r_2 > r_4 > r_3 > r_5 > r_6 > r_1$。根据这个排序，问题 2 为最关键因素，意味着被调查问题中，关键是调查对象对妈祖文化内涵影响着个人行为习惯，而信仰妈祖文化年限可以忽略。因此我们可以知道，信仰妈祖文化和时间的关系不是那么明显，而是因为妈祖博大精深的文化内涵吸引信仰者。另一方面，我们也发现学校在宣传妈祖文化方面力度还不够，亲人及长辈的影响也较弱，因此需要多种方式来推行乡土教育，加大宣传妈祖文化内涵来吸引信教。

　　在实地调研中，课题组还发现湄洲镇传承和弘扬妈祖文化的主要渠道有家庭教育和学校教育。一是家庭教育使妈祖故事代代相传。一代又一代的湄洲镇村民或多或少接触过妈祖的故事，从小在妈祖的立德、行善、大爱的精神熏陶下成长，特别是妈祖救助海难、济困救贫的故事在湄洲镇家喻户晓，因此妈祖深受当地渔民和村民的爱戴。通过家庭教育，妈祖的故事非常好地实现了代际传承，湄洲镇的子民在家庭中从小受到妈祖大爱的熏陶，或多或少都了解妈祖的真善美等品德。特别近几年,妈祖信俗活动实现常态化,老一辈还带动年轻一代参加各种妈祖信俗活动,例如参与天下妈祖回娘家、妈祖巡游等,年轻人不断增强妈祖文化认同感,学习妈祖大爱精神。

二是学校教育传承妈祖精神。在学校教育中,湄洲岛上的很多小学充分挖掘利用妈祖文化资源,通过各种方式融入妈祖文化,让学生们学习了解妈祖文化。例如湄洲岛第二中心小学每个学期都会开展形式丰富多样的妈祖文化的相关活动,如书法、唱妈祖歌、讲妈祖故事等,以此来弘扬妈祖精神。在美术课堂上,老师通过展示妈祖的服饰、贡品,来培养学生的审美能力。特别是在创城活动中,学校开展"学习妈祖好品德,争当妈祖文明小标兵"活动,全校师生积极参与各项志愿者活动。同时还把妈祖文化融入学校第二课堂,成立了妈祖兴趣班,每周两到三节课邀请贡品的制作人来学校担任老师,比如做海祭品、梳妈祖头等,让学生通过实物更直观地了解妈祖文化的各种表现形式。通过编写乡土教材,设置妈祖文化课程,加强对孩子的思想道德教育,也希望这些学生们能够带动身边的长辈、亲朋好友一起学习妈祖精神,形成良性互动。这也是让家长意识到正是因为妈祖文化及岛内旅游的发展,他们的孩子才能在这样良好的环境里学习,这也促使他们更加积极地参加岛内旅游建设。

图 4-6   妈祖文化融入农村精神文明建设

二、台湾妈祖信俗与乡土文化互动分析①

——以台湾地区新港乡为例

本部分主要研究妈祖信仰在台湾乡村治理中的具体运用及典型经验,研究台湾宫庙组织在乡村营造、具体管理中如何利用妈祖民间信仰,台湾地区宫庙组织如何与地方政府机构互动配合,共同推动地方治理,了解妈祖信仰对信众的文明行为和治理理念所起的具体作用。由于台湾地区妈祖宫庙地域分布较广、管理差异较大,尤其台中、台北、台南等区域的妈祖宫庙发展水平参差不齐。因此,本部分采用选择典型案例,解剖麻雀的方法开展具体研究。

妈祖信仰是我国台湾地区最普遍的一种民间信仰。据台湾相关资料显示,"自大陆分香来台后妈祖分灵之多,已超过二千多宫"②。由于早期横渡台湾地区拓荒者主要是闽粤移民祖辈,这些拓荒者在海神妈祖的护佑下顺利渡过"黑水沟"的经历。后来,这些先民把妈祖作为住处守护神奉祀,发展成为世代相传的共同习俗和共同的集体记忆。在台湾妈祖信仰发展过程中,妈祖宫庙不断发展壮大,管理日益规范,无论是大小街庄、山海聚落,还是通都大邑,都可看到妈祖庙,并且持续经营,没有中断。妈祖宫庙已成为乡村与村民、乡村与乡村的连接者和中介者,在乡村、社区、街道的环境再造和日常管理中发挥了重要的作用。妈祖宫庙组织也成为当地非常重要的民间管理机构,有效配合当地政府参与社区治理,参加社会公益活动,有力促进了治理水平和社会进步。

新港奉天宫是台湾比较有影响、有规模、有特色的大型宫庙,注重宫庙自身建设与地方社会文化融合发展,充分利用发挥妈祖信仰资源优势,参与社会公共事业,取得了成功经验。因此,以新港奉天宫作为研究个案,符合学术研

---

① 宋建晓:《台湾地区妈祖信俗与乡村治理融合发展研究——以台湾地区新港乡为例》,《宗教学研究》2019 年第 2 期。

② 台湾寺庙整编委员会编:《佛利道观总览·天上圣母专辑》,台湾华林出版社 1987 年版,第 1 册第 91 页。

究的科学性、典型性、代表性要求,同时也具有较强的可行性。课题组成员多次前往台湾新港奉天宫实地调研,访谈相关专家,系统、客观地研究新港奉天宫利用妈祖信仰参与新港乡社区治理的情况。

(一)新港乡妈祖信俗及治理概况

1. 新港乡妈祖信仰的发展概况

新港乡妈祖信仰发展主要源自笨港最初供奉妈祖神像,后来依托于新港奉天宫持续发展。据史料记载,明天启二年(1622),福建船户刘定国在奉请湄洲天后宫的妈祖金身神像横渡黑水沟航经笨港时,"黑水黑如墨,湍激悍怒,势如稍湮",[①]此时妈祖显圣,从此笨港十寨轮流奉祀妈祖,祈求妈祖护佑台湾百姓的生活。清康熙三十九年(1700),笨港与外九庄在笨港合建了供奉妈祖神像的天妃庙,清雍正八年(1730),始称天妃庙为"笨港天后宫"。清嘉庆四年(1799),笨港溪洪水横溢泛滥,发生了严重的水灾,洪水淹没了四千多住户,笨港天后宫同时也遭到冲毁。据传神像被冲走后下落不明,亦有一说住持景瑞和尚护持庙中的神像、文物,将它们东移至麻园寮土地公庙的肇庆堂(后称笨新南港,后改称新港)。嘉庆六年(1801),住持景瑞和尚发起建庙,嘉庆十六年(1811)新庙落成,王得禄提督奏请嘉庆帝御赐宫名为"奉天宫",自称为古笨港天后宫香火之分支及延续。日据时期,当地发生大地震,宫庙受损,重建工作长达十年,于1917年完成重修。台湾光复后,1966年,思齐阁、怀笨楼完工,并设立奉天宫历史资料馆。

目前,新港奉天宫为四进三院的建筑格局,依序为三川殿、正殿、后殿及凌霄宝殿。目前宫庙的整体构造和风格依然保持1917年重修时由匠师吴海同所设计建筑的模样。新港奉天宫现在供奉有船头妈,四街祖妈、二妈、三妈、五妈及米铺妈等妈祖圣像。神龛前供桌有一尊妈祖圣像,为软身造型,系1988年3月庙方前往大陆湄洲进香时,恭迎回台的湄洲妈祖。由于奉天宫香火鼎盛,原本的粉面妈祖已成"黑面妈祖"。神龛两旁千里眼与顺风耳神像,为泥

---

① 谢金銮、郑兼才:《续修台湾县志》(下),《台湾文献丛刊》第140种,台湾银行经济研究室,1962年,第108页。

塑神像,二位将军手持元宝,相当特别。后殿主祀观音菩萨,龙边供奉福德正神,虎边供奉注生娘娘。由于奉天宫的妈祖神像曾供奉于肇庆堂土地公庙,在妈祖庙完成建庙时,遂供奉肇庆堂土地公神像于庙内。两厢廊供奉笨港城隍爷、开漳圣王、关圣帝君、文昌帝君、西秦王爷、虎爷及先贤功德禄位。此外,由于新港地区以漳州移民为主,所以庙内也供奉漳州人的守护神开漳圣王。

图 4-7 新港奉天宫

新港奉天宫于每年农历元月 15 日会举办新港妈祖出巡绕境活动,绕境新港地区的十八庄村落,为信众祈福。在农历三月廿三日妈祖圣诞之日,举办祝寿大典,农历八月十五日举办妈祖的"契子女"回宫团拜祭典活动。现在,新港奉天宫在台湾的众多妈祖宫庙中已独树一帜,成为台湾地区重要的知名妈祖宫庙。并且,新港奉天宫的妈祖信仰已经深深地融入其所在地乡村社会生活的诸多方面,对新港乡镇的社会治理发挥着重要的作用。

2. 新港乡发展及治理情况

新港所在地原名麻园寮,原是距古笨港 3 公里的一个小村落,因北港溪泛滥改道,将古笨港划分为笨南港、笨北港,之后连年水灾人祸,笨南港无法居住,居民遂举家迁往麻团寮居住,并改名"新港"。新港乡位于台湾嘉义县西北部,位处嘉南平原中心,全乡皆是平原,由于地处南平原北部,农产有大米、甘薯、玉米、花生、大豆、甘蔗、水果等。新港乡居民多以务农维生,因此村落四处可见一畦畦绿田景观,近年有不少田地转为花卉栽培。南隔朴子溪邻太保乡,西连立脚乡,东接溪口、民雄二乡,北以北港西界云林县。面积 66.0495 平方公里,人口约 36988 人,辖 23 个行政村。①

新港乡以奉天宫闻名,依托新港奉天宫,发挥新港奉天宫作为当地信众中心的作用,大力发展文化创意产业,带动乡村旅游发展,成为新港繁荣的商业枢纽。尤其在新港乡村再造过程中,农村土地整顿、农村环境污染治理、农村文明素养养成等问题非常突出,这也是乡村再造的重点和难点。当时,乡村民众对于垃圾治理抵触情绪比较严重,特别在环境集中处理需要交纳一定的垃圾处理费用等问题上表现比较尖锐。新港乡村充分发挥民间社团组织的作用,调动大家参与乡村治理的积极性、主动性。新港奉天宫与其他当地民间组织积极参与再造计划,尤其新港奉天宫发挥了重要的宫庙组织作用,充分调动信众积极参与乡村改造。目前,乡土人文复兴得益于极好的外部培育环境,宋江阵、馨园社、念歌社、凤仪国乐社,及百年历史的舞凤轩北管戏剧团等传统民俗社团一时间如雨后春笋般复生、崛起,并结合丰富的妈祖文化活动,使得新港成为台湾嘉南地区耀眼的文化艺术重镇。市区的街道以奉天宫为中心成丁字形,在社区总体营造下,美化后的街道呈现另一番清新的气象;香火鼎盛的奉天宫,不仅带来新港的繁荣,更带动了旺盛的宗教文化及社会活动。新港人成功地为自己的家园打造全新的面貌,塑造乡镇繁荣的新典范。

(二)新港奉天宫的管理模式

台湾社会在短暂的历史发展过程中,经历了移民、殖民、光复、威权统治后进入民主转型时期,特别是 20 世纪 60 年代以来,台湾经济飞速发展。在传统向现代的转变过程中,台湾的民间宗教组织也随着时代的发展发生若干重大

---

① 新港奉天宫网站:http://www.hsinkangmazu.org.tw/activities6.asp,访问时间 2017 年 12 月 25 日。

转变。妈祖宫庙管理模式也与时俱进,在宫庙的组织结构、组织功能、治理属性等方面发生了巨大的变革,适应了时代的发展,为社会转型提供了安定的力量。在台湾地区,传统的妈祖宫庙转变到如今的现代化,经历了一个逐渐演变的过程。台湾妈祖宫庙具有很强的绵延存续性,其管理机制日益成熟。在早期阶段,台湾宫庙就摸索了一套自身的管理方法。新港奉天宫在笨港天后宫时代,实施庙祝制度,直至清朝,笨港天后宫被洪水冲毁,迁庙于笨新南港,改名奉天宫后,改革管理人制度,由笨新南港附近十八庄信徒推选人员担任。奉天宫于1952年,正式成立管理委员会;四年后,1956年9月12日,嘉义县政府批准奉天宫管理委员会立案,奉天宫组织益臻完备。由古十八庄管内之各村落、新港之各镇头、轿班会以及所在地四村之商铺信徒,依章程规定设置投票所,选出信徒代表,组织信徒代表大会,审议重要宫务,并选出管理委员,管理宫务任期四年,期满依法改选。1975年,依法成立财团法人新港奉天宫董事会,董事会设有董事十五人,监事五人,董事会分为总务组、祭典组、接待组、主计组、营缮组,分组办理宫务,弘扬妈祖圣德,服务信徒。

　　针对台湾妈祖宫庙的管理问题,新港奉天宫妈祖文献中心主任林伯奇认为,20世纪70年代以后,随着台湾从传统农村社会转型成为工商业社会,妈祖宫庙的功能从原本单纯的祭祀职能转化为更多元的功能,妈祖宫庙与当地社团的交流(老人会,政治单位,文化单位)增多,妈祖宫庙参与的公共事务的方式也更加多样化。[1] 例如有些宫庙发展教育文化事业,有的宫庙兴办医院参与社会慈善救助事业,信徒数量只增不减,影响力越来越广泛,所以宫庙的管理就需要一套方法和规则。根据《台湾妈祖宫庙通讯名录》显示,台湾地区的妈祖宫庙主要采取财团法人管理委员会管理模式和财团法人的董事会管理模式。采用前者这种方式的比例较高,前者通过设立管委会进行管理,达828家,如嘉义新港奉天宫、彰化南瑶宫、嘉义朴子配天宫等;后者设立董事会进行管理,达238家,如云林北港朝天宫、台中大甲镇澜宫、云林西螺福兴宫等。[2]

　　目前,新港奉天宫设立财团法人管理委员会,采用财团法人的管理模式。

财团法人,又称"目的财产",以一定的目的财产为成立基础的法人,其主要形式为基金。财团法人的形态是无成员的,表现为独立的特别财产,因此,称为"一定目的的财产的集合体"。财团法人的管理制度规范,有严格的会计进行内部监督,成为财团法人,严格记账目明细,最终送至民政管理机构,经过财团法人开出证明,董事会才可以报税结税,一切都要通过正规的税务登记。不论选举方式是什么,都要产生一组管理财务的财团法人出来,监督董事会管理的制度有没有问题。相比之下,管理委员会只是受县政府管理而已,财团法人受民政管理机构管理,民政局管理只是了解是否正常选举、是否乱花钱、是否有债务等,民政管理机构不实施监督。

不论是委任制,还是财团法人制度,根据相关组织管理章程,相关成员都要通过选举产生。新港奉天宫的董事会通过竞选产生,当地信众满 18 岁以上就可以来登记,满 35 岁才可以来备选董事会。参选过程涉及开支由董事会负责处理,根据林伯奇介绍,奉天宫的董事会成员需要选出 21 个董监事,然后再竞选出董事长,要成为董事,要 380 票左右才能选上。

(三)新港奉天宫妈祖信俗与乡土文化互动分析

1. 新港乡妈祖信俗与乡土文化互动分析

台湾地区的信仰种类繁多,主要得益于民间信仰组织的长期发展。由于台湾地区的民间信仰并没有受到工业化、城镇化等因素过多干扰,一直处于上升发展阶段,没有出现停滞、断裂。因此,台湾地区的民间信仰组织化、规模化、结构化特征非常明显。在早期移民社会,台湾地区的民间信仰组织就形成了以村落或社区为单位,"信仰圈""祭祀圈"与村落、社区、村落共同体等高度重叠,这就造就了民间信仰组织与村庄组织、村落社群密切互动,相互作用。而且这种民间信仰结构一直持续到今天。官方型的妈祖宫庙与民间型的妈祖宫庙、都市型妈祖宫庙、社区型妈祖宫庙、乡村型妈祖宫庙等发展迅猛,妈祖宫庙比较规范。这些妈祖宫庙组织与其他民间社团、组织互动频繁,同时妈祖信仰又与其他乡土文化渗透交融。于是,妈祖信仰获得了信众的高度认同,与乡土文化、乡村治理相互作用、有机融合、密切互动。

在台湾的宗教信仰中,由于道教与民间信仰之间没有明确的界限,通常将二者合在一起并称,这使得道教在台湾特别兴盛,所以在台湾玉皇文化、关公文化、城隍爷、观音信仰文化也具有较大的影响力。妈祖信仰对儒释道三教的精神兼收并蓄,具有非常强的包容性、开放性,妈祖信仰与这些乡土文化共融共存,没有相互打压,相互排斥。这具体体现在妈祖宫庙中同奉同供妈祖像、财神爷、观音、土地神等是非常普遍的现象,台湾宫庙的妈祖像往往很少单独供奉,通常与其他地域特色文化符号共同依存,体现了极强的共存性、互动性。此外,在台湾妈祖海神还与其他海神互动融合。由于台湾社会是一个移民社会,早期闽粤等先民主要通过渡海到台湾,这些先民保持了各具特色的海神信仰。所以台湾许多地方妈祖与海神王、临水夫人、保生大帝、开漳圣王等同供一庙的现象比较普遍。最后同时,各宫庙的信众本身具有多元信仰,他们在日常的信仰仪式活动中,将妈祖信仰与其他乡土文化融合于日常生活,并且实践这种融合性的信仰行为,这为延续妈祖信仰与乡土文化互动提供了持久的动力来源。就新港奉天宫来说,宫殿众多,供奉有观音、文昌帝君、关圣帝君、城隍爷、西秦王爷、虎爷、先贤长生禄、元辰等,极好地体现了妈祖信仰与多种神灵、多种民俗文化和谐共存。

台湾信仰仪式传播活动中融入大量仪式表演,例如进香、分灵、绕境等活动,而且台湾进香、分香仪式特别频繁,在一定程度上台湾把进香视为宫庙自身香火和灵验的加保。因此,台湾进香仪式非常隆重,前来宫庙进香的队伍包括宫庙信众组建起来的各种展演队伍,通过在宫庙前展演自身的文化表达对妈祖的敬仰之情。通常进香活动伴随着民俗表演,这些民俗大多具有浓郁的地域特色,例如村庙神诞与祭典,要演戏酬神,民众要扮"宋江阵""大鼓阵""车鼓阵""驶犁阵""龙阵""狮阵"以及其他艺阁进行巡境表演。[①] 此外,台湾宫庙在绕境活动中,各村庄要开展各种民俗活动。例如新港奉天宫进行的新年九天八夜山海迎妈祖活动,该活动属于 2011 新港国际妈祖文化节,全程345 公里,走过 13 个乡镇。妈祖宗教文化活动也相当多而且特殊,有来自嘉义县布袋过沟建德宫的火灯为妈祖照明得路,这是布袋特殊的迎火灯文

---

① 　姚子辉、甘满堂:《台湾民间信仰与农村社区生活》,《台湾农业探索》2008 年第 2 期。

化,更有竹南后厝龙凤宫的小轿子来恭迎开台妈祖起驾。① 特别近年来,新港奉天宫把妈祖信仰与当地特色的地域文化相结合。如 2018 年奉天宫计划举行的各种活动,有尾牙聚会、开锣晚会、金虎爷文化祭、接财神、六俏祝寿大典等。

2. 参与新港乡治理的具体方式

台湾地区非常重视利用民间社团组织力量参与乡村再造,依托非政府组织、民间公益组织、民间信仰组织,调动民众参与乡村营造、社区改造,促进民众的文明习惯养成,提高民众参与乡村自治的主动性和自觉性。奉天宫参与新港乡治理的方式主要体现在四个方面。

(1)社会公益方面

通过信仰的凝聚力调动信众来参与社会公益事业,是新港奉天宫参与社会治理的指导思想。新港奉天宫在宗教文化活动以外,积极参与社会公益事业的发展,多年以来积极捐资兴学,提倡文化教育和艺术,救济贫民,施以医疗,慰问孤儿,支援地方建设经费,协助政府救助台风灾害和水患等,系统地协助现有的福利制度下覆盖不到或者资助有限的弱势群体。新港奉天宫的社会公益行为得到了台湾地区政府机构和社会各界的高度肯定。

其一,医疗救助。新港奉天宫设立有贫民特约医院,当贫民前往看病时,持奉天宫颁发的"贫民就医券"可获得完全免费的救治,设立至今,已救济贫民无数。益生内儿科、名人堂诊所、陈内儿科诊所、何内儿科诊所、济生诊所、松田诊所、董内儿科诊所、慈有诊所等都加入了奉天宫的贫民医院行列。奉天宫还为医院捐赠救助车、看病药品及医疗器材,并号召健康信众给医院捐献血液。

奉天宫还设有一个急难救助机构,这个机构充分体现了妈祖信仰中救急救难的精神,每个月拨 15% 香油钱给这个机构,由妈祖孤儿院直接拨款。例如某户人家没钱交账,那么急难救助机构就会直接资助他们,需要救助的家庭名单由村长统计汇总,宫庙负责拨款,整个过程效率很高。新港奉天宫

---

① 来源新港奉天宫网站,见 http://www.hsinkangmazu.org.tw/activities6.asp,访问时间 2017 年 12 月 25 日。

还经常举行慈善活动,邀请爱心人士组团前往各地孤儿院慰问孤儿,捐赠慰问金。

在信众认捐方面,奉天宫会公布当年度所需的物资。例如公布预计今年需要捐3台捐血车,信众们便开始认捐。比如一个单位认捐1000新台币,加入5个人,单位即写上5个认捐者的名字。新港奉天宫附近的23个村落和18个小学的饮水机,都由其捐助,奉天宫总共捐助了100台饮水机。奉天宫采用认捐的方式,既可以使信众觉得会得到妈祖的保佑,又可以造福百姓。新港奉天宫的捐款项目都是专款专用,用款途径公开透明,这样信众们可以了解捐款用在何处,正因为如此,越来越多的信众愿意参与进来。通过这样的良性循环,信众们对妈祖的信仰程度也越来越高,信众们也越来越愿意在个人经济状况可以承受的范围内积极从事公益事业,新港奉天宫正是通过完善乡镇的福利来帮助更多的人,彰显和弘扬妈祖的大爱精神。

其二,支援地方建设。新港公园是奉天宫在1980年决定捐资一千万元新台币建设的,这一举动至今都让新港居民无限感念。由于奉天宫是闻名全台湾的妈祖宫庙,每年各种盛大活动期间,都有大批信众和香客前来朝拜,街边的旅店无法完全容纳每次规模巨大的朝拜者,造成许多信众和香客朝拜期间休息不便。因此,奉天宫修建了可容纳三千人住宿的妈祖观光大楼来为信众解决食宿问题。奉天宫平时还大力提倡体育活动,赞助政府举办新港全乡运动大会,在社会各界的反响异常热烈。此外,奉天宫还辅助和捐赠消防队安置防火和防盗设备,协助政府救助台风灾害和水患。

奉天宫也会为优秀学生提供资助金,当学生考上大学时,奉天宫会张贴一张红榜单,代表妈祖来表彰中榜的学子。通过这种循环,使得学子与宫庙之间的联系越来越密切。现在台湾地区信仰妈祖的年轻人很多,因此妈祖宫庙通过组织各类活动来加强妈祖宫庙与年轻人的沟通联系。

(2)生态环保方面

为了保护环境,提倡节能环保的生活方式,新港奉天宫主要采取两种方式来引导信众养成环保意识。一是以米代金,减少金纸使用。用一小袋大米做成的像金子一样的产品来取代原来信众朝拜时用的金纸,既可以做到节约环保,还可以给信众提供健康有营养的优质大米,可谓一举两得。二是减炉封炉,引导信众不烧香或少烧香。其一是将原来的 7 座香炉 21 炷香变为现在的只烧掉 1 炷香,之后就双手合十拜拜,实现无烟拜拜。其二是减短香炷的长度,控制香炷的材料消耗,同时也减少金纸的量,只需要提供给信众一张妈祖图画即可。①

图 4-8　新港奉天宫开展减少金纸
促进环保的宣传

新港奉天宫在引导信众养成环保朝拜、文明祭祀等方面的做法取得了明显的效果,一方面得益于自身的努力,另一方面也是得益于现代民众环保意识的不断增强。目前新港奉天宫使用的环保金炉,在焚烧纸钱时香灰不会乱飘,到空中只剩下水蒸气,由于烧金纸需要水降温,其产生的热能还可以发电,可谓一箭双雕,兼顾了环保与节能。

(3)纠纷调解方面

新港奉天宫运用妈祖信仰的影响力调解社会矛盾和纠纷。在新港奉天宫的传统信仰圈内,有 41 个村落、65 间庙。村庄的人口增多后分成了两个村庄,因为选举的派系问题可能造成两个村的村民之间的长期不和。这种矛盾会在妈祖过境的时候解决,双方因为共同的妈祖信仰,从而握手言和,化解了矛盾,冰释前嫌。在庙会时是热闹的,然而有时也会有相反的情况,比如两个村子因为杀猪分配不均问题打架斗殴,这时候奉天宫妈祖庙管理委员会就会想办法平息争端。访谈中,新港奉天宫董事会成员提到,庙里会派出来几位神明的代言人,这些代言人由所有参与聚会的人

---

① 相关内容来源课题组成员帅志强于 2016 年 7 月实地访谈。

们来认定并选出来,妈祖的"代言人"此时就出现了。像这种迷信活动在台湾社会之所以依然存在,是因为人们心中有一个超乎宇宙现象的观念,认为面对大家都解决不了的问题时,只有通过妈祖信仰来治理和调解,这时候需要代言人(被赋予代言人身份的人,大家都要臣服诚心于他,所以在选择代言人时也会有很多关卡)。在面对更深层次的难题时,会由董事长("最高领导人")执杯,来进行执杯仪式,所有人都看得到,会变成一种让人们认定的认同模式,这是奉天宫所在地的信仰族群里深信不疑的游戏规则。

(4)文化教育方面

民间信仰的文化是融进当地人血液中的,体现在当地人日常生活的方方面面。因此新港奉天宫通过推广和发展特色的妈祖文化,专门负责文化活动策划与文化联谊事宜,特别重视把奉天宫的历史定位、文化定位、理念定位等融合发展,形成奉天宫的庙宇文化特色,并且积极参与国际文化交流。新港奉天宫每年都会举办"小学生作文比赛""中学生作文比赛""高中学生作文比赛"等各类学生征文比赛,举办"开台妈祖杯"网球比赛、"篮球斗牛撒赛"等各种球类比赛和文艺展览活动。奉天宫还经营新港戏院,不定期为信众和社区人士提供电影、新剧、歌仔戏、布袋戏等节目,为社会大众提供中华传统文艺节目。此外,近年来奉天宫赞助"新港文教基金会"举办一系列文教活动。新港奉天宫通过和新港艺术高中的结合,开学典礼时将妈祖请来,并且授予妈祖荣誉校长的职位。当初为了祈求艺术高中尽快顺利完工,校长时常来庙里朝拜妈祖,祈求希望学校早日盖好。学校完工当天,校长还组织学生学抬轿子,举办吹唢呐等迎妈祖的欢迎仪式,并请庙里来协助学生模仿跳六一舞(清朝时代祭祀妈祖的舞蹈)。通过这种让学生亲身体验妈祖文化活动的形式,让妈祖文化在学生的心中留下更深刻的烙印。

在新港地区,妈祖信仰的文化根深蒂固的原因有很大部分是因为父母对孩子从小开始的教育和潜移默化的影响。小孩从小跟着父母朝拜妈祖许愿,如果他们的祈愿实现了,他们就会对妈祖更加信服和推崇。这种基层的行为,不是由上层规范的行为,而是自发性的行为。不仅家里长辈会常去宫庙朝拜,学校也会带学生来宫庙参观,由此带动学生们对妈祖信仰的推崇。通过这种循环,使得学子与宫庙之间的联系越来越紧密,各届学生之间也会因为妈祖联系起来。

图 4-9 新港奉天宫建筑

在台湾,民众信仰呈现两极化趋势,即祖辈和孙辈更加推崇妈祖信仰,但父母辈却并不热衷。例如参与徒步环台活动为妈祖进香的主要是年轻世代,一方面是年轻人身强体壮,另一方面和信仰也有很大关系。祖辈推崇妈祖是传统的信仰,他们的信仰出于对美好生活的单纯意愿,例如祈求家庭平安顺利、身体健康。台湾的年轻一代的妈祖信徒聚集的原因比较特殊,主要是因为台湾目前出现了少子化的现象,很多年轻人都没有兄弟姐妹,因此他们借妈祖的力量把这些人聚集起来,形成一些妈祖信仰的团体。现在很多青年参加了奉天宫的妈祖青年会等组织,最初他们本来只是单纯的信仰妈祖,可是在加深了解之后,尤其在参与奉天宫组织的活动中得到更深的启发,如他们在参与奉天宫规划新活动的方案过程中,提出组织徒步环台、勇渡日月潭、登玉山等想法。这些年轻人不仅参与构思活动,并且帮庙宇去配合实施,同时庙宇也间接地影响参加活动的人。奉天宫还会通过鼓励这些年轻人做一些先行的尝试性实验,年轻人会从中得到切身的感受,从而对妈祖信仰有更深刻的感悟,宫庙也可以积累一些对未来活动的规划经验。

三、闽台两地妈祖信俗与乡土
文化互动发展的比较分析

（一）妈祖信俗与乡土文化互动发展深度不均衡

在福建,乡村治理是一项系统性工程,需要政府部门和民间组织协同配合发挥作用。在湄洲岛调研过程中发现,在妈祖文化节、妈祖祭拜、妈祖巡游等重大活动中,由于需要发动大量信众参与,妈祖宫庙发挥了巨大的作用。然而,在平日里妈祖宫庙组织与村两委、老年人、乡贤组织等互动不多,相互比较独立。一方面,村两委认为乡村治理中突出的问题,例如乡村土地整治、乡村扶贫攻坚、乡村环境治理等,这些属于自己工作范围,不需要第三方插手;另一方面,妈祖宫庙组织更多认为自己主要负责宫庙管理事务,一些涉及邻里矛盾调解的案例,更多是出于信众的个人感情关系才出面调解,他们认为不好过多介入村民生活。因此,妈祖宫庙与村两委、村里的其他组织联系、交流不多,协同不够,没有形成一种治理合力,不利于提高乡村治理效率。特别是妈祖宫庙组织在激发信众参与乡村治理的积极性、主动性等方面明显作为不够,尤其调动农村年轻群体参与乡村治理的积极性有待加强,妈祖宫庙组织在这方面发挥的作用和潜能有待进一步挖掘。

目前妈祖宫庙组织在引导和激励村民参与乡村自治、参与乡村民主决策等方面工作还有待提升。究其原因,他们对于乡村治理的认识普遍存在一个误区,认为乡村治理主要是政府机构、村两委负责的事情,与民间组织机构关系不大。然而很多研究表明,乡村治理主体动态且多元化,从宏观角度来说分为制度性主体和非制度性主体。制度性的主体主要是乡镇政府、村委会等基层政府组织,非制度性主体主要指各种农民组织、农村宗族、民间宗教组织等。随着社会的转型发展,乡村治理的主体不再是过去的单极化管理,各种非制度性主体如民间宗教组织等,由于其长期根植于当地社会当中,具有长久且稳定的影响力,是乡村治理中珍贵的资源和宝藏。因此,为了提高乡村治理的效

果,实现善治,首先应该转变观念,让村两委和妈祖宫庙组织都充分认识到在乡村治理上两者各自的优势,通过优势互补提升治理水平。

　　与此相对的是台湾地区的妈祖宫庙组织与普遍性的农会组织、村里组织、社区发展协会及其他民间社团组织等互动密切,能够协同开展各种活动。在台湾,小一点的庙宇则会建立联谊会,比如中华妈祖联谊会、妈祖见面会等,和妈祖有关的联谊会就多达 20 几个,其他神明也有联谊会。联谊会原来是当地的信仰组织,现在变成了一种相互交流的方式,这种异地化的连接,将原来的当地文化变成台湾民俗文化的另一种形式,互相学习,相互借鉴积极有益的成分,这也是台湾庙会近年来出现的一种新气象。

　　由于台湾乡村的妈祖宫庙地域性突出,通常以村庄组织、社区组织串联,台湾地区的妈祖宫庙组织董事成员往往是当地乡老、乡贤,大多属于乡村“意见领袖”型具有一定话语权的人士,在地方富有公信力和威望感,深得当地民众的拥戴。这些董事成员往往具有政府工作、公司经营、管理等经验,有些董事本身就是县议员、村里长等,这样妈祖宫庙与村庄的其他组织互动更加频繁,协同互助更加常态化。在台湾充分发挥各种民间组织、社团作用参与村民自治过程,妈祖宫庙组织与其他组织更能有效展开互动。这体现在台湾的乡村再造、社区营造等重要活动中。从本质上来讲,社区营造就是由政府引导、民间自发、NGO 帮扶,使社区自组织、自治理、自发展的过程。台湾的“社区营造”的重点是“希望藉由文化艺术的角度切入,凝聚小区意识,改善小区生活环境,建立小区文化特色,由点而线至面,循序完成打造新故乡,形塑新文化的理想”,强调社区文化建设、社区共体和认同感的重建。① 在这种环境中,妈祖信仰作为传统文化中的一部分,其所包含的“立德、行善、大爱”能够得到传承和发扬,并且也更容易被年轻一代接受。

(二)妈祖信俗与乡土文化互动发展机制差异较大

　　目前,湄洲镇妈祖信俗与乡土文化互动参与乡村治理的机制还不够健全,着力点还没有充分挖掘。这主要表现在:第一,资源整合机制不通畅。妈祖信

---

① 莱尔柔:《小区组织参与乡村发展模式之初探》,《台湾小区发展季刊》2002 年第 100 期。

俗宫庙组织、村两委、民间组织、科研机构等缺乏有效沟通,各方互动合作机制不完善。第二,妈祖信俗宣传教育机制不健全。当前妈祖信俗与村民的群体文化活动结合度还不够强,没有建立对接机制,例如湄洲岛建立的妈祖大讲堂常态化还不够等;此外,如何针对年轻群体接受心理的特点,有针对性地开展妈祖精神宣传教育活动,让更多的村民理解和接受妈祖精神,也是一个重要课题。第三,妈祖信众参与治理的激励机制不完善。由于激励机制不足,目前,妈祖宫庙董事会的主要成员直接或者间接地参与了乡村治理工作,但还有大量的信众参与的主体性、积极性、能动性没有发挥出来。信众在文明创城和美丽乡村建设中的监督力量、示范作用等还没有完全呈现出来。

台湾地区的妈祖宫庙组织与乡村民间组织互动的渠道主要有组织成员个人感情联络、邀请协助开展活动、共同实施具体活动等。例如,妈祖宫庙组织与其他民间团体组织开展环境保护、文明习惯养成、古迹保护活动等。近年来,新港奉天宫将文化推广独立出来,专门负责文化活动策划与文化联谊事宜,特别重视把奉天宫的历史定位、文化定位、理念定位等融合发展,形成奉天宫的庙宇文化特色,并且积极参与国际文化交流。台湾地区的妈祖信仰已成为村庄、社区人际关系调节的重要手段,成为各民间社团组织互动的桥梁,特别在乡村巩固社会关系及协调社会力量参与乡村生产、生活、生态保护等方面发挥了重要作用。台湾的妈祖信仰组织不仅仅成为信众自发性的信仰组织,已成为民间社团的重要组成部分,特别对乡村环境整顿、乡风文明培育、乡村自治、村庄共同体、族群认同体等方面起了涵化和固化作用。台湾地区的妈祖信仰作为一种有效的乡村治理手段,主要通过健全妈祖信仰组织,采取科学规范管理方式,完善组织架构,通过高度组织化、规模化、结构化、制度化的管理方法,持续推动妈祖宫庙组织发展壮大,组织成员管理素养水平提升,组织机构健全完善。

综上所述,湄洲镇作为妈祖文化发源地,充分利用妈祖信俗力量,丰富治理手段,扎实做好各项创建工作,切实有效提升了治理水平。妈祖信俗渗透到民众日常生活的方方面面,对人们的行为形成约束力和引导力,不但有利于引导民众形成健康合理的生活方式,对维系社会规范、促进社会稳定和乡村治理方面,能够发挥政府行政管理无可替代的重要作用。湄洲镇政府通过组建妈祖义工队、开展慈善活动,积极践行妈祖"立德、行善、大爱"的精神,让妈祖信仰在新时代发挥其更大的价值。妈祖信众受妈祖精神感召和妈祖文化熏陶,对投身妈祖公益活动具有很高的热情,很多受访者表示非常乐意加入妈祖义工队伍,尽己所能,发挥所长,服务社会。妈祖信俗服务于乡村治理,在纠纷调解、缓和人际关系、维护社会稳定方面发挥积极作用。很多过去长时间难以解决的问题,因为妈祖共同的信仰,大家化干戈为玉帛。受妈祖精神的感化,妈祖信众秉承与人为善、以和为贵的思想;妈祖信仰教导信众与人为善,谦恭礼让,调解村民内部纠纷方面提供了多元的解决方法;在政府行政管理无法触及或者无法解决的地方,妈祖信俗发挥着处理冲突解决争端的重要作用,成为维持乡村秩序的重要力量;妈祖信俗促进了移风易俗,倡导文明新风,改变了过去结婚高额彩礼的陋习,让年轻人摆脱了长期以来疲于应对的精神枷锁,有利于婚姻家庭乃至社会的稳定。湄洲岛管委会充分利用妈祖信俗,把妈祖信俗融入文明创城和美丽乡村创建活动中,推进湄洲岛的文明风气和乡村建设。妈祖精神的传承和践行是他们日常生活的重要组成部分,形成良性循环。

新港奉天宫在开展妈祖相关宗教文化活动以外,充分利用妈祖信俗资源,服务当地社会、经济、文化、公益等事业,成为当地社会治理的不可或缺的重要力量。新港奉天宫通过妈祖信仰的凝聚力调动信众来参与社会公益和慈善事业,通过资助地方文教事业发展、建立医院救济贫民、爱心人士组团前往各地孤儿院慰问孤儿、捐赠慰问金等,系统地协助现有的福利制度下覆盖不到或者资助有限的弱势群体。新港奉天宫在引导信众养成环保朝拜,文明祭祀等方面的做法取得了明显的效果,一方面得益于自身的努力,另一方面也是得益于现代民众环保意识的不断增强;运用妈祖信仰的影响力调解社会矛盾和纠纷,促进社会和谐;增强妈祖宫庙与年轻人沟通联系,让妈祖信俗更加年轻化,更具有生命力。台湾地区的妈祖宫庙利用妈祖信仰参与乡村治理的成功实践,为福建省妈祖文化资源利用提供可资借鉴的经验。

台湾地区的妈祖宫庙操作和运用妈祖信仰资源过程中也存在一些问题,例如台湾的宫庙之间为了提升自身宫庙的名气和地位,往往引发恶意竞争,争夺信众资源,同时台湾宫庙还经常通过操作和控制某些仪式,固化自身的"信仰圈",以此显示自身宫庙的权威。此外,由于台湾妈祖宫庙的规模化、结构化过于庞大,如果管理人员利用不当,宫庙容易成为某种霸权载体,成为社会推动治理过程中的权力垄断者,甚至成为社会治理过程中的某种阻碍力量。这些现象在福建省乡村振兴战略实施和推进乡村治理建设过程中要注意吸取教训、科学引导、规范实施,把妈祖信仰的"立德、行善、大爱"等核心价值观与乡村治理有机融合,提升乡村精神文明建设水平,提高民众文明素养。

第五章 日本利用佛教促进社会治理的经验及启示

世界文明发展规律告诉我们,不同文明的互鉴交流,有利于分享不同文明的智慧,乃至相互吸收和交融。妈祖文化的内涵丰富,蕴含了儒释道思想,是中华传统文化的重要组成部分。日本佛教文化与乡土文化互动发展对我国社会治理具有一定的启示价值。借鉴日本佛教文化在推动社会和谐发展、公民文明素养形成方面的经验,以及其规范管理的做法,必将进一步弘扬妈祖文化,发挥妈祖文化的积极作用,成为促进乡村治理的有效载体。

一、日本佛教文化发展概况

日本是一个本土宗教信仰、佛教、基督教以及其他新兴宗教杂然并存的多宗教国家。日本现有佛教信徒约9000万人。公元538年百济的圣明王使者把佛像和经典献给钦明天皇,这标志着佛教正式传入日本。圣德太子在公元604年颁布"十七条宪法",连篇累牍地引用中国典籍,糅合儒教、佛教、法家等四项。宪法第二条呼吁将"笃敬三宝",所谓"三宝"即佛、法、僧,形成以儒教为道德规范、佛教为国家精神、天皇为核心的封建中央集权。圣德太子把佛教作为国家施政纲领的重要内容,从此佛教在日本得到了长足的发展,并与本土神道产生融合,称为"神佛习合",形成了独具特色的佛教文化,对日本社会的经济与文化发展产生了深远的影响。日本佛教主要有以下几个特点:

其一,注重世代相传。江户时代(1600—1868)初期,由于德川幕府对基督教徒采取放任默许的态度,基督教在日本迅速传播,教徒激增。由于基督教徒的思想行为与日本封建社会的政治伦常观念格格不入,对幕府统治产生威胁,因此下令禁止基督教传播。为此,幕府建立了檀家制度,这是一种把所有国民都纳入佛教组织之中的制度,即让所有百姓以家庭为单位寻找特定的归属寺院,证明自己不是基督教信徒。当民众归属于某一个寺庙之后,称为檀家信徒,寺庙就掌管着民众从出生到死亡等生活的方方面面,同时信徒也负责维持寺院的运营费用及住持的生活。如果没有在寺庙登记,那么在集体主义的日本社会,会受到"村八分"①的严厉惩罚。这种制度作为一种统治的手段,虽然在战后已经弱化了,但已成为日本人意识中不可割离的一部分。在现代日本社会,许多人虽然没有明确自己是归属哪个寺庙,但在特定的时候,这种意识依然会发挥作用。2011 年东日本大地震时,东北各地的寺院成为避难的场所,形成一个临时的共同体。有很多寺庙在大地震中遭到严重破坏,市民们认为自己有义务和责任去修复,主动筹集资金支持重建工作,其中不乏平时对这些寺庙不关心的居民。檀家制度的建立对日本宗教的世代传承起到重要的作用,是国民宗教信仰的制度基础。课题组在与日本佛教界人士交流中,他们反映,由于檀家制度的影响,寺庙的朝奉者,一般情况下都与世代的传承有关系。佛教文化也通过这种方式影响到每个家庭,深入社会,佛教与社会紧密地融合在一起,形成相辅相成的关系。在明治时代,佛教还遭受废佛弃释的打击,开始允许僧侣带妻制度和世袭化。这也使得目前寺院的住持世代传承,除非家族人员都不愿意承担管理职位,才会出现世袭的中断。由于寺院的财产所有者与实际管理者是分开的,管理职位又有很规范的要求,僧侣管理世袭化制度有利于寺院的稳定发展。

其二,注重规范管理。二战以后,日本逐步建立了宗教法人制度,对建立和维护良好的宗教社会秩序发挥了积极的作用,宗教事务法制化达到一个较高的水平。现行的宗教法人法是日本书化厅 2011 年 6 月 24 日最新修订的版本。目前,日本的宗教法人达到 18 万多个。该法律对立法的目的、宗教团体

---

① 村八分也称为八分,这是产生于日本江户时代的惩罚制裁制度。村民如果违反村庄的规定,整个村庄会与此家断交。在出生、成人、结婚、建房、火灾、葬礼、疾病、水灾、旅行、法事这十个方面,只有火灾和葬礼其他村民才会来帮忙,这是一种非常严厉的惩罚制度。

的定义、宗教法人的设立程序、管理事项、财产管理制度、登记制度等作出了明确规定。宗教法人法有关宗教法人管理事项,建立在宗教事务的"圣俗分离"的基础上。所谓的"圣"就是宗教以传播教义,举行仪式活动,教化和培养信徒等形式表现出来的神圣属性。"俗"指的是宗教法人在运用和维持财产的形式表现出来的世俗属性。宗教法人法中所确立的宗教财产制度主要包括了财产处分和财产目录的制作、保存、阅览等事项。这一套财产管理制度的确立,有效保障了宗教法人的信众以及其他利害关系人对财产情况的知情权,从而有利于宗教财产法人财产事务管理的透明化、公开化和规范化。据寺院的管理层人员介绍,在推行宗教法人制度之前,一些寺院确实存在财务不够规范的情况,管理人员从中谋取私利的现象也时有发生。但随着宗教法人制度的建立和完善,管理人员素养的提升,佛教的事务也越来越规范。政府的相关部门有时还对寺院的内部财务运行情况进行抽查,如果发现有违规行为,处理也比较严厉。

其三,注重传承保护。日本有很多寺庙都被指定为文化财,类似于中国的文物保护单位。日本于1897年颁布第一部文物保护的法律《古社寺保存法》,由内务省社寺局负责文物保护的行政工作。随着这部法律的实施,日本于当年12月28日开始认定"特别保护建筑物"。日本各地对文化保护,也都有明确的规定,设有文化财保护课,负责文物的管理和修缮。文化保护课有专门从事文物修复的技术人员、木工等,对需要保护的文物进行整体维修或维持维修。参与寺庙维修的工作人员都是必须通过国家资格考试才能上岗。在整体维修时,技术人员会常驻现场,进行详细的调查、修理方针的探讨,开展设计、施工和监理,同时会做详细的记录,直至今日在京都文化课的网站上还能见到当初清水寺维修时的照片。由于一系列法律法规的保障和相关管理部门工作人员的用心,日本寺庙都得到很好的传承保护,在京都随处可以见到唐朝风格的寺庙建筑物,古色古香,蕴含着深厚的历史文化积淀。据寺庙相关人士介绍,如果寺庙属于国家指定文物的保存和修理,修缮工作专门由文化保护课主持,可以获得国家的补助,一般情况下维修时间要花3—5年之久。正因为慢工才可能出细活,寺庙文物得到很好的保护和传承。在参观寺庙时,游客或信众一般都要脱鞋才能进入,对那些受保护的佛像,是禁止拍照的,许愿通常是以点无烟的蜡烛来表示,烧香也比较少,没有太多的喧闹,既体现了佛门清净的要求,也是环境保护的需要。

二、日本佛教与社会融合发展的主要经验

在现代社会中,宗教所倡导的普世价值观虽然有些抽象,但在具体实践中,不同的时代和不同的地域有不同的表现形式。日本佛教和社会的融合,除了体现在法事和葬礼等传统仪式上,还有很多丰富的形式。

其一,注重以文化交流来提升素养。日本对佛教传播有具体的规定,但对佛教文化交流,实行宽松政策,有一系列鼓励措施。所有的寺院都是开放的,主动为学生开展见学活动,让学生到寺院学习观摩,了解佛教文化,并接受佛教文化的熏陶。有的寺院开发各种精美的文化创意产品,展示佛教文化的内涵,形象地传递佛教精神。有的寺院则以喜闻乐见的方式,让信众和游客参与一些佛教活动,切身感受佛教文化的力量。如京都的世界文化遗产醍醐寺,非常重视对学生的佛教文化教育,通过教育体验活动让学生感受到寺庙的历史传承和环境保护的重要性;通过和当地的小学合作开展"京之杜—樱花架起的桥"活动,把寺庙中大量的落叶堆肥,旨在倡导建立循环型社会;通过建立实习制度接受大学生和中学生观摩,为他们提供文化遗产的相关课程等。具有宗教背景的私立大学,要求学生选一门有关佛教文化的必修课,在校园里也充分营造佛教文化的氛围,有时还开展一些别开生面的活动。如京都文教大学宗教委员会为师生举行"与和尚聊天"的活动,就大家关心的"佛经怎么背诵""和尚能吃肉吗""和尚能恋爱吗"等问题进行交流,增强学生对佛教的认识和了解。京都文教大学宗教委员会还每个月开展"培根时间"的自由活动,先是学生和教职员在一起念经、打着木鱼念佛,然后由教师们谈人生体验等,给学生们提供谋划人生、培养自己的"机根"(精神、资质)的机会。这些都潜移默化地对普通民众的文明素养形成,起到积极的作用,为社会发展作出贡献。

其二,注重以扶弱济困来温暖人心。日本很多寺庙都根据自己的实际情

况,开展了慈善捐助活动,对困难群体进行帮扶。比如,在奈良车站,一位僧人定期在那为东南亚难民募捐。有的寺院住持,通过各种各样的方法来募捐支援印度的贫困农民。名古屋真宗的住持,也通过各种方式支援印度的贫困农民,为当地新建学校募集资金等。又如以佛教为背景的特定法人非营利组织JIPPO(中文名为十方),其主要理念是构建亲鸾圣人所提倡的"安定的现世",致力于解决贫困、灾害、环境、和平等问题。2009 年,面对斯里兰卡政府军与反政府武装组织之间内战带来的大量孤儿如何自立难题,该组织主动为其职业训练提供支援。2010 年,针对斯里兰卡遭遇的特大洪水灾害,该组织为其募捐资金用于修复损坏的设施和耕地。日本"311 大地震"后,JIPPO 一直为重灾区南相马市和饭馆村提供帮助,在暑假期间组织当地小朋友到其他县市参加其他活动以扩大视野,希望能为当地的重建工作尽一分力量。JIPPO 也和龙谷大学志愿者·NPO 活动中心共同举行相关活动,每个月寻访京都市内的 3 个河川,为流浪者提供生活保护、就业和健康咨询等。京都地区还成立了佛教青年会,由约 40 名的佛教僧侣组成,他们大部分都是寺院的僧侣或者住持。该组织一直致力于老人以及危重病人的关爱活动,他们经常拜访医院和老人院,与病人、医生、护士进行交流。京都文教大学宗教委员会每年暑假都会与学生部协作去东北地震灾区开展志愿者活动或巡礼佛寺的"还愚研究活动"。

其三,注重在日常生活中参悟佛法。日本佛教与社会的融合,还体现在日常生活方面,如日本的茶道花道,就和佛教关系密切。茶道原先是佛教徒顿悟修行的一个环节,其强调的一期一会的理念,充满了禅意。花道也是如此,源于佛教传入日本,信徒要向佛像献花。花道现在也是最具有代表性的日本传统文化之一,闻名世界。日本佛教中的正念禅修,已经完全融入社会生活。如在流线型的新干线子弹列车驶出站台前,最后一节车厢上的列车员对着列车的不同部件手舞足蹈地做着手势,大声说话。这就是正念练习的一种,是日本铁路员工已经持续了 100 多年的防差错操练术。日本人把这项活动称之为"指差确认",通过自我对话加强印象,从而确保所有检查项目都没有遗漏。研究发现,工人执行简单任务时的错误率是 2.38%,而采取了"指差确认"操练术后,错误率降低到了 0.38%,下降幅度达到惊人的 85%。日本人的正念意识绝不仅表现在这个方面,还有观赏甲虫和鲜花,更有无数的仪式遍布生活的每个角落,它们都在告诫要"珍视当下"。在学校,每天上学和放学时都要举行简短仪式,学生们相互问好,然后教师宣布当天的活动内容。每堂课前后,学生和教师都会起立互致鞠躬礼。上课前,教师会要求学生闭上双眼以集中注意力。建筑工人每天开工前则要做集体体操伸展四肢。所有这些仪式的目的都在于让我们关注那些我们一般不会考虑的事情。这些仪式让你在一天时间内知道自己身在何处,在做什么事情,而不是像打开自动驾驶仪一样度过一个小时接一个小时,只是为了等待下班铃声的响起。和日本社会中其他大部分现象一样,这些礼仪的来源都是禅宗。千百年来,正念一直是佛教传统的一部分。早在镰仓时代(1185—1333),禅宗就已流行于武士阶层,并深刻影响了艺术、茶道、插花和园林的早期发展。在太平无事的江户时代(1603—1868),禅宗则进入了普通人的教育领域。对于禅宗修习者而言,禅是一种渗透进生活方方面面的态度:沐浴、烹调、打扫、工作。

其四,注重以和谐理念来推动发展。日本的寺庙关注社会问题,发动力量参与协调,推动和谐社会的发展。如京都著名的净土宗法然寺的年轻住持,虽然是归属于佛教体系内的人,但是非常关心社会问题,为了环境问题四处奔走,与关西地区的环保组织合作,反对京都东山地区的营利性开发,反对在关西地区新建核电。他还举办自然研究会,每个月开一次学习会,对小学生们做环境问题的科普。名古屋地区一位真宗住持,得知从泰国来到名古屋地区的移民很难适应日本的生活之后,主动协助办理一位泰国的年轻社工来日,并在寺庙里为社工提供住宿,让其帮助当地的泰国移民解决融入日本社会的问题。他听说广岛地区的核爆受害者曾经质问为什么宗教不去反对核武器,为此,他收集了名古屋地区大约1600所寺庙的地址,给所有寺庙的住持写信,希望能够超越宗派的隔阂共同商讨和平,呼吁所有的寺庙在广岛和长崎在遭受原子弹爆炸袭击的时刻鸣钟警世纪念,现在大约有100所的寺庙参与这项活动。净土宗总本山知恩院开展了"手拉手"活动,旨在通过每个人的努力,大家联手来传播正能量,着力解决社会问题,致力于和谐社会的构建。如举办青年集会,让有识人士与青年在一起恳谈交流,进行解疑释惑,重新审视自己,共同面向未来。

三、日本佛教对妈祖信俗与乡土
文化互动发展的主要启示

日本的佛教文化与社会高度融合,不仅渗透到民众的日常生活,而且在推动民众文明素养形成、社会文明和谐方面起到不可忽视的作用。借鉴日本佛教文化推动社会文明的经验,对于促进妈祖信俗与乡土文化互动发展,推动社会和谐发展,具有积极的意义。

其一,弘扬妈祖文化,进一步促进和谐发展。一是重视妈祖文化传承作用。以"妈祖信俗"为主体的妈祖文化经过上千年的演绎发展,不断汲取中华传统文化精髓,与儒释道三教思想相融合,寄托人们对美好生活及理想人格的向往和赞美,以和谐共荣作为目标追求,强调人与自然、人与社会之间的友好相处、协调发展,成为中华博大精深的传统文化的重要组成部分,也是"海丝"沿线国家和地区民众的共同文化记忆。妈祖文化在发展过程中形成了丰富的载体,留下宝贵的精神财富。因此,我们既要重视妈祖文化遗产的保护,更要发挥其在传承文化方面的作用,以妈祖文化为载体,彰显传统文化的魅力,接受传统文化的熏陶,领会传统文化的真谛。二是重视妈祖文化教化作用。妈祖文化强调行善积德、扶贫济困、互助友爱、和谐共荣,这些都对现代社会发展充满正能量。为此,要挖掘妈祖文化中的积极因素,使之与社会主义核心价值体系相结合,在教化民众文明素养、促进社会和谐方面发挥应有的作用。特别是要根据民众心理需求,通过喜闻乐见的方式,切实增强妈祖文化的育人功能,进一步净化社会风气。

其二,规范管理,进一步引领社会风尚。日本佛教寺庙实行法人治理,逐渐走向规范,接受相关部门和社会的监督,成为独立自主经营的法人单位,体现"佛门净地"的要求,在社会风尚中起到很好的引领作用。日本佛教寺庙的规范管理经验,对于妈祖宫庙的管理具有一定的借鉴意义。一是推行法人管理。二是加强监督管理。在宫庙经营中,不仅要接受上级行政主管部门监督,更重要的是要推进事务公开,接受审计部门和社会的监督,让宫庙的管理权力在阳光下运行。唯有如此,宫庙才能在规范管理中成为一片净地,保持纯正的道风,引领社会良好风尚的形成。

其三,积极融入乡土社会,扩大影响。在日本,佛教信徒约有九千万人,占日本总人口的比例超过百分之六十。日本佛教呈现给民众的不是艰涩难懂的教义,而是融入社会与民众生活产生良好互动,通过潜移默化的作用,深刻影响了一代又一代国民。这对妈祖信俗的传承具有很好的借鉴作用。一是可以增加学生与妈祖文化近距离接触的机会。例如可以主动为学生开展参观学习活动,让学生到各地宫庙学习观摩,了解妈祖文化,接受妈祖文化的熏陶。二是妈祖宫庙的工作人员等熟知妈祖文化的人员,可以积极融入当地群众生活,例如定期开展妈祖文化的宣传活动,展示妈祖文化魅力。另外,可以通过开发各种精美的文化创意产品,展示妈祖文化的内涵,形象地传递妈祖精神。让信众和游客参与一些相关活动,切身感受妈祖文化的力量。

图 5-1　日本寺院

第六章　福建省利用妈祖信俗与乡土文化促进乡村治理的策略

前面章节分析了福建省妈祖信俗与乡土文化融合促进乡村治理的实际情况、存在困境等，同时，提炼出台湾妈祖信俗与乡土文化融合推动乡村治理的成功经验，还总结了日本利用佛教文化服务社会治理的成功做法。这些经验和启示为福建省推进乡村治理提供了参照，同时，福建省乡村治理要结合乡村振兴战略，以及福建省美丽乡村建设，遵循福建省乡情特点，充分利用妈祖信俗与乡土文化促进乡村治理。本章主要从妈祖信俗与乡土文化融合发展的主要内容、有效载体、具体途径、传承机制等方面提出促进乡村治理的策略。

一、深入挖掘妈祖信俗与乡土文化融合发展的
丰富内涵，促进乡村治理目标具体化

妈祖是流传于中国沿海地区的民间信仰。妈祖信俗肇于宋、成于元、兴于明、盛于清、繁荣于近现代。自宋朝以来，随着海外活动的拓展，华人足迹遍及世界各个角落。由于海上情况的复杂性和不确定性，华人出海时都要把妈祖作为保护神供奉起来祈求平安顺利。元代周伯琦撰写的《台州路重建天妃庙碑》中有"盲风怒涛，危在顷刻，叩首疾呼，神光下烛，划时静恬，顺达所拟"①的记载。明万历年间，高澄在《使琉球录》一文中写道："船摇荡于暴风雨中，

---

① 李修生主编：《全元文》卷1389，第44册，凤凰出版社2004年版，第571—574页。

篷破杆折,舵叶失,舟人号哭,祈于天妃。妃云,立即换舵,可保平安。在巨浪中舵叶重二三千斤,由于神庇,力量倍增,平素换舵须百人以上,今日船危三数十人举而有余。"①这些文献都体现了妈祖是人们战胜恶劣自然条件的精神支柱,是人类祈求与自然界和谐相处的心灵慰藉。因此,妈祖被称为"海上和平女神"。

以"妈祖信俗"为主体的妈祖文化经过上千年的演绎发展,不断汲取中华传统文化的精髓,与儒释道三教思想融合,寄托人们对美好生活及理想人格的向往和赞美,以和谐共荣作为目标追求,强调人与自然、人与社会之间的友好相处、协调发展,在古代海上丝绸道路上发挥了重要作用,成为海丝沿线国家和地区民众的共同文化记忆。明代郑和七下西洋,每次行前均到妈祖庙祈祷,曾两次奉旨到湄洲主持御祭仪式,将妈祖奉为全体航海人员出行的精神力量,立碑云:"尤赖天妃之神护佑之德也。"②乾隆二十二年(1757),台湾凤山县大港乡各族群合力集资兴建天后宫,特立《合境平安碑》云:"遐溯我妈祖之灵感,奉旨敕封天后圣母,由来久矣。是故声名洋溢中国,施及蛮貊,不特慈帆海岛,而且庇护城郊,不诚赫濯哉!"③苗栗中港慈裕宫所存清道光二十四年(1844)立的《劝中垅泉漳和睦碑》,则是械斗双方终于在妈祖神灵面前作痛定思痛的觉醒誓言:"我中垅蕞尔微区,泉漳杂处,前经历遭变乱,元气于今尚未尽复。近因漳属分类,街庄同人恐蹈前辙,互相保结,安绪如常。惟联盟结好已成于一日,而康乐和亲须期诸百年。爰勒贞珉,以垂永久。所愿自今以后,尔无我诈,我无尔虞。不惟出入相友,守望相助,共敦古处之风;行将睦姻任恤,耦俱无猜,同享升平之乐。"④

妈祖信俗融合了中华文化儒释道的精华,蕴含着仁义道德、拼搏精神和谐共荣等优秀传统文化因子。其中,仁义道德是妈祖信俗的根本基石,妈祖的忠

---

① 王成良:《妈祖文化在海上丝绸之路的历史和现实作用》,《莆田学院学报》2016 年第 6 期。

② 政协福建省长乐县委员会文史资料工作组:《长乐文史资料第 1 辑》,1983 年,第 176— 182 页。

③ 碑存台湾屏东县里港乡大平村双慈宫,文载清乾隆二十二年(1757)《台湾南部碑文集成》。

④ 许叶金:《中港慈裕宫志》,中港慈裕宫管理委员会 1980 年版,第 317—319 页。

义孝悌、扶危助困、扬善抑恶等品质,体现了中华传统美德,被人们所推崇;拼搏精神是妈祖信俗的核心要素,无论是妈祖的见义勇为还是救苦救难,都反映了妈祖的勇敢与无畏;和谐共荣是妈祖信俗的目标追求。妈祖信俗作为一种民俗文化,旨在建立人与人之间友爱关系并促进社会的和谐共荣,这与乡村治理的目标不谋而合,使乡村治理的目标更具形象化。妈祖信俗是一个彼此连贯而又各具不同时代特色的文化体系,具有极为丰富的内涵,其所追求的和谐共荣,具有以下鲜明的特性。

一是广泛性。妈祖信俗在一千多年的传承演绎进程中,从福建莆田传播至我国的沿江、沿海和台港澳地区,并随着华侨华人的足迹而走向世界上五大洲的 45 个国家和地区。据不完全统计,目前全世界拥有妈祖信众 3 亿多人,宫庙已达万座,其中以海上丝绸之路沿线国家地区为甚。这表明,妈祖信俗在当代世界文化的格局中具有重要的地位,不仅是中国的,也是世界的。妈祖信众相互之间的文化交流,已经超越了族群、社会阶层、区域界限和政治分歧,形成广泛共识。

二是兼容性。妈祖信俗产生发展的过程,是与儒释道三教思想相融合、汲取中华传统文化精髓的历史过程。妈祖是中国传统文化背景下培养出来的真实人物,给后人展示了智慧、慈爱、善良的形象。经过上千年的演绎发展,妈祖的神功神性神通不断提升,与佛教道教相兼容、与儒家思想相协调,寄托了人们对美好生活及理想人格的向往和赞美,最终形成了体现中华传统美德思想的妈祖信俗。因此,妈祖信俗发展中不断强化了具有兼容性和开放性的品格,能够适应各种不同的环境,满足不同人群的需求。

三是海洋性。自宋朝以来,随着海外活动的拓展,华人足迹遍及世界各个角落。由于海上情况的复杂性和不确定性,华人出海时都要把妈祖作为保护神供奉起来祈求平安顺利,妈祖信仰以湄洲为起点,沿海上丝绸之路而广泛传播。这样,就出现了有海水的地方就有华人,有华人的地方就有妈祖信仰。同时,海外华人还把妈祖神像作为寄托一种文化认同和寻根怀祖的具体象征,倾注了深厚的感情。他们也希望通过妈祖信俗教育后代,传承中华传统文化。所以说,从妈祖身上可以看到东方海洋文化的特征,妈祖信俗文化是中国海洋文化的典型代表。

　　四是功能性。中国传统民间所奉祀的神灵成百上千,每个神灵都有可以满足百姓日常生产和生活需要的主要职能,同时兼掌其他职能,神阶愈高,职能愈多,且随着时间的推移,职能也发生变化。妈祖最初的主要职能是祈雨和预测吉凶,宋代以后被奉为航海保护神,并逐步被赋予御寇弭盗、驱邪治病、保佑平安等职能,较好体现了民间善男信女的愿望诉求。源于妈祖信仰的妈祖文化,不只是让人们精神上得到慰藉、人格上得到调适,更重要的是可以弘扬传统文化、整合社会资源,对民心相通、文化相融有着十分重要的作用。

　　正是因为这些特性,妈祖信俗文化才具有旺盛的生命力,千百年来被人们所推崇,不断得到发扬光大,闪烁着耀眼光辉。在乡村治理中要对妈祖信俗文化中的积极因素进行挖掘、继承、弘扬和践行,使之与社会主义核心价值观相适应,发挥其正能量作用。

　　社会主义核心价值观植根于中国优秀传统文化,而妈祖信俗文化则是中国优秀传统文化的重要组成部分,其精神实质与社会主义核心价值观相协调,也是乡村治理的内在要求。从国家层面上看,认同妈祖的善男信女对美好生活的向往与社会主义核心价值观的价值标准是一致的。富强、民主、文明、和谐是社会主义国家对美好未来的憧憬,是国家发展目标的价值追求,是广大人民群众对美好生活的表达。妈祖文化中有许多这样的神话传说,如“化草救商”“祷雨济民”“钱塘助堤”“拯兴泉饥”等对美好生活的描述和期盼,与社会主义核心价值目标是相得益彰的。从社会层面上看,认同妈祖信仰的民众对公平正义社会秩序的追求与社会主义核心价值观取向是一致的。自由、平等、公正、法治是现代民主法治国家的社会追求,妈祖文化中妈祖信仰自由,妈祖庙自组织自协调自运行,成为乡规民约的发布地、道德教化的核心区和调解民事纠纷的裁决所等,都体现着自由、公平、正义的思想,其价值取向与社会主义核心价值观是相吻合的。从公民道德层面上看,认同妈祖信仰的人所倡导的优秀传统伦理道德与社会主义核心价值观的价值追求是一致的。爱国、敬业、诚信、友善是现代文明社会对公民道德的要求,体现了社会主义精神文明的本质内涵。妈祖短暂的一生专以行善济世为己任。妈祖爱国、敬业、真诚做人、守信做事,与群众同舟共济,互亲互爱,其价值追求与社会主义核心价值观相辅相成。因此,社会主义核心价值观能够通过妈祖信俗文化得以推动实施,进而实现乡村治理的目标。

图 6-1　妈祖祭典现场

二、充分利用妈祖信俗与乡土文化融合发展的有效载体,促进乡村治理主体多元化

　　民间信仰历史悠久,是我国传统文化的有机组成部分和重要载体。民间信仰是民众自发地对超自然力的精神体的信奉与崇拜。它包括原始宗教在民间的传承、人为宗教在民间的渗透、民间普遍的俗信以及一般的民众迷信。改革开放以来,民间信仰在我国一些地方呈现发展之势,活动多与当地文化习俗、经贸活动紧密相连,在丰富群众生活、弘扬传统文化、促进民间交流、维护和谐稳定等方面发挥了积极作用。但也要看到,一些地方存在民间信仰活动场所乱建滥建、内部管理混乱、保障措施不到位、活动存在安全隐患、一些不法分子利用民间信仰骗钱敛财、政策法规缺乏、管理体制不规范不健全等问题。这些问题在一定程度上制约了民间信仰的发展。妈祖信俗活动亦属于民间信

仰活动。在乡村治理中,不同的主体发挥不同层面的作用。要充分利用妈祖信俗的有效载体,如宫庙、祠堂、村规民约等,促进乡村治理主体多元化。

一是要加强宫庙管理,引导妈祖信众在乡村治理中发挥积极作用。在莆田市城乡各地分布着大大小小的民间信仰宫庙,据不完全统计,共有民间信仰活动场所4771处,还有919处佛教活动场所、290处道教活动场所,其中亦包括880所妈祖宫庙。这些场所,都是民间信仰的活动阵地。因此,规范宫庙管理,引导宫庙活动,是正确发挥妈祖信俗力量的关键所在。对政府组织机构而言,民间信仰活动的组织机构正式化程度较低,不像政府机构那样有严密的组织制度和各种规章制度,民间信仰活动的组织机构没有固定的经费,没有固定的人事制度,既不是在政府相关部门注册的社团组织,又未形成像制度性宗教那样独立于世俗社会之外的管理组织。由于民间信仰活动性质的限制,很多民间信仰组织要管理的事务更多是内部事务及与宗教活动相关的社会事务的管理,因此,建立健全宫庙组织机构至关重要。同时要根据实际情况,制定相关制度,民间信仰场所通过设专门的董事会(或寺管会)进行管理,活动由其自行安排,政府只能在大型民间信仰活动中起协调、疏导作用,开展宫庙活动即可严格按制度执行。宫庙机构是民间非营利性的民间组织,一定要依法依规开展宫庙活动。

二是要发挥祠堂或类似场所的作用。在传统中国社会里,祠堂是乡村与皇权之间联结的中介,对传统基层治理起着关键的作用。后来随着时代发展的需要,祠堂成了乡民参事议事的主要场所。祠堂作为精神文化的集聚场所,是展现妈祖文化精髓的重要载体。由于祠堂文化具有天生的亲和性,具有较强的包容性,能够很好地融合社会所倡导的主流意识,可以通过开设农村文化活动室等形式传播优秀文化,可以密切村民间的联系,提升村民道德品质,规范其行为。这样祠堂文化就能够和妈祖文化共同发展,形成合力,称为成乡村治理的持续且稳定的助力。

三是要发挥村规民约及家训的作用。如果说祠堂是乡村自治决定性的场所,那么村规民约则相当于乡村区域内的"法典",其中村规民约是约束不同家庭成员之间的行为准则与规范,家训则是村规民约的具体化,是约束家庭内部成员的行为准则与规范。村规民约有着广泛的内容规定,包括乡村的地理边界、乡村日常生活中的节日与仪式、婚姻、学习教育、日常贸易活动、安全防范、村史村志的宣传等,这些村规与民约,不仅规定着在村内应遵循的规范,还规约着村落与外界交流活动的原则与规范,甚至规约着乡村与国家之间关系处理原则与具体要求。对当代社会来说,在乡村治理中,需要向传统的村规民约和家训中注入妈祖信仰的积极因素,并体现于村容村貌治理、村厂村企管理、村财务及议事与领导选举、村治安及志愿服务和福利分配等方面。既照顾传统村规民约能够具体灵活地处理民众日常生活事件的优势,又能够遵守国家宏观宪法与法规,最终实现村民的自我监督、自我约束、自我管理,使乡村的事务管理、基层干部的选举等方面能够在自律、民主与和谐的氛围中进行。这不仅与社会主义主流价值观相适应,其参与治理的方式更加柔性,有利于妈祖信俗的传承,也能让村规民约得到妈祖信众的认同和遵守。

四是要发挥乡贤及其妈祖宫庙董事会的作用。虽然现代社会的乡贤在现代乡村治理中仍有重大的影响,在社会秩序的维系、乡村矛盾纠纷的处理、乡村社会的发展与规划等方面,形成相对独立的社会力量。由于这些乡贤是由一些德高望重的人员构成,具有较高的文化水平与道德水准,需要充分发挥他们担当社会治理的仲裁者与调解者的作用。在乡村治理中,妈祖宫庙领导人

图6-2　湄洲妈祖祖庙

的突出优势在于能够充分发挥乡村人员的血缘与地缘的人脉关系,减轻与缓解乡村治理在物力、人力与财力方面的不足,有效地降低政府在社会治理方面的成本。妈祖宫庙领导人通过参与乡村治理,能够自觉保持向社会主流价值观看齐,这不但有利于妈祖信俗的健康发展,也能提高乡村自治的能力,提高乡村的自我组织与自我发展,推进培育现代乡村治理新形式。

三、切实把握妈祖信俗与乡土文化融合发展的具体途径,促进乡村治理手段现代化

随着时代的发展,乡村治理的手段也发生相应的变化。推动妈祖信俗与文化产业、文化旅游、新媒体相融合,赋予科技手段,以灵活多样的方式让妈祖精神内化为民众自觉的行为,从而进一步增强乡村治理主体的素质,发挥应有的作用。

一是把妈祖信俗与文化旅游活动相融合。妈祖信俗于2009年底列入世界人类非物质文化遗产,是我国首个信俗类文化遗产,极大提升了莆田市的知名度和吸引力。如何做大做强妈祖信俗品牌,打造"海峡西岸滨海文化旅游度假胜地",对于优化经济发展结构,推动莆田市第三产业的发展具有重要的现实意义。当前莆田市在运用妈祖信俗资源上经验不足,表现在:一是推介宣传深度有限。莆田市妈祖宫庙众多,各具特色,对妈祖信俗涵盖的妈祖信仰、祭祀仪式、习俗、服饰、饮食等内容,没有进行整体包装和统一规范的对外宣传、展示,不利于营造高品质的宣传效果。二是妈祖信俗资源中独具妈祖故乡特色的亮点不够突出。这些故乡特色项目分散经营,缺乏整合,没有形成龙头效应。

推动妈祖信俗与旅游结合的途径。第一,要依托高等院校和妈祖文化研究院的研究资源优势,结合本地民俗专家的智慧,整合妈祖信俗内涵,编写一系列统一规范的推介宣传材料,如导游词、宣传册、通俗妈祖史料等,并建立网上资料库进行旅游推介,吸引海内外宾客实地考察观光;第二,要建立妈祖信俗教育培训体系,在中小学校推广普及妈祖信俗基本知识教育和定期培训导

游员,规范讲解,注重服饰仪表,打造一流的熟悉人文信俗特色的旅游服务队伍;第三,要建立妈祖信俗展示窗口,可采取政府指导,吸收民资运作方式,尽快筹办"世界妈祖信俗博物馆",以静态的文物、民俗品陈列和动态的祭祀表演、妈祖信俗各级代表性项目单位和传承人传统技艺制作、影视作品的播放等方式,原汁原味地展示古老的地域性信俗特色,积极以各种形式向海内外宾客推介妈祖信俗,拓展旅游市场;第四,要高起点、高品质规划布局妈祖信俗中的精品纳入"海峡旅游",充分结合福厦铁路、高速公路和向莆铁路大交通格局,合理谋划旅游线路,把妈祖信俗动态表演或静态展示融入旅游景点中,将"吃、住、行、游、购、娱"旅游要素从湄洲岛旅游度假区延伸到妈祖诞生地贤良港天后祖祠、妈祖城妈祖阁、市区文峰天后宫、仙游妈祖宫等妈祖信俗重要景点,形成以观赏妈祖信俗世界级品牌为龙头的旅游产品线路,破解莆田市旅游逗留时间短的瓶颈;第五,要借助世界级信息交流、产品展示的平台,开发拥有商标注册的妈祖信俗系列旅游产品,如纪念品、服饰、食品等特色商品,在"福建馆"内充分浓缩展示妈祖信俗的品牌魅力。

二是把妈祖信俗与文化产业发展相融合。莆田市是戏曲之乡,莆仙戏是中国现存戏剧中最古老的剧种之一。莆田又是工艺美术之都,是福建乃至全国木雕工艺的重镇之一。如何把妈祖文化传播与本地优势文化资源相结合,创造出新的价值,是妈祖文化传播亟待考虑的问题。作为妈祖文化发源地的福建莆田,历史文化资源非常丰富,具有大力发展文化创意产业的天然优势,妈祖文化是其中最具影响力的品牌。任何一种文化创意活动,都要在一定的文化背景下进行,如何利用和挖掘妈祖文化资源来扩大妈祖文化的影响已进入了实质性的尝试阶段,一系列动漫、影视作品相继开拍、面世。2007 年 7 月,由台湾中华卡通制作有限公司与北京电影集团联合影视公司合作出品的数字动画片《海之传说——妈祖》,历时三年成功上映;2008 年年末,以妈祖文化为题材的大型原创动画连续剧《妈祖》在福州开机制作,这是海峡两岸首部以妈祖文化为主题的大型动漫剧,共 52 集,该剧目前已完成上部摄制,采用闽南语、英语等多种配音,通过与台湾中华视讯、台湾东森电视台等多家传媒机构合作在台湾落地传播;还与中华妈祖文化交流协会联合,通过妈祖分会、妈祖文化交流促进会等机构向海外销售电视和音像版权。2010 年 5 月,大陆拍摄的 28 集电视连续剧《妈祖》在福建莆田湄洲岛开机。这一系列的影像作品对进一步弘扬妈祖文化,扩大妈祖文化的影响力将起到积极推动作用。

图 6-3　电视连续剧《妈祖》宣传海报

三是把妈祖信俗与新媒体发展相融合。妈祖文化作为凝聚海峡两岸及海外华人重要的精神纽带,两岸的民间交流一直没有间断过。随着两岸文化交流的深度发展,通过视觉符号形式的妈祖文化传播方式开始进入文化交流的领域,两岸地方政府及民间组织也意识到妈祖文化图片传播的重要作用。通过两岸共同举办的妈祖文化图片、影视艺术等形式,全球信众可以更加深入了解妈祖文化源远流长的内容,感受千年妈祖信俗的丰富内涵。

其一,借助视觉新媒体,通过互联网拓展妈祖文化传播平台。当今社会信息高度发达,互联网、电视、报刊等大众媒体已经成为人们接收信息的主要方式。随着传播技术的不断进步,新媒体与传统媒体优势互补,媒介融合的趋势日趋明显,各媒体信息整合能力不断加强。尤其是视觉符号的大量运用成为媒体发展的趋势,报刊的图片尺寸增大,数量增多,互联网上的图片、视频内容容量更是惊人,电视媒体则将视觉语言运用到极致,这使各种图形、图像、影像等"视觉符号",不再受空间与时间的限制,在更广阔的空间中得以拓展。

妈祖文化要借助视觉媒体的优势更好地发挥其影响力,首要解决的是传播平台的问题,一方面可以通过妈祖宫庙与媒体合作的形式,比如在电视频道中设置专门的栏目,在相关的网站上设置专门的频道,或对妈祖祭祀、宫庙联谊等文化活动进行重点关注和报道,影像内容的制作可以交由影视制作公司完成,经费根据具体情况采取由政府、文化组织、民间募捐或宫庙自筹的形式给予支持。另一方面则可以通过开发自己的传播平台,通过创办刊物或创建专门网站的形式,比如已经创办的《中华妈祖》杂志、湄洲妈祖祖庙网站、天下妈祖网、鹿港天后宫网站等妈祖信息传播平台。不管何种形式,都需要充分整合当地妈祖文化力量与资源,保证相关信息能够得到充分而通畅的传播。

其二,充分发挥民间力量,丰富妈祖文化内容。而今,影像记录设备开始走进普通的家庭,数码照相机、摄像机、手机等经济实用、操作便捷的影像记录设备成为人们记录世界、记录生活的主要工具,这极大地扩充了信息的源与量,而妈祖文化传播在闽台有非常广泛的信众基础,充分凝聚信众和影像工作者的力量是非常有必要的。比如通过举办海峡两岸妈祖文化主题摄影大赛,全民 DV 大赛,影像文化节活动等形式,充分调动妈祖信众和影像工作者的参赛热情,并把获奖作品公开展示展映,可达到扩大妈祖文化影响的目的。

早在 2005 年 9 月 15 日的第三届澳门妈祖文化旅游节上,海峡两岸暨香港、澳门妈祖文化图片展就作为第一项节庆活动在澳门旅游活动中心拉开帷幕。开创了妈祖文化图片展的先河,展览的图片约 120 幅,既有澳门中华妈祖基金会成立以来各项重大活动的画面,又有福建、台湾的妈祖庙景观及两地开展妈祖文化活动的情况。2010 年 5 月 4 日由两岸共同举办的“天下妈祖·大爱无疆”妈祖文化图片展同时在台湾大甲镇澜宫、福建湄洲妈祖祖庙举办。妈祖文化图片展共向海内外征集到 1050 幅有关“妈祖信俗”方面的照片,展出 300 多幅珍贵图片。这些凝固在摄影时空中历史瞬间的摄影作品,具有深刻的文化价值。

妈祖文化图片展可以更加形象直观地介绍和传播妈祖文化。通过图片,稀有的宋代木雕妈祖像、珍贵的湄洲妈祖祖庙铜玺、恢宏的妈祖绕境巡安场面等,海峡两岸妈祖文化交流重大事件都得以一一展示,同时增加了妈祖文献史料,对妈祖信俗资料的搜集和保存也具有非常重要的意义。正如湄洲妈祖祖庙前任董事长林金榜所言:“通过两岸共同举办的妈祖文化图片,全球信众可以更加深入了解妈祖文化源远流长的内容。”目前,海峡两岸暨香港、澳门妈祖文化图片展,已体现出集知识性、艺术性、趣味性、观赏性和史料性于一体的特点,通过图文并茂和时空结合的方式,记录着各地妈祖文化的传承,彰显妈祖文化的丰富积淀。

图 6-4　大爱妈祖图片澳门巡回展

四、着力创新妈祖信俗与乡土文化融合发展的传承机制,促进乡村治理工作规范化

　　一个国家的治理体系与治理能力同这个国家的传统文化与历史传承紧密相关,中国问题的解决道路与办法只能在中国大地上探寻。乡村治理是社会治理的基本因子,是构建社会良治的基础。乡村治理现代化可以推进国家治理体系和治理能力的现代化。当下,中国基层社会如何充分利用传统文化资源,推动基层社会治理走出困境,是我们要解决的时代任务。传统乡村文化一般由家族文化、礼俗文化与乡土文化构成,这些优秀传统文化凝结着先民共同

的文化认同,极易产生共鸣,同时给人以归属感、自豪感与荣誉感。从某种意义上来说,乡村文化能把相关的社会成员安排在约定俗成的社会结构中,并内化为人们的行为规范,变成一种内在约束,形成现实的社会秩序,这对维持乡村秩序产生重要作用。充分利用好传统文化资源,将其融入当代乡村治理之中,可以节约乡村治理成本,提高乡村治理效率,从而有效推进乡村治理,实现和谐乡村与美丽乡村的治理目标。

要处理好党的领导与乡村自治的关系。基层党委是乡村治理的领导者和决策者,主要把握乡村的改革与发展不偏离社会发展的主线,确保乡村发展沿着正确的轨道前进。乡村自治主要体现乡村在具体处理事务及其决策执行方面,各个乡村根据各自的实际情况来进行。基层政府要从管理型向服务型的角色转变,界定好自己的权限与职责,在公共资源的分配与处置方面,充分与乡村自组织协商与沟通,征询广大人民群众的意见,广泛调动乡村人员参与事务的积极性,有效地化解社会矛盾与纷争。乡贤理事会的构成及其实际运作要切合各地的村情村史而行,目的是调动与团结一切可以运用的力量来帮助乡村治理促进乡村发展,避免乡贤理事会成为个别能人利用与操作的工具。要不断地积极地探寻传统文化在乡村治理中的新方式与新方法,探索传统文化在乡村的自治制度、乡村公共决策机制、乡村事务协商机制与咨询机制的具体路径,努力使优秀传统文化转化为乡村治理中的积极因素,把优秀传统的积极因素化为群众自觉自愿的行动指南,全面促进乡村良治。当然,要注意警惕与防止传统文化负面及消极的不适应当代社会乡村治理的方面,对传统文化在乡村治理方面的作用也要有一种扬弃的态度。

要借助学校力量,使妈祖信俗教育进入课堂,成为乡村治理教育的重要内容。教育是妈祖信俗影响村民的思想和行为的重要方式,也是传承妈祖信俗的重要载体。探索妈祖文化育人模式,通过教育,让妈祖故事、妈祖精神等对学生产生"润物无声"的影响。一是在人才培养内容上,把妈祖信俗基本知识和妈祖文化纳入中小学校乡土教学内容,编入教材,使之走进课堂和实验实训场所,在学生人文素养、职业素养和专业素养教育中体现妈祖精神,特别是将思想政治工作的一些内容和形式寓于妈祖文化传承中,挖掘妈祖文化与社会主义核心价值观一脉相承的内涵,使社会主义核心价值观更加接地气。二是在人才培养载体上,通过开展妈祖舞功操、纪念日民俗系列活动等,理解妈祖文化的内在要求,让妈祖精神潜移默化,转化为实际行动。三是在人才培养环境上,实施妈祖文化工程,推进教风学风建设,让"立德、行善、大爱"的妈祖精神融入师生日常生活,表现在言行举止方面,成为师生自觉的行为规范。如莆田学院文化与传播学院结合当地妈祖文化,多次开展妈祖文化艺术节活动。妈祖文化传播一直是莆田学院文化与传播学院结合学院特色大力打造的文化品牌,从 2012 年至今,共举行过六届妈祖文化艺术节的相关活动,包括妈祖文化诗歌朗诵比赛、妈祖文化演讲比赛、妈祖文化摄影比赛、妈祖文化明信片设计大赛、妈祖文化艺术节知识竞赛、妈祖文化 T 恤设计大赛、妈祖文化"三献礼"志愿服务等活动,内容丰富,形式多样,收获颇丰,在莆田市发展成为有一定影响力的校园文化特色活动。这些活动结合了汉语言文学、新闻学、广告学三个专业特点,不仅通过举办相关赛事提升学生专业技能,而且向广大学子弘扬传播了妈祖文化精神,让莆田本地学生更加系统深入地了解了妈祖文化,让外地学生也能近距离感受学习莆田当地最深厚、优秀的妈祖文化,践行妈祖文化。

当代乡村要实现良治,需要释放妈祖文化发挥作用的空间,将妈祖文化理念、文化活动、日常伦理、社会风尚等融入乡村治理之中,寻求妈祖文化新的时代表达方式、时代内容以与当代的乡村治理相结合。在充分发挥已有乡村祠堂、村规民约及妈祖董事会作用的同时,要重视传统节日的有效作用,深入挖掘民族传统节日文化内涵,重视清明节、中秋节、春节等民族传统节日。妈祖文化在现代多元价值认同的社会现实之中、在现代化潮流中仍有其生命力,创造性运用妈祖文化,充分发挥其在乡村治理中的作用,进而实现乡村良治。

第七章　总结与展望

经过上千年的演绎发展,妈祖文化不断汲取中华传统文化精髓,寄托人们对美好生活及理想人格的向往和赞美,以和谐共荣作为目标追求,强调人与人、人与社会、人与自然之间的友好相处、协调发展。妈祖文化通过海上丝绸之路传播到沿线国家和地区,并与当地文化交流融合,超越了族群、社会阶层、区域界限和政治分歧而达成广泛共识,在促进民心相通、资源整合、社会和谐方面有着不同寻常的意义,成为海丝沿线国家和地区民众的共同文化记忆。2009 年,妈祖信俗被联合国教科文组织列入《人类非物质文化遗产代表作名录》;2016 年,妈祖文化被写入国家"十三五"规划,服务于"一带一路"建设,赋予妈祖文化新的时代内涵。这些都表明在新的历史阶段,妈祖文化的动态价值得到越来越广泛的认同。

一、妈祖信俗对促进两岸交流合作和 21 世纪海上丝绸之路建设的意义①

由于历史原因,海峡两岸百年疏远,三十年对峙,随着 80 年代台湾"戒严令"的解除,1987 年台中县大甲镇澜宫 200 多位妈祖信众提前开启两岸破冰之旅,实现"官不通民通,民不通以妈祖为先"。这在海峡两岸交流史上具有里程碑意义,在海峡两岸及全世界华人中引起巨大反响,影响深远。闽台两地

---

① 宋建晓:《妈祖文化在两岸融合发展中的独特价值》,《光明日报》2019 年 3 月 31 日。

有着深厚的历史渊源,福建省凭借着得天独厚的地理优势,是最早对台开放和进行两岸文化交流的省份,在闽台文化交流上发挥着巨大的作用。1987 年,台湾废除长达 38 年的戒严令,台湾同胞中掀起了祭祖认亲,祖庙祭拜等宗教文化交流活动。进入 90 年代,随着两岸关系的缓和,两岸的交流已从初期的单向往来发展到闽台两地人员双向往来,交流活动更加多样化,文化学术交流也日趋频繁。1997 年湄洲妈祖金身巡游台湾 102 天,经过 19 个县市,接受信众朝拜达 1000 多万人次,引起强烈反响。同时,妈祖庙还分三批次派出 50 多名护驾团前往台湾,在台期间拜会了 40 多间宫庙,与当地妈祖信众面对面深入交流。进入 21 世纪以来,闽台两地的交流合作朝着更有序更高层次的方向发展。妈祖是台湾第一大民间信仰,也是两岸人民心中共同的守护神。在闽台两地交流的过程中,妈祖文化扮演着非常重要的角色。主要体现在以下几个方面:

其一,在政治层面促进两岸关系和谐。海峡两岸交流在敌视对峙长达三十多年后,大甲镇澜宫的信徒们不顾台湾当局阻挠,克服种种困难绕道前往湄洲进香。两岸人民共同的信仰使他们超越了政治的藩篱。妈祖成为两岸交流沟通的一个重要纽带。大甲镇澜宫的破冰之旅一定程度上促成了后来开放台湾人民赴大陆探亲;2000 年镇澜宫信徒四千余人分批赴大陆进香,在福建四地绕境,引起巨大反响,媒体争相报道,这推动了台湾当局加速开放“小三通”。2006 年,台湾 40 余妈祖宫庙共同赴大陆进香,成为有史以来规模最大的两岸宗教文化交流盛事,促进开放“大三通”。另外,1997 年湄洲妈祖“百日巡台”活动中,约有百分之七八十的时间在台岛中南部“台独”势力最猖獗的地方巡游。由于妈祖每驻跸一个宫庙都有 3—5 天时间,“护驾团”有机会接触许多台湾现任“县长”“市长”等高层次的官员,同时还接触了大量基层的乡、镇、里长。他们涵盖了国民党、新党、民进党及无党籍各界人士。这些人在与“护驾团”私下接触中,态度都较友善。① 可见,妈祖文化民间活动是两岸依然保有的最柔性最易打通的沟通渠道之一,妈祖文化的“大爱”精神在促进两岸关系发展的过程中起到至关重要的作用。

---

① 湄洲妈祖祖庙董事会、妈祖文化研究中心、莆台新闻交流协会编:《湄洲妈祖巡游台湾记》,1998 年,第 69 页。

图 7-1　2017 年湄洲妈祖从湄洲妈祖祖庙出发巡游台湾

其二,在文化层面强化中华民族认同。台湾自古以来就与祖国大陆血肉相连。台湾与福建仅仅隔着一道浅浅的海湾,从明到清,福建汉人有过三次迁居台湾的高潮。福建汉人移民不仅给台湾带去先进的政治、经济、文化、教育以及农业、手工业技术,也将很多福建地方的神灵如妈祖带入台湾,使当地的政治、社会、文化水平与大陆逐渐同步发展。在福建汉人移民渡海时,他们认为妈祖可以保佑自己平安无事;移民在顺利到达台湾后,面临着恶劣的自然环境和凶悍未开化的土著居民,生命常常受到威胁。人们深信崇尚妈祖能够消灾解难,于是修建了一些妈祖宫庙。福建寺庙在向台湾分灵的过程中,逐渐形成了福建祖庙(根)、台湾开基庙(枝)、台湾分灵庙(叶)的庙际网络关系。①台湾民众非常看中祖籍分灵而来的神灵,对很多信徒而言回到祖庙上香是荣

---

① 林国平、王炳庆:《闽台宗教文化交流及其对两岸关系的影响》,《闽江学院学报》2008 年第 1 期。

耀也是心愿,即便是在日据时代,一些妈祖信徒也不顾日本侵略者的种种阻碍,排除万难回到祖庙进香,将其作为"皇民化"压力下保存汉民族文化的曲折手段。据《台湾日日新报》统计,日据时期湄洲妈祖及其分身赴台四次,台湾祖庙到大陆进香至少九次。凡此种种,都是因为妈祖信仰寄托着台湾民众的思乡情节,是台湾民众的精神寄托,是其确认自我身份的重要方式。妈祖文化在台湾生根发芽,具有了台湾地域特色,而且无论是回归原乡还是扎根本地,都是中华文化的重要组成部分,是普通民众价值观念的具体表现,承载着他们的感情愿望和伦理道德准则,是日常生活的重要环节,具有丰富的文化内涵。正如 2002 年 5 月湄洲妈祖巡安金门时,一位接受采访的老师所说:"我们组织学生朝拜妈祖,是为了让他们了解中华传统文化,接受妈祖文化的教育,让他认识到我们的根在大陆。"①两岸的妈祖文化交流建立在对同一个妈祖信仰的认同,更是基于对于中华文化的认同,是中华民族凝聚力和向心力的重要表现。

其三,在经济层面带动两岸繁荣发展。闽台两地由于共同的妈祖信仰,在文化沟通和交流中产生了共识和共鸣,形成了强大的凝聚力。这种凝聚力深刻影响着闽台两地经济合作的模式、进程和效果。首先,80 年代以来,络绎不绝的台湾信众到湄洲岛进香,这直接带动了莆田地区的旅游业发展。根据近年公开数据显示:每年有 400 多万名信众前往莆田湄洲妈祖祖庙朝拜。据莆田市人民政府官方统计,现在每年来莆田的台胞达 30 多万人次,其中朝拜妈祖的信众达 20 多万人次。同时,福建省利用与台湾地区的地缘、人缘、血缘关系,以妈祖文化的两地交流为契机,妈祖金身巡游台湾之际,护驾团成员也考察了台湾的一些主要港口及工业开发区、农业生产等,建立和拓展联系渠道,为闽台经济合作创造有利条件。不少台湾同胞也表示来莆田朝拜妈祖的同时,愿意投资办企业。莆田市仙游县台湾农民创业园自 2009 年获批设立以来,截至 2017 年 7 月已吸引 55 家台资农业企业和个体工商户入驻,台商 110 多人,累计总投资 6500 多万美元,建立了全国最大的台湾甜柿基地,全国最大

---

① 《湄洲妈祖金身巡安金门纪实》,见 http://www.huaxia.com/zt/2003 - 56/577028. html? ejnc5,访问日期:2018 年 5 月 30 日。

的嘉宝果苗木基地,去年园区产值创新高达3.7亿元,成为仙游县现代农业发展的新亮点。① 现在,莆田市在推动城乡一体化过程中,吸收了很多台湾的元素,除了台湾农民创业园外,台湾的精细农业,台湾社区的管理模式都已经在莆田落地,具有广阔的发展前景。

图7-2　各地香客前往湄洲妈祖祖庙

妈祖文化在一千多年的传承演绎进程中,从福建莆田传播至我国的沿江、沿海以及台港澳地区,并随着华侨华人的足迹而走向世界五大洲的40多个国家和地区。据不完全统计,目前全世界拥有妈祖信众三亿多人,宫庙已达万座,其中以海上丝绸之路沿线国家和地区为甚。这表明,妈祖文化在当代世界文化的格局中具有重要的地位,妈祖文化不仅是中国的,也是世界的。妈祖信众相互之间的文化交流,已经超越了族群、社会阶层、区域界限和政治分歧,形成广泛共识。在海外,不少华人聚集地,因为对妈祖文化的认同,把天后宫作为社群活动的组织核心和主要场所。妈祖信仰与世界三大宗教信仰容易沟通、理解,无形中也促进了华侨与所在国人民之间的感情联络,达到"世界妈

①　陈国孟、张铠:《仙游县台创园在全国台创园绩效评价综合排名中位列第四》,见 http://www.putian.gov.cn/zwgk/ptdt/xqdt/201707/t20170712_567069.html,访问日期:2018年6月7日。

祖同一人,天下信众共一家"的大同境界。因此,进一步传播妈祖文化的大爱精神,可以充分发挥海上丝绸之路沿线国家和地区民众的凝聚力和创造力。妈祖文化作为"一带一路"文化交流互鉴的重要纽带,在促进经济文化协调发展和区域经济深度合作方面发挥着重要作用。比如,由妈祖文化搭台,福建在基础设施、产业对接、海洋经济、投资贸易等领域与"海上丝绸之路"沿线国家和地区展开合作,福建已在东盟建有 7 个远洋渔业综合基地,沿海港口业已开通至东南亚的 51 条海上航线,同时面向东盟国家发展跨境电子商务及物流信息共享平台,促进沿线地区信息互通、货物通关和人员往来便利化。

传承妈祖文化,弘扬妈祖精神,是福建省、全国乃至全球热爱和平的人们所共同的责任。要大力推进妈祖文化的传承弘扬和发展创新,为海内外炎黄子孙搭建密切情缘关系、扩大交流合作的广阔平台,推动妈祖文化交流与传播向更宽领域、更高层次发展,进一步提升妈祖文化品牌在 21 世纪海上丝绸之路建设中的影响力。

二、妈祖信俗对其他民间信仰发挥积极作用的借鉴与启示

中国的民间信仰深深根植于中华本土文化的沃土中,对民众的生活具有广泛而深刻的影响。中国的民间信仰具有多样性、功利性、神秘性的特点。具体而言,即崇拜的对象广泛,涉及万事万物;强调对有实用价值的鬼神的崇拜,民间信仰活动有着浓厚的巫术特色。正如乌丙安先生所言,中国的民间信仰是一个广阔无垠、上下莫测的自然宇宙和一个光怪陆离、奇异神秘的幻想世界。人们在这个空间中世世代代传承着"万物有灵""万灵有神"的信仰观念,传承着形形色色对万众神灵无限崇拜的行为方式,直至今日。①

新中国成立以后,在一段时间内,民间信仰被列为"封建迷信",其存续遭到巨大冲击,失去了生存空间,出现了全面断裂。改革开放以来,特别是 20 世

---

① 乌丙安:《中国民间信仰》,长春出版社 2014 年版,第 1 页。

图7-3 马来西亚庆祝妈祖诞辰 1055 周年

纪 90 年代以后,国家出台一系列方针政策为民间信仰"正名",使民间信仰逐渐得到恢复,显示出强大的生命力。民间信仰活动开始复苏,信众数量稳步增长,各地农村纷纷重新修建民间信仰场所,甚至在一些地区形成"村村皆有庙,无庙不成村"的局面。据有关部门调查,2003 年全省(福建省)在 10 平方米以上的民间信仰宫庙近 25000 座。10 平方米以下的民间信仰宫庙数量更多,有关部门估计福建民间信仰宫庙超过 10 万座。福建省民族宗教事务厅余险峰先生指出:"不仅解放初已有的宫庙宇大部分恢复,还有不少近年新建的,其活动场所远远超过现有的五大宗教。"①有些民间信仰在发展的过程中也积极贴近主流话语,努力与社会主义核心价值观相适应,寻求广阔的发展空间。但是,由于我国幅员辽阔,民间信仰情况比较复杂,特别是一些欠发达地区,民间信仰的发展依然存在一些问题。其一,个别地区对民间信仰的认识有偏差,认为仍是封建迷信。有些地区政府把民间信仰与社会主义精

---

① 林国平:《福建民间信仰的现状、特点和发展趋势》,《东南学术》2004 年增刊。

神文明建设完全对立起来,无法发挥其积极作用。有些地区的民众认知水平有限,在各种民间信仰的活动中求神拜鬼,搞巫术活动,以此希望改变自己的处境。其二,民间信仰发展过程中的失序行为,损害了社会风气和民众身心健康,对基层社会管理产生一定冲击,引发诸多社会问题。如一些地方掀起一股复建用于供奉的各类庙宇的风气。其中,复建或者新建宫庙一般集中于农村地区,多由乡村中较有话语权的人发起,向全村募集所需资金,按照人头摊派,这些都对村民造成不小的经济负担。有些村庄甚至会贴出红榜公示,按照金额的多少对各家各户捐资名单进行排序,这些都无形中给村民造成巨大的心理压力。另外,一些农村地区村民外出务工,基层组织出现弱化,村庄管理陷入一定困境。同时,很多村民出于对神灵的敬畏之心,对各类与民间信仰相关的事务比较乐意参与,而对村务则毫不关心。因此,常常出现一些村庙组织的带头人话语权高于村干部的现象,这对村庄治理产生不良影响。

　　党的十八大以来,以习近平同志为核心的党中央提出了一系列发展中国特色社会主义的新理论新思想新战略,成为我们做好民间信仰管理工作、制定相关政策的指导思想。我们要使妈祖信仰在弘扬和传承的过程中,彰显其"立德、行善、大爱"的精神,与社会主义核心价值观相适应,在新时代发挥更大的作用,这对我国其他民间信仰的发展具有一定的借鉴意义。第一,弘扬正能量,剔除糟粕。民间信仰的产生和发展主要是源于民众对现实生活中切身具体利益的追求,比如平安健康,发福生财等,这些都是老百姓朴素的愿望。老百姓求子时拜观音,想发财致富拜财神,航海时拜妈祖求平安。然而,有些民众在崇拜鬼神的过程中不仅急功近利,甚至还表现为狭隘的利己主义。如通过算命、卜卦甚至有些巫术中还有"替身法"之说。这些行为都会导致民间信仰发展出现偏差,与社会主义核心价值观相背离,不利于社会风气。因此,要正确发掘民间信仰的正面意义,例如关公等神话叙述中正直忠勇的优良品格,妈祖信俗的见义勇为、与人为善的高尚品质,引导信众积极向上。同时,挖掘民间信仰丰富的文化属性,例如妈祖信俗通过民俗表演,节日庆典等丰富形式,以老百姓喜闻乐见的方式融入社会生活。第二,引导民间信仰规范活动,更好地服务于社会发展。各级政府相关部门要对民间信仰的组织和民间信仰活动场所进行科学有序地管理,建立相应的规范化、制度化的管理方式,对民间信仰的活动进行有效监督。

三、妈祖信俗对社会治理的主要功能

妈祖信俗作为民间信仰之一,在民众生活中扮演着重要的角色,它具有心理调适、道德教化、行为约束、增强民族凝聚力等功能,是民众生活不可缺少的精神依托。但是,在"文革"时期民间信仰遭到打击,到了八九十年代,宗教政策放宽,民间信仰迅速复苏并显示出强大的生命力。它对民众的影响并不仅仅体现在价值观念、行为方式等方面,其在社会治理中的作用慢慢得到学界的认可和重视。乡村治理研究学者指出,从公民社会的角度来看,日常性的、传统的社会组织,它深植人心、资源丰沛、关系紧密、相互信任、充满热情,这才是整个治理型社会中所最为珍贵的资源和保障。① 正如本研究第四章中所言,课题组通过对福建湄洲岛进行实地调查,发现妈祖信俗渗透到民众日常生活的方方面面,对人们的行为形成约束力和引导力,不但有利于引导民众形成健康合理的生活方式,对维系社会规范、促进社会稳定和乡村治理方面,能够发挥政府行政管理无可替代的重要作用。湄洲通过组建妈祖义工队、开展慈善活动,积极践行妈祖的"立德、行善、大爱"的精神,让妈祖信仰在新时代发挥其更大的价值。妈祖信众受妈祖精神感召和妈祖文化熏陶,对投身妈祖公益活动具有很高的热情,很多受访者表示非常乐意加入妈祖义工队伍,尽己所能,发挥所长,服务社会。妈祖信俗服务于乡村治理,在纠纷调解、缓和人际关系、维护社会稳定方面发挥积极作用。受妈祖精神的感化,妈祖信众秉承与人为善、以和为贵的思想;妈祖信仰教导信众与人为善,谦恭礼让,调解村民内部纠纷方面提供了多元的解决方法;在政府行政管理无法触及或者无法解决的地方,妈祖信俗发挥着处理冲突解决争端的重要作用,成为维持乡村秩序的重

① 徐勇、赵永茂:《土地流转与乡村治理——两岸的研究》,社会科学文献出版社 2012 年版,第 305 页。

要力量;妈祖信俗促进了移风易俗,倡导文明新风。湄洲岛管委会充分利用妈祖信俗,把妈祖信俗融入文明创城和美丽乡村创建活动中,推进湄洲岛的文明风气和乡村建设。妈祖精神的传承和践行是他们日常生活的重要组成部分,形成良性循环。

　　台湾社会在短暂的历史发展过程中,经历了移民、殖民、光复、威权统治后进入民主转型时期。特别是 20 世纪 60 年代以来,台湾经济飞速发展。在传统向现代的转变过程中,台湾的民间宗教组织随着时代的变迁发生若干重大转变。妈祖宫庙管理模式也与时俱进,在宫庙的组织结构、组织功能、治理属性等方面发生了巨大的变革,适应了时代的发展,为社会转型提供了安定的力量。70 年代以后,随着台湾从传统农村社会转型成为工商业社会,妈祖宫庙的功能从原本的单纯的祭祀的职能转化为更多元的功能,妈祖宫庙与当地社团的交流增多,妈祖宫庙参与的公共事务的方式也更加多样化。台湾的宗教组织具备丰富的人脉与资金等社会资源的动员和集结能力,例如在 1997 年湄洲妈祖金身巡游台湾之际,在主办宫庙台南大天后宫、中华海峡道教交流协会以及陈适庸先生的积极运作下,妈祖金身不仅顺利成行,长荣航空公司还为其赴台做了特别安排。第一,其乘坐的飞机由台湾长荣航空公司特别提供的一架 747-400 豪华客机;第二,航空公司也派出最强有力的机组,由一位外籍资深驾驶员当机长;第三,客舱前部特地拆除一些座椅,空出一大片位置供奉妈祖。飞机抵达台北桃园机场后,妈祖金身经由台湾当局领导人专用的维修机棚免检通道出机场。由此可见主办方超强的社会活动能力。[①] 因此,台湾的宗教组织在接受政府管理的同时,也担负起协助政府进行地方治理的工作。在研究过程中,课题组通过台湾新港乡奉天宫的调研,发现新港奉天宫在开展妈祖相关宗教文化活动以外,充分利用妈祖信俗资源,服务当地社会、经济、文化、公益等事业,成为当地社会治理的不可或缺的重要力量。

　　新港奉天宫通过妈祖信仰的凝聚力调动信众来参与社会公益和慈善事业,通过资助地方文教事业发展、建立医院救济贫民、爱心人士组团前往各地

---

　　① 湄洲妈祖祖庙董事会、妈祖文化研究中心、莆台新闻交流协会编:《湄洲妈祖巡游台湾记》1998 年 4 月,第 87 页。

孤儿院慰问孤儿、捐赠慰问金等,系统地协助现有的福利制度下覆盖不到或者资助有限的弱势群体。通过妈祖信仰引导信众参与环境保护,运用妈祖信仰的影响力调解社会矛盾和纠纷,增强妈祖宫庙与年轻人沟通联系,让妈祖信俗更加年轻化,更具有生命力。

从课题组所调研的福建湄洲岛和台湾新港奉天宫两地妈祖信俗参与社会治理的实例来看,妈祖信俗在社会公益事业、协调人际关系、维护社会稳定等方面所发挥的功能是政府行政管理的有益补充,难能可贵。妈祖信俗参与乡村治理的合理性和必要性在调研中已经得到充分印证。我国正处于社会主义社会发展新的历史时期,党的十九大作出重大部署,实施乡村振兴战略。推进乡村振兴必须在乡村治理体系建设上着力。妈祖信俗参与乡村治理的路径在第六章中已经探讨过,其中有些问题还有待在实践中解决。例如,运用妈祖信俗参与乡村治理的过程中,如何保持其独立性;如何推动妈祖信俗与乡村治理高度融合;妈祖信俗与乡村治理发生冲突的时候如何解决,以及妈祖信俗在全球治理中如何更好地发挥作用等,这将成为今后进一步深入研究探讨的课题。

主要参考文献

一、中文文献

（一）专著

1. 陈勤建:《当代民间信仰与民众生活》,上海世纪出版集团 2013 年版。

2. 陈支平:《一统多元文化的宗教学阐释》,载《闽台民间信仰论丛》,厦门大学出版社 2011 年版。

3. 林国平、陈文宇:《福建民间信仰》,福建人民出版社 1993 年版。

4. 刘小新:《文化同根闽台文缘》,社会科学文献出版社 2015 年版。

5. 徐勇、赵永茂:《土地流转与乡村治理——两岸的研究》,社会科学文献出版社 2010 年版。

6. 刘登翰、庄明萱:《台湾文学史》(第一册),现代教育出版社 2007 年版。

7. 朱双一:《闽台文学的文化亲缘》,人民出版社 2013 年版。

8. 陈荣裕:《妈祖的囡仔——大甲镇澜宫跨世代传承》,商讯文化出版社 2015 年版。

9. 财团法人新港奉天宫董事会:《新港奉天宫志》,台湾地区新港奉天宫董事会,1993 年。

10. [法]爱弥尔·涂尔干:《宗教生活的基本形式》,渠东、汲喆译,商务印书馆 2011 年版。

11. [英]菲奥纳·鲍伊:《宗教人类学导论》,金泽、何其敏译,中国人民大学出版社 2004 年版。

12. 朱金明:《妈祖神迹体现了儒家思想》,中国社会科学出版社 1992 年版。

13. 谢金森:《妈祖文化教育概论》,厦门大学出版社 2016 年版。

14. 卢福营:《当代浙江乡村治理研究》,科学出版社 2009 年版。

（二）期刊论文

1. 陈兴贵:《神圣与世俗:妈祖信仰的社会文化功能演变》,《中国宗教》2009 年第 12 期。

2. 陈淑媛:《信俗类人类非物质文化遗产的保护与开发——以妈祖信俗为例》,《莆田学院学报》2011 年第 3 期。

3. 俞黎媛:《当前福建"妈祖热"的生态学研究》,《莆田学院学报》2014 年第 1 期。

4. 董菁、徐业龙:《基于价值判断的妈祖文化保护与开发利用》,《莆田学院学报》2015 年第 6 期。

5. 苏文菁、韩朝:《社会变迁视角下的妈祖庙功能分析——以涵江霞徐天妃宫为例》,《发展研究》2016 年第 5 期。

6. 阎化川:《民间信仰的"正名传播"及其路径考察》,《世界宗教研究》2017 年第 6 期。

7. 艾莲:《当前文化建设的主要任务》,《中共四川省委省级机关党校学报》2011 年第 4 期。

8. 赵霞:《乡村文化的秩序危机与价值重建》,《中国农村观察》2011 年第 3 期。

9. 王华斌:《乡土文化传承:价值、约束因素及提升思路》,《理论探索》2013 年第 2 期。

10. 陈方南:《论村民自治中传统乡村文化与现代民主意识的融合》,《社会科学战线》2012 年第 3 期。

11. 雷焕贵、李卫朝、段云青:《乡土文化在农村治理中的功能研究》,《内蒙古农业大学学报(社会科学版)》2014 年第 1 期。

12. 张君:《村民自治中传统乡村文化与现代民主意识的碰撞、融合与共生》,《南方农村》2015 年第 2 期。

13. 吴晓红:《用优秀的传统文化滋润学生的心灵》,《传奇·传记文学选刊(教学研究)》2013 年第 6 期。

14. 王四小:《论民间信仰的乡村治理功能》,《求索》2013 年第 1 期。

15. 黄德锋、朱清华:《优秀传统民俗文化与推进农村社会治理能力现代化——以江西优秀传统民俗文化为例》,《中国井冈山干部学院学报》2014 年第 4 期。

16. 徐勇:《政权下乡:现代国家对乡土社会的整合》,《贵州社会科学》2007 年第 11 期。

17. 党国英:《我国乡村治理改革回顾与展望》,《社会科学战线》2008 年第 12 期。

18. 贺雪峰、董磊明、陈柏峰:《乡村治理研究的现状与前瞻》,《学习与实践》2007 年第 8 期。

19. 权丽华:《构建和谐乡村关系的新制度经济学分析》,《科学·经济·社会》2006 年第 4 期。

20. 王绍光:《有效的政府与民主》,《战略与管理》2002 年第 6 期。

21. 白钢:《中国村民自治法制建设评议》,《中国社会科学》1998 年第 3 期。

22. 丁祥艳:《社会主义新农村视域中的乡村治理优化研究》,《求实》2009 年第 7 期。

23. 刘东杰、周海生:《城市化背景下的乡村社会治理——以江苏省淮安市为例》,《农业现代化研究》2015 年第 2 期。

24. 黄元武、黄美琳:《完善乡村治理机制提升乡村治理能力——新型城镇化背景下的乡村社会治理探讨》,《决策咨询》2015 年第 1 期。

25. 郑志桐:《实现乡村"善治"——新型城镇化背景下乡村治理面临的问题和解决对策》,《商》2015 年第 22 期。

26. 贺雪峰:《乡村治理研究与村庄治理研究》,《地方财政研究》2007 年第 3 期。

27. 李正华:《新中国乡村治理的经验与启示》,《当代中国史研究》2011 年第 1 期。

28. 姚美云:《民间信仰对乡村社会的影响研究——以赣中平原地区泰和县为例》,《赣南师范学院学报》2009 年第 11 期。

29. 覃琮:《人类学语境中的"民间信仰与中国社会研究"》,《民俗研究》2012 年第 5 期。

30. 王清生:《论闽台和谐发展中的海西妈祖民俗体育旅游产业开发建设》,《2013 年中国体育科学学会会议论文集》。

31. 黄后杰:《妈祖文化与乡土教育》,《2016 年国际妈祖文化学术研讨会论文汇编》(下)。

32. 黄秀琳:《妈祖文化景观乡土元素的解读与表达——以妈祖故乡莆田市为例》,《莆田学院学报》2006 年第 3 期。

33. 郑镛:《妈祖信仰与闽南民间社会整合——以漳浦旧镇为视角》,《莆田学院学报》2013 年第 6 期。

34. 蔡相辉:《妈祖信仰与社区文化融合——以北港朝天宫为例》,《2016 年国际妈祖文化学术研讨会论文汇编》(下)。

35. 蒋忠益:《山中传奇:台湾六龟中兴天后宫》,《2016 年国际妈祖文化学术研讨会论文汇编》(下)。

36. 伊能嘉炬:《台湾汉人信仰之海神》,《人类学杂志》1918 年第 11 期。

37. 吴明珠:《妈祖文化在地化:马来西亚一个个案研究》,《2016 年国际妈祖文化学术研讨会论文汇编》(下)。

38. 骆明:《从"人"到"神"的递嬗:说"关公"与"妈祖"》,《2016 年国际妈祖文化学术研讨会论文汇编》(下)。

39. 汤光荣:《做大做强"妈祖信俗"品牌促进文化旅游产业快速发展》,《科海故事博览·科教论坛》2013 年第 6 期。

40. 马芳菲、刘志:《妈祖文化传播中视觉符号的运用前景》,《莆田学院学报》2011 年第 4 期。

41. 丁成际:《试论传统文化在乡村治理中的作用》,《湖湘论坛》2017 年第 3 期。

42. 刘晓峰:《我国乡土文化的特征及其转型》,《理论与现代化》2014 年第 1 期。

二、外文文献

1. Alejandro Portes, "Social Capital: Its Origins and application in Modern Sociology",

Annual Reviews of Sociology,1998(24).

2. Bang H. P., Culture Governance:Governing Self-Reflexive Modernity, *Public Administration*,2010,82(1).

3. Seema Arora-Jonsson, "The realm of freedom in new rural governance: Micro-politics of democracy in Sweden", *Geoforum*,2017(79).

4. Shou H. , "Between the Formal and Informal:Institutions and Village Governance in Rural China", *China An International Journal*,Singapore,2015,13(2).

5. Sun X., Warner Travis J. , Dali Yang L.and Liu M.X., "Patterns of Authority and governance in Rural China:Who is in charge? Why?", *Journal Of Contemporary China*, *United Kingdom of Great Britain*,2013(22).

6. Wang D. Q., Tian S.Q., "Rural Ecology Governance Ability Modernization Study under the Background of Balancing Urban and Rural Development", *Advanced Materials Research*,2014 (962).

7. Wang Z., Dai W., "Women's Participation in Rural China's Self-Governance: Institutional,Socioeconomic, and Cultural Factors in a Jiangsu County", *Governance*, 2013, 26 (1).

8. Zeng J. , "An Chen,The Transformation of Governance in Rural China—Market,Finance, and Political Authority", *Journal of Chinese Political Science*,2017(2).

9. Zeng Z.H. ,Zeng X.Y., "Fragmentation and Unity of Rural Public Governance:A Case Study on Lin'an City in China", *Canadian Social Science*,2014,9(6).

10. Zhang X.,Li Z., "Rural Governance in China:Review and Outlooks", *China's Rural Development Road*,Singapore,2018(10).

附　录

附录一：主要访谈内容

访谈时间：2017 年 1 月 16 日上午

访谈地点：湄洲妈祖祖庙办公室

受访者：吴国春（湄洲妈祖祖庙董事会副董事长，以下简称"吴"）

访谈者：帅志强（莆田学院文化与传播学院副教授，以下简称"帅"）

访谈主题：介绍湄洲妈祖祖庙莆田会馆

文字转录：黄淼（莆田学院文化与传播学院汉语言文学系 14 级本科生）

侯颖婕（莆田学院文化与传播学院汉语言文学系 14 级本科生）

吴：湄洲妈祖祖庙莆田会馆一楼展销中心，目的不是为了赚钱，而是为了展示妈祖的文创产品或者是一些带有妈祖元素的产品，如高端的工艺品、红木、金银珠宝等等。展示的同时也兼顾了销售。这样做是为了能让它更加动态化，对商家来说也更有利。二楼是湄洲妈祖的图片展示中心。用图片加文字的形式将妈祖的发展轨迹呈现出来。主要表现在这一千多年的时间里妈祖是如何传播的，如何走向世界。农历廿一准备试营业。三、四、五楼目前还不是会馆的一部分。六楼是祖庙珍藏的书画作品的展览厅。这块场地可以免费提供给需要的人作为展厅，展示一些他们自己的作品。并且会馆还会利用一系列传播媒介对此加以宣传，即活态传承。七楼是文创人员交流的场地，可以在此开设妈祖大学堂、妈祖文化讲座、开报告会以及开展一些公益活动等。八楼是办公接待区。九楼是员工休息区。十楼供奉着妈祖，可供人们拜祀。

帅：这其实也有助于提升莆田的城市文化、宣传妈祖文化。

吴:时代推动着妈祖文化的发展。政府拨款三千多万用于整改祖庙一些不符合非遗要求的地方,为了迎接明年7月份的联合国教科文组织的检查。

妈祖文化到底是为了什么,说得通俗点,其实就是做好事。祖庙2016年投了600多万元人民币用于慈善事业,并大力通过新闻媒体来传播公益活动。包括资助岛上比较贫困的村民,分发扶贫金,一共110户人家受到资助,一户一千五百元,外带米粮。资助曾德梅先生3万元。每年支持莆田市关工委10万。2016年支持莆田市教育局50万元用于助学及奖教活动。给了莆田学院60万元用于支持莆田学院妈祖文化研究事业,其中20万元用于妈祖班的建设。投入200多万元用于岛内的奖教助学活动。对岛内的老人家,年龄70—80岁的每人年终发800元红包,80—90岁的发1000元红包,超过90岁的发1200元红包。投入了91万元用于岛内年龄超过60岁的老人的农村医保及意外人寿保险缴费。

帅:这些妈祖信俗活动,包括慈善活动,对岛上村民的教化有没有一些直接的体现? 有没有什么例子?

吴:这个问题呢,祖庙是没有数据的。但是以我这些年所感受到的是这样的。20世纪80年代以及90年代初湄洲岛社会治安很乱,人们经常打架。而这几年越来越多的人参与到妈祖活动的开展以及妈祖文化的传播过程里,使得人们的素质得到提高。文明创城中提到了"做妈祖故乡文明人"的口号,这在祖庙里的年轻一代人中体现得比较明显,如一些年轻的女孩子参加妈祖义工队。

帅:年轻人参加妈祖义工的积极性高不高?

吴:他们的积极性是比较高的。祖庙的工作人员都是带有义工性质的,因为他们本身的工资并不高,一个人一个月大概2000多块钱。他们平时面对的主要是游客。他们曾经用轿子把前来朝拜的残疾人抬上山,引导外国游客进入景区参观,还经常到码头迎接朝圣的老人家,帮助他们上下船以及帮助台湾团队拿行李,免费教人梳妈祖头等。他们都是长年累月在做这些事情。有些人可能没有披绶带,但是他们也是妈祖义工。妈祖义工其实也是教化人心的活动。

帅:除了那些年轻人,我们还看到一些老年人参加妈祖义工活动,比如那些清洁工也披着妈祖义工的绶带。

吴:那个也有,但是在对外交流方面,主要还是依靠那些年轻人。老年人对外交流,给游客提供帮助的时候不太方便,因为他们不会普通话。而年轻人本身的形象也会比较好。其实从大的方面来说,每个人都是妈祖义工。

帅:妈祖文化在学校这方面有没有什么建设?

吴:有妈祖文化进课堂的活动。如小学生唱妈祖歌、演妈祖戏、莆仙戏《梅娘教子》获 2016 年的全国金奖。日常还开展讲故事比赛、表演活动及三下乡活动。教师方面,通过祖庙奖教助学的资金帮助,让他们感恩妈祖,以身作则,教育学生向上向善。学生和老师之间有着良性的互动,他们又影响了身边的人。学校影响着社会,社会又影响着学校,使得妈祖精神深入人心,妈祖文化得以广泛流传。

访谈时间:2017 年 1 月 16 日下午
访谈地点:湄洲岛管委会
受访者:湄洲岛管委会、镇、村委会等职能部门负责人等
访谈者:帅志强(莆田学院文化与传播学院副教授,以下简称"帅")
访谈主题:妈祖信俗与乡土文化如何互动发展推进乡村治理及服务于乡村治理
文字转录:黄淼(莆田学院文化与传播学院汉语言文学系 14 级本科生)
　　　　　侯颖婕(莆田学院文化与传播学院汉语言文学系 14 级本科生)

帅:我们想要了解下乡村治理,妈祖信俗包括乡土文化怎么相结合一起互动发展来推进治理乡村,服务于乡村治理。主要是了解一些情况,也请大家提出一些宝贵的建议,包括你们之前有什么成功的做法、存在的一些问题,以及有什么想法,都可以和我们谈谈。湄洲岛也有很多成功的做法,之前祖庙董事长也提到了一些成功的做法。我们也希望将湄洲岛的一些成功做法、亮点向国家部门反馈。总之,我们本质上就是要谈谈你们是怎样把妈祖信俗、妈祖文化融入乡村治理当中,在乡村治理中做了一些什么事情,怎么做,做的成效如

何,有哪些成功的经验,包括有什么问题都可以谈一谈。我简单地列了一些问题,我们可以围绕这些问题但不局限于这些问题来交流交流。

朱九珍(湄洲镇政府): 第一个,妈祖信俗对社会和谐的影响问题,如农村里的争议,像邻里纠纷、道路问题,如果宫庙出来调解,因为共同的信仰,妈祖精神里就有提到立德、行善、大爱,他们也会相互礼让的,其实我们这里很多事情可以和妈祖挂钩上,岛上的人民对妈祖还是很虔诚的,和妈祖挂上钩,群众工作会更好做。

宫下村周书记: 弘扬妈祖精神已经宣传很多年了,像妈祖祖庙的工作,政府、民间群众、各村都是很支持的。像节日的时候,宫庙举办或参加活动,村里的干部都会配合协调、带动的。另外也存在一些问题,我们村里存在住房问题、村民安置问题,我们现在有几十户,比如祖庙扩大,道路增宽,有修建了天后广场,有些人的房子就被拆迁。像2000年拆迁的,现在还有几户没安置,因为没有地方。还有就是在朝圣路那边有几十户,他们的房子基本上都是老一点的房子,一般只有一层,最多两层。一层的房子现在对于一些家庭来说可能不够住。这些人也有到政府上访、信访,最后也没有解决,我们村(干部)也没有什么大权力,反映了也没有什么结果,就希望能够让这些人可以翻建自己的房子,来解决这个问题。这个问题已经拖了好几年了。

朱九珍(湄洲镇政府): 这个问题是这样的,一般情况下房子翻盖是可以审批的,但是宫下村不一样,因为妈祖庙在那边,宫下村被列入了景区。有一些家庭因为最初房子只有一层,经过十几二十年,很有可能就会出现几代人都得住在同一间屋子里。因为景区受到保护,房子不能翻建,也不可能再建,而且也没地再建。

帅: 那这样群众意见会不会很大,还是大家会说这是妈祖的事情,大家就意见较少?

宫下村周书记: 大家不会去责怪妈祖。我们和祖庙关系一直不错,关于住房问题大家也不会去责怪祖庙。

朱九珍(湄洲镇政府): 他们不会去责怪祖庙,他们只会责怪政府不作为。我讲得夸张点,其实现在妈祖的威望高于政府,比如说要做什么活动,人们会说这次是为妈祖做的,很多宫庙都会去组织,几百人几千人都有,如果是政府去组织就很有可能摆明了做事情要务工费，而以宫庙的名义来做这些事情，为妈祖做，大家就不会这样子。所以我觉得妈祖在群众中的影响力还是很大的。

帅：也就是说如果一些事情和妈祖结合起来，很多人就不会那么强调个人的利益。

朱九珍（湄洲镇政府）：对，甚至还有群众会自觉、自发地去组织，他们一般来讲不会计较这种事（务工费）。

林群华（祖庙）：关于妈祖的正面影响再举个例子，像东峤镇那边有两个村之前之间有纠纷，很多年没有交流了，但是因为后来妈祖要去巡安，两个村开始联系，特地坐下谈，一起建了巡安的路，这是一个正面的事例。

朱九珍（湄洲镇政府）：我也想到了在湄洲岛的汕尾村，有两家因为路的争议，三届的村书记主任来调解都没用，后来这条路要作为妈祖游灯时的路，两家就各让一步，九年都没有解决的事情现在因为游灯就协调解决好了。

帅：这个其实就可以体现信俗服务于管理，通过信俗调解了人与人之间的纠纷。

朱九珍（湄洲镇政府）：她其实是无形中慢慢渗入在人们心中，潜移默化的效果。

林群华（祖庙）：岛上也有几个村一起供奉一个宫庙的，像上英宫就是三个村共同供奉的。很多事情让行政村来协调根本协调不来，就通过宫庙来组织协调，上英宫的董事会出面，通过会里的老人家出面协调。

帅：除了路的纠纷，像邻里纠纷、家庭关系、人际关系等妈祖也发挥这样的作用？

朱九珍（湄洲镇政府）：我再讲一个例子，我之前店刚开的时候有一个顾客在退房之后发现自己的钻戒丢了，他第一反应就是这个戒指在我们店里，我们建议他报案，但是他还是不相信，后来他就要求我烧一炷香在妈祖前起誓自己没有私藏戒指，我原本是想让客人走法律途径，但是店刚开也不想闹大，最后真的烧香了，客人也道歉了。因为客人和我有共同的信仰，所以这件事最后就解决了。像平常生活中民众中有这样的争吵也会像这样到妈祖面前解决，他们不相信公安，他们就用农村的信俗来解决。

林群华（祖庙）：还有就是妈祖对人们创造力也有促进的影响。像比如海祭的时候,很多村会摆贡品,有些村的贡品很好看,另外的村就会去学习甚至超越他们,他们会发挥他们的才智将贡品做得更好。

帅:现在我们提倡文明创城,文明创城中,信仰信俗对它有什么影响?像台湾的因为信仰更加地爱护自己的环境,社会秩序更加稳定?

朱九珍(湄洲镇政府):湄洲岛这几年的环境变化真的非常大,托妈祖的福,我们整个湄洲岛的旅游发展起来了,政府在基础设施、环境卫生等投入也更大了,像环境卫生我们平均每年一人大约投入四百多元,而外面一般只有一百多元。政府全力发展湄洲岛也是受益于妈祖,现在人们的素质也越来越高了。

林群华(祖庙):一方面,我们祖庙的工作人员是来自岛上各个村,创城过程中也会积极配合政府。我们自己也会动员大家,我们是为妈祖做事的,要把妈祖好的品德带到生活各方面中,改正不良习惯。另一个就是关于乡风民风这一块。举个例子,像绕境巡安,以前是没有准备公益水,台湾那边在台绕境时会有义工提供大家食物和水,现在我们岛上也学习台湾,信众会在自己家门口提供食物和水供绕境的人员食用。岛上电瓶车车主自己组织给巡安队伍送水,回馈给妈祖。

朱九珍(湄洲镇政府):我们现在政府做事情也是和妈祖紧密相连的,我们也希望能和妈祖结合起来,更好地发展管理湄洲岛。像今天正好祖庙在举办"慈善之光,春节送温暖"活动,给岛上困难家庭补助,还有给70岁以上的老人发敬老金。这个活动是为弘扬妈祖精神,政府和祖庙一起做的工作,政府排查困难群体,然后和祖庙联系,然后由祖庙来支助他们。妈祖在整个社会治安上也起到了很大的作用。

帅:除了公益性活动外,政府在其他方面,如文明习惯养成,有没有运用到妈祖信俗的力量,推动乡村建设,或者做过什么相关的探索?

朱九珍(湄洲镇政府):美丽乡村我们主要做卫生整治这方面,包括绿化。岛上也天天都有宣传的车,号召大家"做妈祖故乡文明人",就是希望大家共同努力来保洁。这个口号是创城的时候提出的。人们的素质也是逐年提升的,岛内的环境也逐年改善。"做妈祖故乡文明人"主要要强调是"妈祖故乡"的文明人。

宫下村村主任：在美丽乡村创建中，要把路边的鸡舍鸭舍处理掉，主要是先要动员，现在群众的思想也已经进步了，说要把妈祖故乡搞干净，基本都会同意，妈祖是大家共同的信仰。

朱九珍（湄洲镇政府）：我们妈祖义工中也有分老年和年轻人。年轻人主要包括共青团的青少年、机关单位。农村的妈祖义工一般是吸纳那些说话比较有分量的老人，像宫庙里比较德高望重的老人，他们发话，对我们整个活动的开展都有很大的影响。另外像一些外出经商（事业）有成的老板回来后让他们捐钱来建设宫庙，他们也都很愿意。

帅：村民对民俗活动参与的积极性怎么样？

林群华（祖庙）：非常高。甚至有些人过年后已经外出工作，但在元宵的时候特地回来过元宵，特别是青壮年，元宵抬菩萨，摆棕轿，抬凯童都需要青壮年，所以他们会特地回来。大家都是自愿参与活动的。最后送妈祖回祖庙时也是浩浩荡荡的队伍，大家都很愿意参与这些活动。

帅：民俗活动会不会很乱，甚至出现治安问题、垃圾问题，或者存在铺张浪费的现象？

朱九珍（湄洲镇政府）：这些大家都比较自觉，政府也会参与。像之前的跨年祈福，公安所有人都出去维持治安，以防有意外发生。

林群华（祖庙）：当天晚上也有人放烟火鞭炮，但是第二天就会清理掉。

帅：有些人出于保护环境的角度提出不放鞭炮，你们怎么看？

林群华（祖庙）：在我们这边是放鞭炮觉得热闹，这个是不能免的。

朱九珍（湄洲镇政府）：如果放电子鞭炮的话，按照我们当地的来说，就是不够入味，没有节日感觉。当然燃放鞭炮是有风险的，所以政府在管制鞭炮，维护治安这一块是有投入力量的。这几年像巡游的活动都会有公安民警来维护秩序的。

帅：信俗在学校如何推进，如何让信俗服务学校学风的管理、校风的管理。

湄洲第二中心小学老师：我们学校每个学期每个学年都会在做一些与妈祖信俗有关的活动。特别是创城活动和争当妈祖文明小标兵活动开展以来，我们学校涌现出非常多的好人好事，这是非常明显的。和以前比起来，学生以前比较邋遢，做不三不四的事情，经过我们的教育，这两年来学生的思想变化非常大。那我们主要从哪些(方面)来做呢？比如说我们从审美上来教育,我们通过妈祖的服饰、贡品的展示来培养学生的审美能力,这些属于他们的美术课堂上的内容。还有就是少先队活动中,开展争当文明小标兵活动。在信俗上,我们也通过乡土教材来学习。乡土教材主要从妈祖信俗和妈祖文化内涵中介绍。这几年都有做妈祖的相关活动,主要在艺术方面,如书法、唱妈祖歌、讲妈祖故事来弘扬妈祖的精神。对于妈祖精神、妈祖文化,学校主要是研究道德层面。我们还成立了一个兴趣班,每周两到三节课,邀请贡品的制作人来学校担任老师。从它的制作到含义、目的都进行学习。再一个就是成立了十音八乐的兴趣组,区里面也很支持,投了资金。我们还学习莆仙戏,这一次我们学生去参加比赛还获得金奖。

帅:那你们是否有感觉,做这些活动和不做会有差别吗？特别是对你们的校风学风有很明显的影响变化？

湄洲第二中心小学老师:主要是我们是在海岛,我们海岛的学生接受艺术教育的机会比较少,所以我们抓住了这个契机,培养相关的人才。学生行为习惯这几年也有了根本的变化,我们的学生不会比城里的学生差。

朱九珍(湄洲镇政府):我们16年还开展了梳妈祖头的比赛,这个比赛也投了很多经费,大家的参与度也很高。乡村艺人先教老师再教学生,来传承传统手艺。

湄洲第二中心小学老师:这些活动让学生自然而然地感受到艺术的熏陶,然后自然而然地养成了一种行为习惯。

帅:也就是说你们利用地理位置包括乡土文化的资源,让小孩子从小就接受乡土文化的教育。

湄洲第二中心小学老师:除了乡土文化的教育,他们(学生)的动手能力也得到了锻炼,像做海祭品、梳妈祖头,这些都锻炼了他们的能力,而唱妈祖歌则培养了他们的艺术细胞,写妈祖诗则培养了语文素养,把整个活动贯穿下来对孩子们的思想道德教育都有很大的作用。

朱九珍(湄洲镇政府):寨下村的宫庙还组织学习十音八乐,对十音八乐有兴趣的孩子,他们宫庙会请市里的老师来教。村民们还会自觉地做饭菜请老师学生吃,这些活动都是自己组织的,村里给予他们一些资金支持,一些经商的老板也会投资金赞助。这个举措一直做到现在很不容易，也是通过宫庙来组织的。

帅：现在村里有没有成立类似妈祖学堂、讲堂的东西？

宫下村周书记：他们现在每个村都有自己专门的董事会，这些事情村委不参与，由宫庙的董事会来做，村里村委会协调。

朱九珍（湄洲镇政府）：我们学堂这一块主要是依托学校，妈祖学堂都是由学校来组织的。

帅：那这些教学除了面向中小学会不会面向村民？

宫下村周书记：村民本身的信仰就是妈祖，所以不需要。

朱九珍（湄洲镇政府）：像比如妈祖的故事我们小时候从上一辈那里听到过很多，这些故事都会代代相传。

帅：这些故事中有没有关于治理管理的内容。

林群华（祖庙）：这个方面没有，我们传承故事的目的就是宣扬好的东西，希望大家也慢慢向好的这方面靠拢。

宫下村周书记：像平常的烧香拜神都和妈祖有关，我们会从老一辈那里学习这些礼仪。

朱九珍（湄洲镇政府）：对于妈祖我们小时候是觉得她很传奇，长大后就会慢慢领会到妈祖精神的内涵。这些故事我们从小耳濡目染，而内涵就需要我们慢慢去理解。我们湄洲岛的人对妈祖都非常虔诚，几乎都信妈祖。

湄洲社会事务管理局代表：我们湄洲岛在弘扬妈祖文化这一块做了很多的工作，但还有不足之处，特别是传承人这一块申报的积极性还不高，这个问题祖庙应注意。当初我们申报世遗的时候有列一些非遗的项目和传承人，但是之后就没有将项目再深入，很多非常好的传承项目，如泥捏手艺，传承人的申报、升级，后人的继承都应该继续。再如海岛上的木帆船制作，这个技艺没有人继承渐渐就要失传了。还有会梳妈祖头的人比较少，平常活动需要时只能靠几位老人。信俗这块祖庙做得很好，他们和群众的联系很密切，在建设社会和谐这一块也作出了很大的贡献，有一些纠纷问题通过祖庙和村的宫庙来出面都可以缓解或者解决。妈祖文化这一块，湄洲岛去年最大的成就就是祖庙被列为"海丝"世遗点，这是莆田唯一一个被列为世遗点的地方，这一块工作我们也在抓紧时间做。

帅：对于信俗管理和乡村管理结合,你觉得现在还存在什么问题或者你觉得在未来哪一些工作还可以继续推进?

湄洲社会事务管理局代表：这两年我们举办了十音八乐的比赛,当时很多人持怀疑的态度,比赛很难组织起,后来经过我们的努力,也做得很好。再后来我们各个村都保留了一个十音八乐的队。我们接下来就会继续举办这些活动,加强和村民的联系,这些活动有利于构建和谐社会,有利于宣扬习俗。我们今年也会在圣祉门广场进行常态化的表演,一来服务于游客,二来宣扬十音八乐不只是老一辈的东西,号召年轻人参与,将十音八乐传承下去。村里面平常也会举办一些民俗活动。

帅：岛上少数信基督教的人和绝大部分信妈祖的人平常生活融合度怎样?

宫下村周书记：不会有什么问题,信基督教的人除了节日活动可能不参与,其他也没有差别。

帅：他们会不会觉得被孤立?

朱九珍(湄洲镇政府)：平常不会,现在很多人也会入乡随俗。如果男女双方婚嫁也会提前说好信仰。

文化站站长：我们现在主要的问题就是房子问题没有解决。

朱九珍(湄洲镇政府)：我们现在有一个问题,一个规划要等待30年验证才能实行,30年就是两代人,像那些石瓦房草坯房等不了。这需要相关的方案来及时解决,否则久了群众也会不乐意。

林群华(祖庙)：这些现在主要就要靠政府来解决,现在要疏不能堵。

朱九珍(湄洲镇政府)：宫下村现在土地较少,如果要安置就要到别的村,但是很多人不愿离开自己的家乡。

朱九珍(湄洲镇政府)：但是现在不能解决的情况下只能请村民给我们一些时间来想办法。他们也是将地皮献出建祖庙,无偿贡献的,也是为了妈祖。

宫下村前书记：因为"文革"祖庙被破坏,我们20世纪80年代建庙时是我们自己凑钱,偷偷修建,渐渐发展到现在。我们当地人也很支持开发湄洲岛。我有两个建议,就是将朝圣路的房子建好,有些房子很破,楼层低,统一再建。另一个就是建停车场来停放拉客的电瓶车,否则乱停放不美观。

朱九珍(湄洲镇政府):这个问题主要是没地方建停车场的,需要整体规划再考虑。

宫下村前书记:对于卫生的管理,我们投入还是很大的。我们的生活垃圾都是垃圾车每家每户去收的,一直到晚上十点。

周清萍(镇政府):我说说湄洲岛的治安。在外面去饭店,店里一般都会贴着请注意保管自己的财物、包,但是湄洲岛没有。像我们夏天各家各户都是不关门的,大家都很放心。

朱九珍(湄洲镇政府):我们偷盗非常少,民风非常淳朴,还有因为湄洲岛的地势,一旦轮渡停掉就出不去,像大型的偷盗就一般不会发生。如果邻里间有争议,一般就由政府或者宗族的老人出面,如果是村与村之间的问题就由村的宫庙来出面商谈。整体来讲湄洲岛的民风很好。

林群华(祖庙):大家从小就是在妈祖的影响下长大的,她的故事影响着大家,大家在这种环境下都会养成和妈祖精神一样的好品德。

朱九珍(湄洲镇政府):我经常车钥匙忘拔,第二天还是在那里,我们海岛人讲话比较大声,但是信仰妈祖,不会去做偷鸡摸狗的事情。我们的店都是安装玻璃门,不会像城里那样再装防盗门,就是放心。

帅:非常感谢大家在年末这么忙还来协助我们调研,你们提到的问题我们会整理汇报。以后如果我们需要的话可能还要麻烦你们。

访谈时间:2017 年 1 月 17 日上午

访谈地点:湄洲岛管委会

受访者:蔡松青(湄洲岛管委会宣传部,以下简称"蔡")、旅游办代表

访谈者:帅志强(莆田学院文化与传播学院副教授,以下简称"帅")

访谈主题:妈祖文化和文明创城如何结合起来?

文字转录:黄淼(莆田学院文化与传播学院汉语言文学系 14 级本科生)

　　　　　　侯颖婕(莆田学院文化与传播学院汉语言文学系 14 级本科生)

帅:妈祖文化和文明创城如何结合起来?

蔡：去年岛上建了两个妈祖义工服务站，主要由学校和机关事业单位的人组成，目的是为了服务岛民及游客，为他们提供便利。日常工作主要围绕以下一些方面展开：为岛民及游客提供饮用水、为游客指路、帮助一些腿脚不方便的人参观景区、为外国游客讲解等等一系列便民服务。在创城工作中，强调做妈祖故乡文明人，将妈祖"立德、行善、大爱"的精神融入文明创城活动里进行宣传。主要措施有短信群发，呼吁岛民全体参与文明创城活动。在大牌坊广场设置流动展板，展示平时工作开展过程中的一些先进事例。

帅：创城活动中政府和宫庙之间有无合作，你们在创城过程中是怎么做的？

蔡：祖庙的妈祖义工在平时会对游客、岛民的不文明行为进行劝导；政府会在景区设置文明标识；通过祖庙开展的一些慈善活动来传播妈祖的大爱精神，如慈善之光、金秋助学活动。在春秋两祭及一些慈善活动中宣传部主要负责策划、指导工作，具体实施由祖庙来完成。

帅：在宣传过程中，如何运用妈祖文化来渗入文明习惯的养成里，如何运用妈祖文化化解在推动文明创城过程中遇到的一些阻力和矛盾，比如岛民养鸡养鸭的问题？

蔡：在创城过程中，一些工作依靠村干部来进行。由村干部带头，大力宣传文明创城活动对环境的有利影响，深入各家各户里签订文明公约。宣传过程中经常提到的是"我们是为妈祖做事的，是为妈祖故乡做事的，我们要做妈祖故乡的文明人"，以此来引导群众参与文明创城。村民也是比较支持的，基本上没有遇到什么大的阻碍。

帅：这种乡风、民风，比如文明乡风建设，在这一方面，是否和妈祖文化相结合，展开一些活动或者有没有一些举措？你们宣传部在这一方面有没有什么做法？

蔡：文明创城、美丽乡村、城市化管理结合起来进行建设。宣传部在文明乡村建设里的一些举措：通过村规民约的制定来推进移风易俗工作的开展。

帅：这些村规民约的制定中，有没有融入妈祖文化或者是妈祖的故事呢？

蔡：湄洲岛自古以来买卖婚姻的陋习盛行，1997 年以来，政府借助岛上的妈祖宫庙董事会开座谈会来宣传买卖婚姻的陋习，宣传过程中也经常融入妈祖的相关故事,比如妈祖的父亲就不干涉妈祖的婚姻问题,没有强迫她要去结婚,而是支持她去做自己喜欢做的事,实现自身的个人价值。以此教导人们学习妈祖父母的开明,抵制买卖婚姻这种陋习。政府还录制了一些短视频,利用湄洲电视频道进行播放宣传。村里的妇女主任、五好工人家庭、先进的青年代表、宫庙的代表以及村里德高望重的老人作为带头人积极宣传"学习妈祖,移风易俗"的活动。除此之外,还展开了问卷调查、摸底动员活动来了解情况,展开活动。这些活动都取得了良好的效果。现在岛内的婚嫁习俗已经和以前大不一样了,形成了良好的风俗习惯。在文明创城和美丽乡村建设中,宣传办还向岛民群发短信,传播妈祖精神,提醒岛民要做妈祖故乡文明人。年底的时候全岛广播倡议书,每天三遍,有莆仙话也有普通话,内容主要是六提倡六反对,呼吁大家文明过节。入脑、入心、入耳,让文明真正地走入大家的心里。

蔡:在乡村管理中,妈祖信俗起着重大的作用。有些因为道路争议而积怨已久的人家会因为妈祖巡游、游灯等一系列有关于妈祖文化的活动而放下积怨,共同修路。一些事情,是村干部解决不了的,这时候就由村里或者宫庙的一些德高望重的老人出面进行调解,一般都能得到比较好的解决。

帅:对于湄洲岛的电瓶车管理方面?

蔡:以前电瓶车会宰客,现在通过政府的引导,电瓶车司机也会向游客简单地介绍妈祖,介绍岛内最近的重大活动。现在是签署了文明创城的协议书,倡导文明交通,一旦发现有违规的地方,查明属实,立即撤销从业资格。宣传办还创建了"文明湄洲群",领导经常在群里表扬那些文明的行为,比如电瓶车年检的时候文明排队、电瓶车积极参加交通安全培训等,以此来提高大家参与文明创城的积极性。

旅游办代表:我就从旅游的角度来谈谈妈祖文化和民俗风情方面的一些做法。2017 年整个莆田市包括湄洲岛推出了一个主线:开展全域旅游建设。何为全域旅游呢? 以前湄洲岛走的是景点化、碎片化的模式,湄洲岛北部地区主要依靠的是祖庙这种景区景点来发展。2017 年市委市政府提出了要建设"美丽莆田,打造全域旅游"这样一个目标。这个目标一提出,我们党工委、旅游局还有管委会等行政部门也认真研究了一下。主要研究湄洲岛的 11 个乡村旅游如何跟妈祖文化结合起来,比如一个一个村里的小旅游、小景区和祖庙、黄金沙滩这些大景区如何有效地链接起来。湄洲岛的旅游资源就像珍珠似的，散落在不同角落。以前都没有一些好的手段将它们串联起来，我们今年主要就是在探索这个方面。我们目前主要通过三个抓手。

一是通过开展国家五 A 级旅游景区这个创建为抓手，最重要的目的是要完善和提升我们全岛的旅游基础设施，目前基础设施推进比较大的有：在文甲码头那边的停车场和游客服务中心、轮渡的提升工程。还有推进旅游标识标牌、三 A 公厕、景区周边的环境综合治理（北部的）的建设。南部的鹅尾神石园的二七工程。以国家五 A 级旅游景区为抓手，完善基础设施主要是为了吸引游客来岛上观光、度假。

二是以文明创城为抓手。通过创城活动，整个湄洲岛都动了起来，让老百姓知道了好的环境对生活的重要性。

三是以全域旅游为抓手。第一期是规划了北埭村和汕尾村，每个村投入了 25 万前期规划经费，目的是为了把村庄里的自然生态、河沟、水渠等基础设施进行完善。周边的沙滩、树林也要保护起来。汕尾村里的文化资源跟妈祖信俗也是息息相关的。这个村里建了一个妈祖行宫，是祖庙妈祖金身巡游全岛的住所。开发过程中用地、用林、用海这些都和老百姓的利益有着直接的联系。我们就打算从信仰方面入手，通过妈祖立德、行善、大爱的精神和老百姓产生共鸣，只有这样老百姓才会支持旅游开发和发展，他们才能一起积极地参加岛上的旅游开发活动。现在这个村里的村民也纷纷开起了民宿，积极参加旅游服务方面的工作。2017 年我们重点推进了湄洲岛中部的一个名叫北埭村的旅游开发。这个村被列入第一批全域旅游的范围内，因为湄洲岛 40% 的渔船捕捞都是出自这个村，当地的老百姓对海产品的加工不是很熟悉，所以我们就计划把这个村变成妈祖信俗展示的一个窗口。展示一些湄洲岛的风俗和风情，比如一些渔船、家具，捕捞场景以及一些海产干货深加工等。通过打响北埭村这个品牌，将当地的特产、美食融入湄洲岛的旅游发展中。此外，这个村里还有很多妈祖信俗的非遗传承人。

帅：我们也很想知道，本地居民和游客之间关系的变化，现在岛上的人们也纷纷开起了民宿，那么他们在服务这方面有没有什么改变（有没有宰客行为）？在这方面你们以前有没有通过什么方式去引导？

旅游办代表：目前就是引导加规划。从引导这方面来说，每个村都设立一些老人协会。这些老人一般都是比较有威望的，或者是在外经商返乡的，以及一些退休的干部职工。村里的一些大事一般也会听他们的意见。还有就是妈祖的分灵庙，这些宫庙也陆续成立了他们自己的董事会。平常依托这些老人协会和董事会搞旅游发展。特别是在旅游旺季或者是重大节庆，比如妈祖文化旅游节、世界妈祖文化论坛、夏季沙滩风筝节等，在这些时候他们就会组织帮忙。平时信众代表也会通过年会、慈善活动等把村民召集在一起，引导他们向上、向善。

旅游办代表：从政府层面而言，妈祖精神和我们社会主义核心价值观是有契合的地方。在旅游旺季期间政府召开座谈会，召开一些旅游行业的市场专项整治的百日会战。平常，我们依托岛上的监管部门和商家签订了一份旅游行业的经营自律承诺书。其实，关于这个"杀猪岛"的问题是很片面的。我们做过统计，2016年的投诉件，我们参与调解的，有43件。与2015年相比，下降了7.8%。投诉的重点集中在门票以及电瓶车事件上。因为湄洲岛是个开放式的景区，全岛其实都算是景区，而岛上的设备又需要维修等，所以就会产生上述的情况。电瓶车的经营权都是属于个人的，并不是政府统一管理的。这些在一定程度上就影响了我们执法的力度。但是，这两年情况已经有所改变。还有就是餐饮方面的投诉。这方面也是比较难处理的，但是我们只要接到投诉，就和工商联合及时地对饭馆进行查处。2016年关于餐饮类的投诉案件处理了有8起，总共立案3起，整治的也比较到位。8起事件都不是很严重，数额都在1000元以下。不像海南、青岛的都是几千上万的。但是我们现在也是比较警惕，目前整个湄洲岛为了解决游客投诉的问题，去年建立了一套完整的工作机制，叫作旅游市场综合整治联动工作机制。把岛上的所有执法部门都纳入了这个队伍中，对一些旅游市场里常见的存在投诉的隐患、消费隐患的点都排查出来。列出条条纲纲，明确各部门的职责和负责范围。还设立了投诉热线4009189966，24小时在线接受投诉。这个平台的工作人员也是经过训练的。对于一般的投诉，能进行调解的，就以调解为主。如果涉及一些投诉人不满意的，或者性质比较恶劣、比较重大的，我们会呈报给上级领导，然后把这些在规定时间内分派出去，实现限时办结的承诺。我们不仅接受投诉，还能对案件进行及时的处理。这方面我认为是走在全市前列的。

　　帅：也就是说你们刚性的政策很好，那么这其中会不会发挥妈祖信仰的力量呢？包括宫庙组织的作用以及信众的作用，包括对游客不文明行为的引导或者是对本岛居民素质提高方面的影响。

　　旅游办代表：对游客来说，如何通过妈祖信俗来规范他们的行为。2016年比较成功的就是我们成立了妈祖义工和妈祖志愿者，他们每逢周末或者是每天客流量比较多的时间段，这些人都会出现在码头及景区景点里，帮助游客解决一些他们遇到的问题。比如询问、指引等。还有就是劝阻一些游客文明旅游、理性消费、理性维权等。在重要的景区景点也设立了妈祖义工工作站。不过，现在游客的普遍素质也比较高了。景区也设立了很多文明标语，以便随时提醒游客注意文明旅游。

　　帅：那些标语会不会融入一些妈祖的话或者故事？

　　旅游办代表：有。我们当时在做这些标牌的时候要求体现人文性、生态性以及与环境的协调性。

　　旅游办代表：针对岛民，我们主要从两方面入手。一方面是依靠老同志、老人来对岛民产生影响，以一传百，积少成多。毕竟人的素质是有差别的，想一夜之间就有成效，那是不可能的。另一方面是依靠学校，学校里有妈祖文化进课堂、进家庭活动。此外，一些老师还专门开发了妈祖的校本课程。用这种方式让下一代来引导他们的身边人，包括长辈、亲朋好友等等。老一辈和下一代两手抓。特别是小学生表演的《梅娘教子》还获得了全国比赛的金奖。这其实也是让家长意识到正是因为妈祖文化及岛内旅游的发展，他们的孩子才能在这样良好的环境里学习，并且参加比赛，还获奖了。这也促使他们更加积极地参加岛内的旅游建设。

　　访谈时间：2017年1月17日下午
　　访谈地点：湄洲岛管委会妈祖故里
　　受访者：妈祖故里园园长
　　访谈者：帅志强（莆田学院文化与传播学院副教授，以下简称"帅"）

文字转录：黄淼（莆田学院文化与传播学院汉语言文学系 14 级本科生）

侯颖婕（莆田学院文化与传播学院汉语言文学系 14 级本科生）

妈祖故里园园长：妈祖对我们乡村的影响还是很大的，比如农村有出现两家因争执道路而最后不来往，路也不让走，后来妈祖巡游的时候就不敢不让走，就这样解决了多年的恩怨。妈祖祖庙每年都会给七十岁以上的老人发养老金。一方面补助老人，让老人好好过年；另一方面就是希望大家学习这种慈善的行为，帮助身边需要帮助的人。很多人会在正月初三到妈祖庙点大香，参与祈福典礼。年轻人有钱出钱，在祈福典礼的时候大家都会相互问候联络，这样相互间也可以相互学习借鉴。老师在教育中融入妈祖文化的做法很多。比如我们常说的立德行善大爱精神，以及妈祖文化中包含的其他要素都可以用在日常教育学生当中去，这种宣传在学生中无形让他们从小学习良好的品德素质。妈祖对湄洲岛的影响可以说是方方面面，不管是精神文明、社会风气、人际关系等都起到很大的促进作用。人际关系方面，比如岛上有一个宫庙是四个村（三个行政村寨下村、高朱村、东蔡村及一个自然村）共同供奉。因为妈祖，四个村可以很友好地一起供奉宫庙，一个宫庙将几个村联系起来。

帅：用信俗来搞乡村建设是否还有改进的空间，或者我们可以去探讨哪些新的举措？

妈祖故里园园长：我觉得湄洲岛可以利用妈祖宫庙、妈祖文化来做乡村旅游。很多人来湄洲岛就拜下妈祖其他地方就不去了，其实乡村很多宫庙也列入了妈祖文化，也很有特色。比如下山村的宫庙也是省级保护单位。外来的人多了，就会促进老百姓的文明程度，也会提高他们的经济收入。各个村的村委会、老人协会、宫庙董事会合作办公可以更好地发扬妈祖文化，湄洲岛是妈祖文化的根，湄洲岛发挥了优势，再慢慢走出去，影响就会更大。元旦之前董事会也派人分别往南往北考察，南下一直到潮汕，就觉得他们对妈祖文化的宣传力度确实很大，往北因为经费原因没有出省，就在宁德苍南一带，学习借鉴下别人怎么做。

帅：村委和宫庙的互动多吗？

妈祖故里园园长：不多，农村的宫庙平时基本是闲置在那里，村委没有将它利用起来做一些活动,或是对人员出入、香火、用电安全的管理。我觉得弘扬妈祖文化,年轻人的参与度还是不够,岛上的年轻人平常经常在外工作,逢年过节回来,现在应该让年轻人参与到进宫庙的建设中。最近祖庙董事会在换届选举,就让稍微年轻点的人参与管理,妈祖文化的传承必须要有年轻人参与。有些老人已经六七十岁了,他的思维思想有些已经跟不上时代的变化。政府也参与妈祖的活动,但是只是阶段性的参与,比如妈祖文化旅游节、海祭,这些都需要政府的协助,政府会组织一部分人参与进来,但不会全部活动参与,没有常态化。政府对于这些活动的参与应该转向常态化。台湾很多人信仰妈祖,在台湾,信仰和政府没有关系,而我们大陆主要靠政府推动。台湾地区的宫庙民间投入很大,长时间都没有受到破坏,而我们则是 80 年代才重新建起。在管理方面,台湾宫庙不管大小都有人在那里为香客服务,但是我们这边乡村宫庙一般就是几个老人在那里守着,这也和宫庙的经费有关。我们现在祖庙的开销也很大,政府也会补贴一些。

访谈时间:2017 年 7 月 6 日晚上
访谈地点:台湾地区台中中科大饭店
受访者:林伯奇(新港奉天宫妈祖资料文献中心主任,以下简称"林")
访谈者:帅志强(莆田学院文化与传播学院副教授,以下简称"帅")
文字转录:贺晨静(莆田学院文化与传播学院新闻 162 班本科生)

1. 妈祖信仰参与环境保护

林:响应环保,以米代金,通过做成像金子一样的米来取代金纸,减少金纸的使用,有很多这种情况,像是你来,我会送你这样。这个米可以带回去大补嘛,袋子给你带回去。比方说你来奉天宫就是投钱嘛,原来是拿香烛,现在是拿一份米进去拜拜嘛,这是宫庙的嘛。
帅:那为什么这一次会封炉呢?
林:这是宫庙引导的,就是开始不烧香。信众能接受吗? 现在有两种方式,一种是原来 7 座香炉 21 炷香,现在只弄 1 炷香,之后拜拜双手合十啦,实现无烟拜拜啦,就是这样。什么一次三炷香啦,现在香的长度减短了,奉天宫把金纸的量减少,都是向环保靠拢。以后还有核能啊!

2. 妈祖宫庙管理

帅:您对宫庙管理有什么宝贵的经验,以奉天宫为例?

林:经验有很多种,台湾的传统宫庙转变到如今的现代化,是有一段过程的。所以它原来只是单纯祭祀,现在则是宫庙与宫庙之间的交流,与当地社团的交流(老人会、政治单位、文化单位),其实它是非常多元化的,影响力也很大。至于管理方法则会因地制宜。

奉天宫将文化推广这一块独立出来,这些东西是在一个属于地方性的大庙,之后他怎么把他的历史定位、文化定位,变成一个文化庙宇的形态。如果只是一般村落的庙宇可能就不用这块。它需要有国际方面的交流,比如像这样的庙有奉天宫、朝天宫、松山慈佑宫等。小一点的庙宇则会有联谊会,比如中华妈祖联谊会、妈祖见面会等等和妈祖有关的会团在台湾有二十几个。其他神明也有联谊会。联谊会原来是当地的信仰组织,现在变成了一种相互交流的方式,这种异地化的连接,原来的当地文化变成台湾的另一种形式,互相学习,可能会放弃自己原本的去学习别人的,这也是台湾庙会近年来出现的一种现象。

我讲一件很简单的事。我关注过晋江的大鼓,就是晋江大鼓那个地方12年才会轮上一次,我注意到这个的原因是台湾也有,那个地方的人搬来台湾,也是12年鼓一次。我那时候做台湾的调查就在奇怪,为什么12年才鼓一次,而且鼓很大,非常热闹,之后看地名和大陆的是不是一样,大陆也出现这样子,但台湾出现一块招牌"节约能源,节约拜拜,尽量少请客",会听到有广告什么样的情况,可是这个情况在台湾原来也是一样,就是他可能请客五六桌,很铺张。可是时代的转变,知识水平的提高,这种铺张现象就会不见,会慢慢消失。这其实是一样的。在农业社会需要吃东西,见到好东西,借拜拜去交流。时间久了,经济情况变好,吃拜拜这种情况有和没有已经差不多了,变成人与人的交谊。之后老人死去,年轻人外出,这样的情况会慢慢消失。经由这样的文化改变,它以后会慢慢淘汰或消失。宗教文化其实也是一样的,而且宗教文化是最容易吸收和嗅到现在文化的转变,其实他是一个很重要的情况,很容易吸收。比如说大陆的表演团体啊！当地的都很大,可不久的将来他们会变小,就和烧纸一样。

现在在台湾都不推什么"一胎化""不胎化",都超生一个,有的也不生了,因为养一个小孩会花费很多钱。现在大陆也在弄这个,鼓励二胎,但很多城市都不想生二胎了,这是一个观念的改变,是自然会出现的问题,而不是目前一直去克制它。

禁止烧金纸,禁止烧香拜拜、放鞭炮,现在大陆也一直在放鞭炮啊。台湾就出现两极化,一极是去指定地方放鞭炮,一极是掌声代替鞭炮。这是一个环保意识的转变,这些转变会造成一般民众的抵触。民间信仰的支架、骨干不要侵扰到,外在怎么变都没有关系,可中心精神被触碰到就像吸毒一样,是一种宗教的狂热与信仰。

宗教造就一个人的精神健康,家里人碰到病人不会特别伤心,他认为他时间到了,神把他带走了。他什么出了问题绝对不会去怪妈祖没有保佑他,潜心拜妈祖,妈祖收他在身边潜心修行,家里人就不会太伤心,之后到庙里拜拜就会感觉见到了亲人。

3. 宫庙引导信众烧纸钱

帅:台湾民众对于传统的问题、烧香的问题等等这些,宫庙是怎么引导信众去接受的呢?

林:这种其实就是自然淘汰率,宗庙不需刻意地讲不行,这样会造成一种反弹。奉天宫原来16个香炉,现在剩4个,这是慢慢不见的,整修庙宇的时候,我因为要整修这个殿,把它收起来,修好就没有再摆回去,香客会有感觉吗?现在就是3个香炉,3炷香,一个一炷,之后再利用什么把里面的香收起来,这是循序渐进的。传统的过快转变会让原来的信仰模式承受不住,所以你要慢慢地把他转变。

政府一直在大力打压放鞭炮,认为这样会产生噪音,产生污染,这样让不同的人有不同想法,因为有金纸业啊！有香烛业啊！这些人怎么办?这些传统行业历经好几代,不可能一下子就不做了,只能减少。原来台湾的金纸造成河床污染,把它浓缩起来,不能做啊,就转往大陆、印尼、菲律宾去做,做好再裁切成金纸。他现在品质变好，数量变少，贬值的问题。

　　信仰和台湾人现在的生活是一样相同的，信仰与人同，拜拜模式与现代人的生活息息相通，就会有相应模式转变。

　　现在台湾想做环保金炉，原来是焚化炉，焚化炉烧垃圾，产生热能，炭再集中处理，循环利用。金纸也是一样，很多庙宇提供环保的金炉，香灰不会乱飘，到空中只剩下水蒸气，烧金纸需要水降温，产生热能发电，现在奉天宫都弄上金炉了，加一些焚化炉去处理，金炉已经比较少去烧了。问题是现在很多庙宇认为这样很麻烦，这样环保局去处理让车运走。可当地人会抗议，认为金纸不能和垃圾一起烧，这样是不尊重。台湾单独做了一间专门烧金纸的，把所有金纸集中运到车上去烧。现在又出现了一种食物链的循环，有这样的环保金炉，死人的出现，她是怎么做宣传的呢？你可以在生前预支死后的金钱，烧了多少金纸用电脑存在虚拟存折上，之后过世的时候拿出存折去烧纸，去地下提款，这样的循环金纸业不会不见。因为我要预支，我要存款，所以要烧多一点，如果烧的少，焚化炉的那个炭量，焚化炉用瓦斯点燃，会浪费瓦斯，所以要先点燃让金纸自燃，才会产生电能。如果量不够，产生不了那么多电能，焚化炉也是没有用的，焚烧有个一定的量，然后虚拟存折还有一张汇率表，地下银行汇率一比多少，这是民间信仰之后做的很大转变。

　　宫庙与金纸业相辅相成，这些东西不见就没法赚钱。现在你去看朝天宫早就封炉了，全都送去焚化炉烧，他一直鼓励信徒多烧，因为会产生电能，卖电给台湾电力公司，维持它的运作。所以它当然要推广啊，所以庙宇当然有推波助澜的力量，之后你特定行业的人要想办法转变，这样宫庙才能配合。所以才会出现以米代金呀，以当地的农特产代金，都有可能。

　　现在环保问题也是一个世界性的话题，也是有外部环境的压力，推导你宫庙也必须这样做。宫庙做一个柔性的转变必然会有食物链，物竞天择，遇到这样的压力肯定会产生不一样的情况，宫庙最容易跟着执政者转变，宫庙进而引导信徒的转变。

4. 宫庙参与社会公益事业

　　林：宫庙利用信仰参与社会公益，奉天宫从小学、中学、高中教育方面的，比如辅助成立乐团,教导学生一些课外活动呀! 去资助他给钱去买乐器之类的,资助贫苦学生,学生的奖助学金;捐赠给医院或消防局,捐救助车,重型灾难防治车,捐血车给卫生局,相关机构提出申请。

这个台北我们没有算过,这个都是他们来申请的。如果是贫困学生我们一年补助 1 万学杂费,23 个村落,这个都是随时随地的。因为可能去世没钱买棺木,我们也有捐。我们有一个急难救助,每个月拨 15% 香油钱给它,不包含其他的,会有妈祖孤儿院直接拨款,比如他的家人没法给他买账,就是从这里。他之后村长提出让填一个表格,然后我们把钱弄进里面去,速度也比较快。这个体现妈祖急难救济的精神,就是民众需要的他可能以不同的捐献方式。我们庙会贴出来,预计今年捐 3 台捐血车,之后认捐。比如一个单位认捐1000(新)台币,之后你们加入 5 个人,单位写 5 个名字。他们愿意去掏钱捐血车也不愿意献血,台湾不怎么乐意捐血,大陆机构献血有激励机制,我们台湾也有,就是很怪,捐血车,病床都很快,你们这边妈祖的大爱和社会关联度很高,渗透很广,所以那时候大陆说两岸最好的和平女神就是妈祖。只要一贴出来,捐饮水机给某学校,我们也捐过。23 个村落 18 个小学的饮水机,总共捐助 100 台饮水机,用认捐的方式觉得会得到妈祖的保佑,又可以利人。我们这些都是专款专用,让你知道你的东西用在哪里,所以以更多人愿意做这件事。这是个循环,因为你对妈祖的信仰很高,所以你愿意付出多余的钱做这件事,妈祖可以利用这件事帮助更多人,用妈祖庙做一个社区的福利。

我们说的传统信仰圈。我们奉天宫的信仰圈就很大,包括 41 个村落,65间庙。如果两个村发生纠纷,原来一个村,人口增多分成两个,因为选举的派系问题造就两个村的村民不和,然后他们就会在妈祖过境的时候握手言和,这样就会化解矛盾。我们在庙会里的迎热闹,可是也会有相反的,比如两个村子你杀了两只猪,我杀了一只,不爽回去再杀一只。他看到你杀两只我三只,两边就打起来了。这时候妈祖庙这个高的单位就要想办法把它平顺起来,就会有代言人啊,此时神明就出现了,就是妈祖的代言人,附身在他身上,这是由所有聚会的人认定代言人这一角色,像这种破迷信的人他们也有自己的思考模式去处理。

之所以在台湾社会依然存在,是因为一个超乎宇宙现象让村落里的冲突平息化,我们都吵到不行,只有信仰能治理我们,这时候需要代言人(赋予代言的人要臣服诚心于他,所以选择时会有很多关卡)。我们搞的感觉是那一瞬间的附体,但后面并不像想象的发挥那么大的作用,按你所说,妈祖在台湾是这样一个权威的角色,去代言化解难题,调解纠纷。

在选择的时候会有当地人传的神奇现象、神话故事,他们家怎样去赋予,怎样去弄他,会有超自然能力让这些人去相信他,他预言的一些事之后会发生,有几个不同的检验方式。比如我们采访过一个在军中当兵的人。这个具有神性附体的人死了,在实际中不能没有,就要通过仪式选择一个新的具有这种特异功能的人,一般在敲锣打鼓的仪式过程中,在 3 公里开外他就会跳啊跳(这说明他已被神灵附体),锣鼓停了,他就好了。宫庙组委这些领导人角色就在讨论这个到底是怎么回事,之后确认说就是他了,下面的疑虑就会少,因为领导人都臣服于他了,之后就会产生很大影响力,发挥很大作用。

5. 运用妈祖影响力调节

林:我们奉天宫的妈祖代言人 100 多年前死掉就没有了,就和达赖喇嘛转世一样,从此不要再有了,我们都是直接去问妈祖。

帅:如果是比较深层次的难题,你们宗庙由谁去调解纠纷,或者利用妈祖的影响力,利用宫庙的权威,是组委吗?

林:董事长来"卜杯"呀!最大领导来进行"卜杯"仪式,所有人都看得到,会变成一种不同的让人们认定的认同模式,这是人家当地的信仰族群里深信不疑的游戏规则,就像达赖喇嘛、班禅他们有一套信仰规划,教导人民的规则,所谓 a 地的信仰模式到 b 地,可能不太实用,因为这是长期文化传承下来的结果,具有地域特色。在以前交通不发达,封闭的时代,他们会觉得他们这样很怪啊,就不会认同,可是现在台湾官方发达,资讯发达,通信发达,就会有思想的转变。

6. 如何延续妈祖文化,如何传承妈祖文化

林:现在台湾信仰妈祖的年轻人很多,信仰出现两极化,爷爷奶奶,孙子很爱拜,爸爸妈妈不爱拜。因为父母在经济发展的时代,努力工作赚钱,他们有

信仰但不会狂热，徒步环台、妈祖进香的都是年轻人，一个和体力有关，和信仰也有很大关系。之前爷爷奶奶是传统的信仰，为了家里平安，还妈祖的愿，很单纯做这件事。而年轻人不是。

我可以让人家注意到我，利用妈祖本身的影响借势造势，少子化的状况没有兄弟姐妹，需要有一个团体的力量，借此凝聚力量。

人是群居动物，借妈祖的力量把这些人聚合起来，我有写过《青少年与庙宇信仰》的文章，也是去莆田。现在很多青年会大讲妈祖青年会等，参加的都是年轻人、大学生，他们本来只是单纯信仰，可是结合之后，帮庙宇做一些事儿，比如如何规划新的活动，奉天宫就会规划徒步环台，勇渡日月潭，登玉山，这都是年轻人的构思。之后庙宇去配合实施，同时也对庙宇有间接影响。虽然影响力没有干扰正式组织，但庙里的人会用这些人做一些先前的实验去尝试。就是说他默认你去做这样的实验，功劳是庙宇的，年轻人要死要活只是高兴而已，受利人是庙的委员。如果做错了，事情就都丢给他们群体，主要是从中学生到大学生这一段，大学毕业忙工作，谁会在意这个事情，庙的底层青年活动力高不高也会影响这间庙的发展，但湄洲的活动学生这些参与都是比较被动的，没有实质的感动。

家里人会拜拜，学校会带学生来参观，宫庙会配合，就比如我们对学生的资助金，在妈祖生日来领啊，考上大学会贴一张红榜单，就是这样一个循环，然后届与届之间就会互相联系起来，而且宗教信仰它比较跨区，不会说我这个年龄是这个阶层，他们上一届是另一个阶层，无法融合。

湄洲是妈祖直接进入课堂，比如小学有一周至少两节妈祖课，我们台湾都期待有这种课，可是我们没有，但这种东西是从小生根的，我们的生活就是如此，而不是上课。小时候跟着阿嬷来拜拜，之后她认为我的祈愿好像也有达到，像新港都把妈祖当朋友、校长一样，她是荣誉校长。在考试时就会讲一个事情，比如我们鼓励高中生参加，就是可以求妈祖呀，10个有2个中奖就好，然后他会把得高分这个归功于妈祖，其实是自己努力。之后妈妈会说是因为妈祖保佑，孩子会认为欠妈祖一个人情，然后他会还愿，这是很基层的，不是由上层规范的，是自发性的。

台湾有文化／教基金会，教导当地小孩子，可是一完小孩子全都跑掉了，不会延续。因为他没有信仰的感动。我们新港朝天宫和新港艺术高中的结合，他们未来请妈祖去学校做开学典礼。因为妈祖是一高的荣誉校长，当时为了祈求这个高中快速建立完成，他们校长就来庙里拜拜，他说希望学校盖好的那天是由他捧着妈祖第一个走进校门，让学生学扛轿子，吹唢呐，做迎妈祖的所有仪式，请庙里协助模仿，这样就用"卜杯"看妈祖愿不愿意给我一颗寿桃。之后他考上大学我们贴红榜单的时候就说有妈祖活动，他就会来，不会去对妈祖说谎，也不会讨价还价。我们跳六一舞（清朝时代祭祀妈祖的舞蹈）的教学高中，280个高中生，教他们跳，会说要买东西，上厕所啊怎么样，280个学生有280种不同的样貌，就会用"卜杯"的方式来让他们继续练，而学生会无形中学到正确的"卜杯"方式，280个学生祭典完之后就是校长"卜杯"，让学生参与这个活动。这个都是我们在那边实地参与，我们奉天宫是从底层上来，从高中，小时候这样一直在那边。

7. 台湾宫庙董事会竞选制度

林：像你们作为庙宇的管理者，你说你们的董事会都要通过竞选，而且你说奉天宫是信众都在选，80以上就可以来登记，满35岁才可以来备选。像我们这次是38个人参加竞选，需要选21个董监事，然后21个人中竞选董事长，我们要投票出这21个，我们选择这个董事，一个人要381票左右才能选上，要买票，他要有一套选举方式，之前他们是由几个人决定公告，委任制，我们是选举制。

帅：哪种制度更好？

林：何董当然希望委任制啦，但他不能控制多少，我也是380多票选出来的，又不差多少，权威会受到挑战，当然要凌驾这些人，他的人气才能领导各种选举啊！选票会找人站票，形成他的资本。像蔡英文他们选举去拜庙就是寻求组委会的支持，这是一个很重要的事情。

帅：你们在财务管理方面有什么明确的制度吗？因为你们1年香火钱这么多，然后支出和收益都是很大的一笔费用，你们使用什么制度来管理这些？

林：董事会去处理开支呀，有严格的会计，因为政府单位要监督你呀！我们叫财团法人，账目明细，送至主管部门，财团法人开出来我们才可以报税结税,都有正规的税务登记。管理委员会只是受县政府管理而已,财团法人受主管部门管理,民政局管理只是看你有没有正常去选举呀,有没有乱花钱,债务有没有被盗,主管部门你一年花了多少经费,什么主管部门都要管理。

湄洲借鉴以外还要自己发展,奉天宫是遇到事情才会转变,有问题找办法,不是一步就能完成的,可能会产生新旧派别,比如朝天宫和奉天宫,一个是拒绝交流,一个要主动交流,这个要怎么解决,当这一派不如这一派的时候就不出来,当这一派赢过的时候,我就出去交流。领导人风格不同庙宇当然也会不同。

帅:财团法人和委任制差别很大吗?

林:委任制也是财团法人,财团法人不管选举方式是什么,就是要产生一组管理人员出来,监督你管理的制度有没有什么问题。委任制你管理制度没问题我要怎么和你讲,他们的不同在于董事会的构成方式不同,组织起来一群人,不同的方式而已,要把组织章程送至主管部门,不管你怎么选出来。你们是海选,他们是内部几个人来选,万年董事长就是这么来的。

附录二：调查问卷

妈祖信俗对社会生活及
社会行为影响的调查问卷（中国大陆）

您好！感谢您在百忙之中抽出时间参与此次的问卷调查活动。您的回答对我们的研究调查工作非常有价值，希望您能根据实际情况认真填写，我们采用的是无记名方式调查，不会造成您隐私信息的泄露。

一、信众基本情况

1. 您的性别是（　　）

　　A. 男性　　B. 女性

2. 您的年龄是_____

3. 您的文化程度为_____

　　A. 小学　B. 初中　C. 高中　D. 中专　E. 专科　F. 本科

　　G. 研究生

4. 您目前的职业是（　　）【可选择多项】

　　A. 农民　B. 工人　C. 个体户　D. 企业家　E. 干部　F. 老师

　　G. 医生　H. 学生　I. 其他

5. 您的家庭年收入水平属于哪个范围？（　　）

　　A. 3 万以下　B. 3 万—5 万　C. 5 万—7 万　D. 7 万—10 万

　　E. 10 万以上

二、信众对妈祖信俗及其活动的认知和参与程度

6. 您最初接触妈祖信俗的动机或原因是(　　　)【可选择多项】

   A. 地区信俗传统

   B. 出于好奇

   C. 受妈祖信俗的核心精神所影响

   D. 受其他人员的影响

   E. 农村生活乏味,寻求精神寄托

   F. 家庭生活困难

   G. 家庭矛盾、意外事故等,希望参与后得到改善

   H. 其他

7. 您知道妈祖信俗的核心精神吗?(　　　)

   A. 知道

   B. 不知道

   C. 不很清楚

8. 您知道当地妈祖庆典和祭祀活动都有哪些吗?(　　　)

   A. 知道

   B. 不知道

   C. 不很清楚

9. 您参加妈祖信俗活动的频率(　　　)

   A. 信教但不参加宗教活动

   B. 很少参加

   C. 偶尔参加

   D. 经常参加

10. 您平时参与妈祖信俗相关活动的途径是(　　　)

   A. 自发的行为

   B. 跟随宗族活动

   C. 按长辈或亲友要求

   D. 随机进行

三、妈祖信俗对信众生活及社会行为的影响

11. 您认为自从信仰妈祖后您的生活有何变化？（　　　）

 A. 心情开朗了

 B. 文明水平提高了

 C. 生活改善了

 D. 与人相处融洽了

 E. 其他

12. 您觉得信仰妈祖对您的学习、工作和生活影响大吗？（　　　）

 A. 非常大

 B. 比较大

 C. 一般

 D. 不大

 E. 没影响

13. 您认为信仰妈祖会产生什么影响？（　　　）

 A. 增强群众归属感,增强凝聚力

 B. 加强闽台之间的文化交流,保护非物质文化遗产

 C. 迷信,有可能被坏人利用,阻碍社会进步

 D. 有利于形成自己的地域特色

 E. 扩大人们交际圈,有利于促进彼此间交流

 F. 规范、约束了日常生活行为

 G. 有利于加强乡村社会管理

 H. 其他_____

14. 您认为定期举行一些重大的仪式能够起到什么作用（　　　）【可多选】

 A. 加深对文化习俗的记忆

 B. 激发感情

 C. 提供信众参加宗教实践活动的机会

 D. 宗教场所敛财

 E. 其他

15. 您认为妈祖宫庙对您和周围的人的生活起了什么作用（　　　）【可多选】

A. 传承文化

B. 促进旅游经济

C. 举行大型文化活动的中心,维系社会生活的纽带

D. 巩固信仰履行信俗功课的地方

E. 休闲娱乐和人际交往、矛盾调解的场所

四、妈祖信俗对信众的社会行为影响

16. 您觉得妈祖信俗是否提高了您对环境保护的意识从而增进环保行为?( )

A. 是　B. 否　C. 没多大影响

17. 您觉得妈祖信俗有没有减少邻里之间纠纷,促进了社会和谐?

A. 有　B. 没有　C. 没什么改变

18. 当您有能力时,您会主动捐出自己的一些收入来帮助有需要的人吗?( )

A. 会　B. 不确定　C. 不会

19. 在这些妈祖信俗活动方面您花费的金钱多吗? 对此您的态度是?( )

A. 多、情愿

B. 不多、情愿

C. 多、不情愿

D. 不多、不情愿

20. 您觉得妈祖信俗是否会激发您保护、传承和发展乡土传统文化的信念和行为?( )

A. 是　B. 否　C. 没什么感觉

五、信众对妈祖信俗与乡村治理的内在关系的态度

21. 您认为还有哪些社会团体可以作为党支部和村委会乡村治理的有益补充?( )【可多选】

A. 村民代表大会

B. 村民小组

C. 家族祠堂组织

D. 老人会

E. 经济类合作社

F. 妈祖宫庙董事会

G. 社区服务站

H. 其他组织_____

22. 您认为妈祖信俗是否有利于乡村治理的顺利进行？

A. 是　B. 否　C. 没什么变化

23. 您认为在乡村治理中是否应该引入妈祖信俗或其他乡土文化的力量？（　　　）

A. 应该，值得大力提倡　B. 都可以，无所谓　C. 不应该

24. 您对弘扬妈祖文化对加强新农村精神文明和乡村文化建设的作用满意度如何？

A. 满意　B. 一般　C. 不满意

25. 您认为村委会对妈祖信俗活动应当采取怎样的管理方式？（　　　）

A. 控制信俗活动的次数

B. 对积极的信俗活动予以支持

C. 严格管理所有信俗活动

D. 较少干预

E. 其他_____

26. 您觉得妈祖信俗对乡村治理起到了什么作用？（　　　）【可多选】

A. 提供精神支持，参与社会教化

B. 提供公共服务，增进社会福利

C. 降低交易成本，活跃乡村经济

D. 促进文化繁荣，丰富民众生活

妈祖信俗对信众生活及
社会行为影响的调查问卷(中国台湾)

您好！感谢您在百忙之中抽出时间参与此次的问卷调查活动。您的回答对我们的研究调查工作非常有价值,希望您能根据实际情况认真填写,我们采用的是无记名方式调查,不会造成您隐私信息的泄露。

一、信众基本情况

1. 您的性别是(　　)

　　A. 男性　B. 女性

2. 您的年龄是_____

3. 您接受了多少年的正规教育_____(具体几年)

4. 您目前的职业是(　　)【可多选】

　　A. 农村劳动者

　　B. 工人

　　C. 个体工商户

　　D. 企业家

　　E. 农村干部

　　F. 教师

　　G. 医生

　　H. 学生

　　I. 手技人

　　J. 其他

5. 您信仰妈祖有多少年了？(　　)

　　A. 5 年以下

　　B. 5—10 年

　　C. 10—15 年

D. 15—20 年

E. 20—25 年

F. 25 年以上

二、信众对妈祖信俗及其活动的认知和参与程度

6. 您最初接触妈祖的动机或原因是(　　)【可多选】

　　A. 地区信教传统

　　B. 出于好奇

　　C. 受妈祖信俗的教义所影响

　　D. 受其他信众人员的影响

　　E. 农村生活乏味,寻求精神寄托

　　F. 家庭生活困难

　　G. 家庭矛盾、意外事故等,希望得到改善

　　H. 其他

7. 您知道妈祖信俗的含义吗?(　　)

　　A. 知道

　　B. 不知道

　　C. 不很清楚

　　D. 一点都不知道

8. 您知道当地妈祖庆典和祭祀活动都有哪些吗?(　　)

　　A. 知道

　　B. 知道一些

　　C. 不知道

9. 您参加妈祖信俗活动的频率(　　)

　　A. 信教但不参加宗教活动

　　B. 很少参加

　　C. 偶尔参加

　　D. 经常参加

10. 您平时参与妈祖信俗相关活动最主要的途径是(　　)

A. 自发的行为

B. 跟随信众

C. 受长辈或亲友影响

D. 宫庙组织邀请及动员

三、妈祖信俗对信众行为习惯和思想观念的影响

11. 您认为妈祖信俗是否对您形成文明的行为习惯和思想意识存在一定的影响?(　　)

A. 是,影响很大

B. 否,完全没有

C. 有一些影响

12. 您觉得妈祖信俗是如何影响您的行为习惯和思想意识的?(　　)

A. 宫庙所提倡的理念

B. 妈祖的教义

C. 参与宫庙所举办的活动

D. 信众之间的交流和沟通

13. 您觉得在妈祖信俗中对您的行为习惯和思想观念造成影响的最主要因素是什么?(　　)

A. 个人虔诚的信仰

B. 妈祖的伟大精神

C. 宫庙的教化作用

D. 浓厚的信仰氛围

E. 信众间的相互监督

14. 您觉得妈祖信俗给您的行为习惯和思想观念带来哪些影响?(　　)【可多选】

A. 加强了自身的环保意识,养成了良好的环保习惯

B. 形成了宽以待人的意识,减少了邻里纠纷的次数

C. 提升了自身乐于助人的优良品德,加强了道德修养

D. 凝聚人际感情,增强了族群认同和文化认同

E. 是一种迷信思想,不利于科学价值观的传播和弘扬

15. 您觉得您在妈祖信俗活动方面花费的金钱多吗?对此您的态度是
(　　)

　　A. 多、情愿

　　B. 不多、情愿

　　C. 多、不情愿

　　D. 不多、不情愿

16. 您会以何种方式传承和保护妈祖信俗,更好地发挥其在乡村建设中
的积极作用?(　　)【可多选】

　　A. 大力弘扬以生态、环保的方式举办宫庙活动

　　B. 争当妈祖宫庙义工,奉献应尽的力量

　　C. 义卖与妈祖相关的周边产品,捐助需要帮助的人

　　D. 开办妈祖信俗教育学堂,弘扬和传播优秀妈祖文化

　　E. 在家风教育中积极宣传妈祖文化精神

17. 您对妈祖文化在乡村文化建设上发挥作用的满意度如何?

　　A. 非常满意

　　B. 满意

　　C. 一般般

　　D. 不满意

18. 您觉得妈祖信俗能够对乡村治理起到什么作用?(　　)【可多选】

　　A. 提供精神支持,参与社会教化

　　B. 提供公共服务,增进社会福利

　　C. 降低交易成本,活跃乡村经济

　　D. 促进文化繁荣,丰富民众生活

19. 您认为在乡村治理中是否应该引入妈祖信俗或其他乡土文化的力量
(　　)

　　A. 应该,值得大力提倡

　　B. 可以,无所谓

　　C. 不应该

附录三：妈祖文化发展概况[*]

2009 年 9 月，受海内外华侨华人，尤其是台湾同胞推崇并"深深扎根在台湾人民精神生活"当中的"妈祖信俗"，被联合国教科文组织列入"人类非物质文化遗产代表作名录"。这是中国首个进入人类非物质文化遗产保护行列的信俗类"非物质文化遗产"，也标志着妈祖信俗已从以华人为主的文化圈，走向人类共同拥有的文化遗产行列。这样，妈祖精神进一步成为人类共同的精神财富。已羽化千年的妈祖，为人类社会的和平与发展再次作出巨大贡献。

妈祖信俗文化以其博大精深的内涵和厚重广博的外延而闻名于世。它以"立德、行善、大爱"为核心，演绎出妈祖祭典、相关习俗、传说故事等主要内容，尤其是妈祖祭祀典礼，是传承中华民族宗教祭祀、名邦礼仪的典礼，上到朝廷，下至百姓，广为推崇，闻名海内外。在清代，妈祖升格成为天后，其祭祀规格得到进一步提升。到清康熙五十九年（1720），妈祖被列为"春秋谕祭"之神，编入国家祀典。之后，雍正帝又下诏祭祀妈祖时行"三跪九叩"礼，使妈祖成为清代祀典中与"文圣孔子""武圣关公"齐名的"女圣妈祖"。自此，妈祖祭典基本定型，以"享太牢之祭、行三献之礼、奏宫弦之乐、演八佾之舞"为基调进行延续，并在后世之人的不断充实修改之下，向着高品位、高格调演变。尽管妈祖祭典活动，在历史发展过程中有过一个时期的中断，但几经恢复、发掘，基本上还是延续了妈祖祭祀大典的传统，演绎成为现在湄洲妈祖祖庙大型的"妈祖祭典"仪式。

妈祖文化内涵丰富，是中华民族优秀传统精神的重要组成部分。根据历

---

* 摘自周金琰：《妈祖祭典》，山东友谊出版社 2013 年版。

史记载,妈祖是公元 960 年(北宋建隆元年)出生在福建莆田湄洲岛的一位神奇女子。她自幼聪明灵慧,学习刻苦,掌握了很多本领,懂天文识医理,又乐善好施,深受乡亲们的敬仰和爱戴。不少的文献史料都记录了妈祖"扶危济困、助人为乐"的故事,如乡亲们生病,她四处寻草药,治病救人;乡亲们出海打鱼,她预测天气变化并告知风暴来临的时间和地点。妈祖救苦济世,在当时成为乡亲们的"及时雨"。妈祖的所作所为都与中华民族传统的美德相契合。公元 987 年(宋雍熙四年),她在一次抢险救难中英勇地献出了年仅 28 岁的生命,用自己的青春年华谱写了一曲中华民族优秀传统美德的颂歌。在妈祖遇难后,人们为表示怀念、哀悼,彰显妈祖精神"不死",就按照当地的习惯,在湄洲主峰建庙奉祀。此后,人们每当遇到困难,都会到妈祖庙"焚香祈求"。因为妈祖的英雄传说给了人们巨大的精神力量,使人们能够排除万难,"逢凶化吉、遇难呈祥",因而衍生出更多妈祖灵验的故事,而这些故事的传播又促使更多的人希望依靠"妈祖保佑"来战胜困难。正因为如此,从宋代妈祖信仰发祥到元、明、清各个历史时期,妈祖与许多民众生活乃至国家的重大事件联系在一起,又产生了许多妈祖"护国庇民"的历史灵验故事。这些故事,不但由信众传播,还得到历代朝廷的信奉支持。通过历代皇帝的三十多次褒封,妈祖封爵从"夫人""妃""天妃"直至"天后",地位极高。妈祖的形象高大而全面,集中华优秀传统美德于一身,是深受人们信奉的多功能保护神的形象。经过千余年的积淀,妈祖文化已成为中华民族优秀文化的重要组成部分,同时也成为中华民族优秀精神的重要组成部分。

妈祖文化外延宽广,涵盖了众多学科。沿海地区人们遇到困难时,总是希望依靠妈祖精神力量的支撑来战胜困难。他们认为能成功地在海上航行,是因为妈祖的保佑,因而在我国历史上的各个时期总有人或著书立说,或建庙奉祀,以感恩妈祖。在我国古代,从关乎社稷的国家大事,到民间百姓的日常生活,都渗透着妈祖文化的影响,从而使许多学科与妈祖文化建立了关联。据记载,宋代路允迪出使高丽,得到妈祖的保护而平安返航,回国后奏请宋徽宗赐"顺济"匾额;元代蒲师文积极开展海运漕运,元世祖褒封妈祖为"天妃";明代郑和七下西洋,一路上将妈祖作为激励船队全体将士齐心合力战胜困难的动力,回朝后,朱棣为此在南京修建天后宫,亲自撰文勒石,建造规模宏大的"御制弘仁普济碑",列举在下西洋过程中得到妈祖保佑的事迹。清初郑成功、施琅在收复台湾的过程中也都有妈祖灵验故事流传,如郑成功战台南赤崁城时得妈祖相助"水涨七尺";施琅战澎湖时得"千里眼、万里耳挥戈助战"所向披靡等。林林总总的妈祖信仰传播活动,使妈祖文化内容涉及政治、军事、外交、历史、天文、地理、城市、医药、工艺、美术等领域,同时也与国家统一、官民关系、经济发展、社会进步以及海外华人华侨创业、国际交流、民族融合等社会活动密不可分。历史上,众多文人墨客留下了数以万计关于妈祖的文献史料,艺术家们也留下了丰富多彩的工艺美术作品,使得妈祖文化内涵更加丰富,外延更为宽广。近年来,许多知名学者也在新的领域开展了妈祖文化研究活动,尤其是研究其在海峡两岸关系中的作用方面已取得丰硕的成果。

妈祖文化已成为维系华侨华人对祖国情感的纽带。宋代进行海外贸易,福建泉州时为东方大港,信仰妈祖的福建人从这里走向东南亚和世界各地;元代海外贸易又伴随航海业的进步而迅速发展;明代拓展了中国海外活动空间,加强与外国联系;清代初期的强盛加大了各方面的流通和传播速度。各个朝代不同程度的发展,使妈祖文化的传播面在海内外不断扩大,并形成了一定的规模,特别是明清时期对日本和东南亚国家产生了巨大的影响。如今,妈祖文化正以更快的速度、更大的规模传播到世界各地。长期在海外生活的华侨华人,当他们遇到困难时,会把妈祖当作战胜困难的精神支柱。尤其是在动荡的岁月中,那些与祖国失去联系的人们,唯有依靠妈祖来支撑心中的生存信念。妈祖成为他们内心向往祖国母亲时的一种精神寄托。每年妈祖纪念节庆时,他们中的许多人还是不远千里,飞洋跨海,奔向祖国,寻根谒祖,朝拜妈祖。在湄洲妈祖祖庙,我们时常可以看到来自澳大利亚、新西兰以及东亚、南亚和欧洲许多国家的华侨华人,捧着妈祖神像来湄洲参加活动。他们把妈祖当作神灵,更当作自己的亲人,当作海外游子联系祖国的情感纽带,对妈祖毕恭毕敬,令人感动。2008年,莆田举行的"天下妈祖回娘家"活动中,就有28个国家和地区的华侨华人组成了浩大的谒祖队伍,齐聚湄洲,同拜妈祖,共叙亲情,其情其景,感天动地。2010年,莆田江口东岳观妈祖阁举行妈祖文化活动,也有18个国家和地区的妈祖信众代表团回国参加。无疑,妈祖已成为海外华侨华人与祖国母亲的沟通桥梁和联系纽带。

　　妈祖精神具有普世价值,必将为海峡两岸和世界和平事业做出更大贡献。当前,在闽台关系发展中,妈祖文化起到了无法替代的作用。2009 年,时任台湾民意机构代表负责人的王金平,在接待大陆妈祖文化参访团时,明确指出两岸关系因为妈祖不断向前发展,终于施行了"两门对开,两马先行","小三通"又因为妈祖实现了两岸直航的"大三通",这是许多事实都可以证明的。如今一提到两岸关系的发展,有谁能忘记妈祖做出的巨大贡献!

　　妈祖由人而神,亦人亦神,其所作所为,亦真亦善亦美。当前社会快速发展,多元文化虽然使社会价值观不尽相同,但妈祖"立德、行善、大爱"的精神,却具有普世价值,为不同国家、不同民族、不同意识形态的人群所认同。中国海神妈祖是"慈悲、勇敢、善良"的仪态,是东方女神的美好形象,极容易深入人心。因此,可以相信,随着中国的崛起,中华民族在世界地位的不断提高,妈祖也将为世界越来越多的人所认知,为世界和平和人类发展做出更大贡献。

　　妈祖信仰是在各个朝代民众祈求妈祖保佑的行为中频繁出现,并因此得到朝廷认可的背景下才逐渐形成的。在这个过程中从民间百姓到朝廷官员的妈祖信徒,频繁开展对妈祖的祭祀并逐步将其规模化和规范化,使祭祀妈祖成为妈祖文化的重要组成部分。

　　"妈祖祭典"是信徒们在祭祀朝拜的过程中,不断对其进行补充、完善,经过一千多年才形成的。在长期的生产生活中,妈祖信众遇到困难都会虔诚地祈求妈祖来保佑自己,能够逢凶化吉、遇难呈祥。无论在家中、在庙中、在海边,还是在船上,信众们心中常怀妈祖,并虔诚地祈求她、祭祀她。与此相应,妈祖祭祀就出现了各种各样的表现形式,如家祭、庙祭、海祭、舟祭等。这些祭祀的时间、地点、人员、内容、道具、供品都不尽相同,产生了一系列个性化的祭祀仪式。在祭祀妈祖的同时,广大信众以各种形态来表现对妈祖的敬仰,尤其是在供品的准备上,出现了多样化的表现形式。如通过一些严谨程序将瓜果、五谷、蔬菜等认真制作,形成一系列质量多样化、数量具体化、种类系列化的供品,使妈祖祭祀活动更加丰富多彩,表现了广大信众对妈祖信仰的虔诚。

　　说到妈祖祭典,要从妈祖祭祀讲起,更要从妈祖信仰的发祥说起。北宋初年,天下初定,百废待举,文化兴起,信仰丛生,妈祖信仰随之诞生。从妈祖出生在九牧林的说法到其父亦官亦民的描述,妈祖身世体系传说被不断完整化和系列化。由于妈祖心地善良又懂天文、识医理,为百姓做了很多好事,受到了乡亲们的推崇。在妈祖 28 岁那年为了救海难英勇献身之后,乡亲们就认为她是羽化升天成仙了,于是建庙奉祀。此后人们有事就去求她,祭祀她,形成了最早的信仰。由于人们崇拜、信仰和有求于妈祖,按照传统的习惯,应烧香、磕头、跪拜并献上供品,就有了最早的妈祖祭祀形式。

之后,妈祖信仰逐步传播,走出湄洲,走出莆田,走出福建。宋高宗杭州"郊祭",还颁布了祭祀的颂文,妈祖祭祀走上了正规的层次。元代国家建立后,定都大都(北京),京城人口剧增,粮食物资缺乏。在当时运输设备落后的情况下,水运成为最佳的运输方式,漕运应运而生。漕运必须满足两个条件:一是要有较大的船只,二是要有技术高超的水手。当时南方物产丰富,大批的物资需要通过水路运到北方。福建的泉州在宋代已经是东方大港,已具备了承担漕运的各种条件。由于当地的水手笃信妈祖,每每船队出发时他们都会祈求妈祖保佑并进行祭祀。明代郑和七下西洋,从南京出发,在太仓举行起航祭祀,到福建长乐候风,补充物资给养,召集高超的水手并多次到湄洲妈祖祖庙进行祭祀,使妈祖的祭祀进入了一个新的层次和阶段。其间,明成祖朱棣根据郑和的报告撰写了妈祖保佑郑和下西洋的诏文,在南京勒石建立了最大的妈祖事迹碑记——御制弘仁普济碑。清朝时,朝廷为完成统一大业,将收复台湾作为当务之急,康熙做了充分的准备,并借助于妈祖信仰的力量。台湾顺利收复后,康熙即颁旨封妈祖为"天后",并谕地方官"春秋谕祭",还"编入国家祀典"。古代妈祖祭祀达到了鼎盛时期。

如今,经过多年发展,在传统习俗的影响下,人们参照宗教仪式的一些仪规和民间文化习俗,形成了高规格、大规模、长时间、多内容的成熟形态——妈祖祭典。妈祖信仰通过多渠道、多领域、多层次的传播,逐步形成了以湄洲妈祖祖庙所在的湄洲岛、莆田为代表的核心区,又从以上核心区通过各种途径传播流向中国大陆(内地)、中国台港澳以及世界各地,形成了广泛的妈祖信仰流播区。妈祖信众的信仰程度以核心区底蕴最厚,并逐步向流播区扩展。所以,在一定程度上核心区祭祀妈祖的形态、规模等都优于流播区,并在长期的发展中衍生出许多相关祭祀习俗。这些习俗和传统的岁时年节紧紧地结合在一起,表现出了旺盛的生命力。在核心区产生相关祭祀习俗的同时,流播区也因祭祀而产生出许许多多与妈祖祭祀有关的习俗活动。这些习俗还通过中国大陆(内地)流向中国台港澳,流向东南亚,流向东北亚,流向世界各地。

　　妈祖祭典活动在长期发展中不断充实、丰富,规模不断扩大,内容不断增多,时间不断延长,成为我国首批非物质文化遗产之一,也成为人类非物质文化遗产的重要组成部分,影响颇广。由于非物质文化遗产在人类社会发展的过程中,会受到各种因素的影响,因而在历史的变迁中就有逐步消亡的危险,这就需要不同阶层——个人、团体、民间、国家、国际等方方面面的保护。因此,保护非物质文化遗产是全人类共同的责任。国家机关、社会团体、民间组织、集体和个人都有义务有责任对其进行相关的保护。

附录四:妈祖文化资料节选[*]

1. 妈祖身世

妈祖是民间百姓对其所崇拜的神祇比较普遍的一种称呼。关于妈祖的名字,不同的地方有不同的叫法。莆田有传说妈祖因出生弥月不哭不啼而得名"默娘",在我国北方人们多称其为"娘娘",而南方则多称其为"娘妈"。随着妈祖信仰的不断传播,受到朝廷的不断重视和褒封,妈祖的称号逐渐"升级",从"夫人""天妃""天后"直到"天上圣母"。妈祖身世扑朔迷离,历史上流传下来的文献资料均无法考证,学界多数人认为她是九牧林的后裔,具体的世系宗谱在林氏族谱和历史史书中有一些相关记载。

(1)历史上莆田文人记妈祖

我国历史资料记载中,未见对妈祖身世的明确记载。在历史上,黄公度、廖鹏飞、丁伯桂、刘克庄、洪希文、周瑛等诸多莆邑文化名人有关妈祖的文字作品中,也均无对妈祖身世的详细记载。黄公度为第一个以妈祖为描写对象写诗的莆田人:"枯木肇灵沧海东,参差宫殿崒晴空。平生不厌混巫媪,已死犹能效国功。万户牲醪无水旱,四时歌舞走儿童。传闻利泽至今在,千里危樯一信风。"黄公度此诗作于南宋绍兴二十一年(1151)冬日,是作者赴岭南上任前夕,应白塘李富的邀请,在参观其重建的圣墩祖庙时有感而发之作。黄公度在诗中提到了民间传说中"枯木肇灵沧海东"的故事(传说圣墩乡民梦见水上漂来一巨型"枯木",有神灵托梦说此乃灵木,"宜馆之",因而把此木雕成神像,

————————
　　* 摘自周金琰:《妈祖祭典》,山东友谊出版社 2013 年版。

并在圣墩建庙奉祀)。在诗中黄公度提到了当时宫殿建设规模和妈祖身世及其影响,根据"平生不厌混巫媪"一句,有人断定妈祖生前为"巫"。这就与后来学界的观点及习惯称妈祖为聪明的渔家女和其父为"都巡检"的官家女的说法有出入。这种对妈祖形象描述极为模糊的状况持续了很长一段时间。然而在廖鹏飞应李富之邀请撰写的《圣墩祖庙重建顺济庙记》中,有了关于妈祖的一些较为具体的描写。这碑记成为目前学界所知的第一篇较为系统地记述妈祖生平、灵验事迹的文献史料,其中对妈祖的描写:"世传通天神女也,姓林氏,湄洲屿人。初,以巫祝为事,能预知祸福。既殁,众为主庙于本屿",只简单提及了妈祖的一些情况,对妈祖的身世也未明确书写。到宋朝嘉泰二年(1202),进士丁伯桂《顺济圣妃庙记》中有"神莆阳湄洲林氏女,少能知人祸福,殁庙祀之,号通贤神女,或曰龙女。莆宁海有堆,元祐丙寅年,夜观光气,环堆之人,一夕同梦曰:'我湄洲神女也,宜馆我。'于是有祠圣堆"的描述。丁伯桂的描写内容与廖鹏飞碑记中所写内容基本一致。后刘克庄作《枫亭新建妃庙》,其中有"非但莆人敬事,余北游边,南使粤,见承楚番禺之人,祀妃尤谨。而都人亦然,海潮啮堤,声憾行阙,官投璧马不验,冲决至艮山祠,若为万弩射回者。天子警异,赐妃嘉号,特书不一书,令为'灵惠嘉应协正善庆妃',又封妃父曰某侯,母曰某夫人"的描写。

这篇作于南宋宝祐四年(1256)年间的文章,对妈祖灵验事迹作出了一些具体描写。文章中,还对妈祖被褒封为"灵惠嘉应协正善庆妃",父及母都受褒封作了详细记述,但未有具体的身世描写。直到元朝黄仲元在《圣墩顺济祖庙新建蕃厘殿记》载:"按旧记,妃族林氏,湄洲故家有祠,赫赫公家,有齐季女",才提及妈祖是湄洲人,湄洲故家有祀祠之类。最为重要的是,对黄公度所持妈祖为巫的观点作了彻底否定。这篇文章作于元大德七年(1303),在《白塘李氏族谱》中也有这些内容。至此,黄仲元作为元代的莆田文人,对妈祖身世提出了不同的观点。明朝时,莆邑学人黄仲昭修纂的《八闽通志》中,收录了倪中有关改变"妈祖身世"观点的文章,如《天妃庙记》"神姓林,世居湄洲屿,都巡检孚第六女"。第一次把妈祖冠以"都巡检第六女"的身份。明代周瑛在弘治《兴化府志》中记述:"予幼读郡志,得绍熙初本亦称妃为里中巫,及再见延祐本,称神女,今续志皆称都巡检愿女,渐失真矣。"这个时期,妈祖的身世"都巡检愿"第六女的身份已初步确定。

莆邑文人对妈祖身世的表述基本就是这些,宋时不明确,元时认为其为官家子女,明清时期对其身世的认识逐步丰满和明朗化并达成一致,即妈祖为莆田九牧林后裔。

(2)名典记述妈祖身世

历史上关于妈祖身世的记载,不同时期说法不一,到明末清初湄洲妈祖祖庙住持僧照乘编撰《敕封天后志》才有一致说法。《天妃显圣录》《敕封天后志》两书是学界公认的有关妈祖的经典著作。

《天妃显圣录》记述:"天妃,莆林氏女也。始祖唐林披公,生九子,俱贤。当宪宗时,九人各授州刺史,号九牧。林氏曾祖保吉公,乃邵州刺史蕴公六世孙州牧圉公子也,五代周显德中为统军兵马使。时刘崇自立为北汉,周世宗命子孚都点检赵匡胤战于高平山,保吉与有功焉。弃官而归,隐于莆之湄洲屿。子孚承袭世勋,为福建总管。孚子惟悫讳愿,为都巡官,即妃父也。娶王氏,生男一,名洪毅,女六,妃其第六乳也。二人阴行善,乐施济,敬祀观音大士。父年四旬余,每念一子单弱,朝夕焚香祝天,愿得哲胤为宗支庆。岁己未夏六月望日,斋戒庆赞大士,当空祷拜曰:'某夫妇兢兢自持,修德好施,非敢有妄求,惟冀上天鉴兹至诚,早赐佳儿,以光宗祧!'是夜王氏梦大士告之曰:'尔家世敦善行,上帝式佑。'乃出丸药示之云:'服此当得慈济之贶。'既寤,歆歆然如有所感,遂娠。二人私喜曰:'天必赐我贤嗣矣!'越次年,宋太祖建隆元年庚申(960),三月二十三日方夕,见一道红光从西北射室中,晶辉夺目,异香氤氲不散。俄而王氏腹震,即诞妃于寝室。里邻咸以为异。父母大失所望,然因其生奇,甚爱之。自始生至弥月,不闻啼声,因命名曰'默'。幼而聪颖,不类诸女。甫八岁,从塾师训读,悉解文义。十岁余,喜净几焚香,诵经礼佛,旦暮未尝少懈。婉娈季女,俨然窈窕仪型。十三岁时,有老道士玄通者往来其家,妃乐舍之。道士曰:'若具佛性,应得度人正果。'乃授妃玄微秘法。妃受之,悉悟诸要典。十六岁,窥井得符,遂灵通变化,驱邪救世,屡显神异。常驾云飞渡大海,众号曰'通贤灵女'。越十三载,道成,白日飞升,时宋雍熙四年丁亥秋九月重九日也。"

《敕封天后志》中《天后本支世系考》记录:"唐天子詹事讳披,生九子,皆官刺史,世称九牧。第六子唐邵州刺史,谥忠烈,讳蕴,生子讳愿。愿生四子。第三子圉,仕闽王审知为州牧,即后之高祖也。子保吉。保吉生子孚,为福建总管。孚生惟悫,为都巡官。惟悫生洪毅及六女。后,其第六女也。所修家乘,昭穆亦复秩然。世有以后尊荣,奄为己房所出,将其先代而改易之。按后之高曾祖父兄皆出仕,其父兄又经敕封,奚堪泯没? 当年端州刺史公房提学讳麟焻所作序文,已昭然可考,毋烦置辨。又有云:后父名愿,不应犯六世祖讳;细思五代递及宋初,纷纷多事,且托处海滨,想亦未计及此。今阅其祖祠神主及其族谱,皆称惟悫,则相传名愿非。"

《天妃显圣录》《敕封天后志》两书,对妈祖身世作了明确记载,并从唐代林披开始到妈祖父亲林愿的林氏宗谱作了详细记载,表达十分清楚。

(3)林氏族谱中的妈祖

《林氏族谱》中对妈祖身世的记载,基本上就是说妈祖为九牧林后裔。《湄洲妈祖志》也是这样表述:"林披(733—802),字茂彦,唐天宝十年(752)明经擢第。官终朝散大夫、检校太子詹事、苏州别驾,赠睦州刺史,赐紫金鱼袋、上柱国。生九子,名曰:苇、藻、著、荐、晔、蕴、蒙、迈、蔇,俱官至刺史(州牧),故世称'九牧林',今莆田西天尾镇龙山村九牧祖祠尚存。""九牧"第六房始祖林蕴(770—810),字复梦,唐贞元四年(788)明经及第,官终邵州刺史,著有《林邵州集》。迨至乾隆四十三年(1778),"九牧林"后裔林清标把《天妃显圣录》改编为《敕封天后志》,其卷后附载《天后本支世系考》一文,对《天妃诞降本传》的世系记载作了修改:"唐太子詹事披。生九子,皆官刺史,世称'九牧'。第六子唐邵州刺史,谥忠烈,讳蕴,生子愿。愿生四子,第三子圉,仕闽王审知为州牧,即后之高祖也。子保吉,弃官归隐,保吉生子孚,为福建总管。孚生惟悫(一云名愿),为都巡官,惟悫生洪毅及六女,后其第六女也。"《湄洲妈祖志》综合各种版本的内容,形成了个比较完整的体系,把各种版本体系记述简化为谱系就是:披(一世)—蕴(二世)—? (三世)—? (四世)—?(五世)—? (六世)—圉(七世)—保吉(八世)—孚(九世)—惟悫(十世)—洪毅(十一世)。也就是说,妈祖是唐"九牧林"始祖林披的第十一代孙女。

《林氏族谱》多个版本对妈祖身世表述大同小异,虽然因不同年代编修的原因而小有改动,但万变不离其宗,都是把妈祖列入林家后裔,还把妈祖称为

"祖姑",并一代一代传下去。

2. 妈祖由人及神

妈祖的一生虽然很短暂,但其生前的故事充满了传奇色彩。许多传说反映了那个时代的政治、经济、文化等方面的一系列特征。从这些传说的字里行间可以看出,妈祖一生扶危济困、舍己为人,有着无私奉献的高贵品格。这些流传在民间的故事,除了描写妈祖生前事迹外,还描写了妈祖"羽化升天"之后作为"神灵"的一些显灵故事。细究历史上保留至今关于妈祖生前事迹的故事,可以发现其作为人充满了爱心的优秀品格。而作为描写妈祖羽化之后事迹记叙的显灵故事,则突出了妈祖作为神的特质,以助人为乐的故事核心,来具体体现其由人到神的过渡及演变。

(1)妈祖生平

据史料记载,《天妃显圣录》等妈祖生平描写基本围绕着以下轨迹:宋建隆元年(960)农历三月廿三,妈祖出生在湄洲屿上林村(现为湄洲岛东蔡村)林家大院,因其出生弥月不啼不哭,人们称她为"默娘"。她聪明灵慧,记忆过人,八岁时就能诗擅赋,通读各种书籍,十三岁时就经常礼佛并且懂天文识医理,经常为乡亲们看病寻药,为乡亲们解除病痛,经常预测刮风下雨,为乡亲们打鱼提供天气上的保障。她的种种行为受到乡亲们的崇敬和爱戴,乡亲们遇到困难时都愿意找她,而且都能得到她的帮助而如愿以偿。关于妈祖生平的传说有较多的版本和文字记载,现选其中的一部分。

①窥井得符

妃少时,与群女闲游,照妆于井中,忽见神人捧铜符一双,拥井而上,有神侍仙官一班,仿佛迎护状。诸女骇奔,妃受之不疑。少顷,乘虚而化。众报父母及里邻,视铜符果出神授,莫不惊异。自此符咒径可辟邪,法力日见玄通。常身在室中,神游方外,谈吉凶祸福,靡不奇中。

②机上救亲

秋九月,父与兄渡海北上。时西风正急,江上狂涛雷起,妃方织,忽于机上闭睫游神,颜色顿变,手持梭,足踏机轴,状若有所挟而惟恐失者。母怪,急呼之,醒而梭坠,泣曰:"阿父无恙,兄没矣!"顷而报至,果然。彼时父于怒涛中仓皇失措,几溺者屡,隐似有住其舵与其兄舟相近,无何,其兄之舵摧舟覆。盖妃当闭睫时,足踏者父之舟,手持者兄舵也。

③化草救商

屿之西有乡曰门夹,当港口出入之冲,礁石错杂。有商舟渡此遭风,舟冲礁漫水,舟人哀号求救。妃曰:"礁石中商舟将溺,可急拯。"众见风涛震荡,不敢向前。妃乃掷草数根,化成大杉,排驾至前。舟因大木相附,得不沉。少顷,风渐平,浪渐息,舟中人相庆,皆以为天助。及阁岸整理舟楫,倏见大木飘流,不知所向,询乡人方知化木附舟,悉神姑再造力。

④菜甲天成

湄洲有小屿,住旁流中。一日,妃游至其地。适母遣人以菜子油遗之。妃倾之地上。遂抽芽解甲,灿然青黄,布满山塍。不烦播种,四时不绝,自生自熟于荒烟断沁之间。茎干花叶,可以荐神供佛,名曰菜子屿。乡人采之为仙葩神卉。至今犹野香郁郁。斥卤之外,洵为胜概。

⑤挂席泛槎

妃时欲渡江,值舟中篷桨不备。舟子以风涛汹涌,不敢解缆。妃曰:"无事! 此即草席代之。"令人悬于桅端。帆起舟驶,恍若凫鸥之浮沫。白云一苇,入水不濡,碧海孤帆,与波俱出。追狂飙而鼓棹,破巨浪而旋槎。观者惊为飞渡。

⑥铁马渡江

时渔民往北采捕,海岸乏舟。妃渡水无楫,取檐前所悬铁马,鞭而策之,跨江如奔电追风。人见青骢行水,天马腾空,且怪且愕。及登岸,又不见解鞍嘶秣,尤为惊异。

⑦祷雨济民

妃年二十一岁时,莆大旱,山焦川涸,农民告困。通郡父老咸曰:"非神姑莫解此厄!"县尹诣妃求祷。妃往祈焉,拟壬子申刻当雨。及期,日已午,烈焰丽空,片云不翳。尹曰:"姑殆不足称神乎!"未几,阴霾四起,甘澍飘洒,平地水深三尺,西成反获有秋。众社赛日,咸欢呼顶礼,称神姑功德不可思议!

⑧降伏二神

先是西北方金水之精,一聪而善听,号"顺风耳",一明而善视,号"千里

眼",以金水生天,出没西北为祟,村民苦之,求治于妃。妃乃杂迹于女流采摘
中,十余日方与之遇。彼误认为民间女子,将近前,妃叱之,遽腾跃而去,一道
火光如车轮飞越,不可方物。妃手中丝帕一拂,霾障蔽空,飞扬卷地。彼仍持
铁斧疾视。妃曰:"敢掷若斧乎?"遂掷下,不可复起。因咋舌伏法。越两载,
复出为厉,幻生变态,乘涛骑沫,滚荡于浮沉荡漾之中,巫觋莫能治。妃曰:
"江河湖海,水德攸钟,彼乘旺相之乡,须木土方可克之。"至次年五六月间,络
绎问治于妃。乃演起神咒,林木震号,沙石飞扬。二神躲闪无门,遂拜伏愿皈
正教。时妃年二十三。

⑨龙王来朝

东海多神怪,渔舟多溺。妃曰:"此必怪物为殃。"乃命舟鼓枻,至中流,风
日晴霁,顷望见水族辏集,锦鳞彩甲,跳跃煦沫,远远涛头,拥一尊官类王子仪
容,鞠躬嵩呼于前,水潮汹涌,舟人战栗不已。妃曰:"不须忧。"传示免迎。突
然水色澄清,海不扬波,始知龙王来朝。以后凡遇后诞辰,水族会洲前庆贺。
是日,渔者不敢施罟下钓。

⑩收伏晏公

时有负海怪物曰"晏公",每于水中趁江豚以嘘风,鼓水妖以击浪,翻溺舟
楫,深为水途大患。妃游至东溟,见一碧万顷,水天涵泓。半晷间,江心澎湃,
舟子急呼曰:"桅舵摇撼矣。"妃令抛椗,见一神掀髯突睛,金冠绣袖,随潮升
降,触缆拂樯,形如电扫雷震。后色不动,显出灵变,忽旋风翻浪,逆湃倒澎。
彼伏神威叩谢,荡舟而还。但一时为法力所制,终未心服。继假逞色相,变一
神龙,挟雾翼云,委蛇奔腾。后曰:"此妖不除,风波不息!"乃抛椗中流。龙左
翻右滚,机破技穷,仍还本象,惟见整然衣冠,俨一尊神,驻椗不动。妃命投下
绯绳,彼近前附摄,不觉随摄随粘,牢固难解,飘荡浮于水上,始惧而伏罪。妃
嘱之曰:"东溟阻险,尔今统领水阙仙班,护民危厄。"由是永依法力,为部下
总管。

(2)妈祖羽化升天后的故事

宋雍熙四年(987)农历九月初九,妈祖在抢救海难时献出年轻的生命。
乡亲们认为妈祖如此慈悲、善良、勇敢、无私,不应该离开,而是羽化升天,所以
就在湄洲主峰建庙祀奉,把妈祖奉为神灵。此后每当遇到困难的时候,人们首

先想到的就是焚香膜拜,祈求妈祖保佑,而在当时人们看来,祈求妈祖保佑后,似乎都能逢凶化吉、遇难呈祥,十分灵验。久而久之,妈祖就成为人们心中的保护神,关于其灵验的故事也更加丰满和完善。

①湄山飞升

宋太宗雍熙四年丁亥(987),妃年二十八。秋九月九日,妃语家人曰:"心好清静,尘寰所不乐居。明辰乃重阳日,适有登高之愿,预告别期。"众咸以登临远眺,不知其将仙也。次展焚香演经,偕诸姊以行,谓之曰:"今日欲登山远游,以畅素怀,道门且长,诸姊不得同行,伤如之何!"诸人笑慰之曰:"游则游耳,此何足多虑。"妃遂径上湄峰最高处,但见浓云横岫,白气亘天,恍闻空中丝管声韵叶宫徵,直彻钧天之奏,乘风翼霭,油油然翱翔于苍旻皎日间。众咸歔骇惊叹,只见屋虹辉耀,从云端透出重霄,遨游而上,悬碧落以徘徊,俯视人世,若隐若现。忽彩云布合,不可复见。嗣后屡呈灵异,乡之人或见诸山岩水洞之旁,或得之升降趺坐之际,常示梦显圣,降福于民。里人畏之敬之,相率立祠祀焉,号曰"通贤灵女"。时仅落落数椽,而祈祷报赛,殆无虚日。

②显梦辟地

湄屿初建庙宇,甚窄狭。有长者之子善信,居山之西,妃乃托之梦曰:"我庙宇卑隘,为我扩之,当昌尔后。"是夜夫妇协梦,清晨造庙拜答,愿依神命。乃辟地购金,增厥式廓,庙貌启而维新焉。

③祷神起碇

季春有商三宝者,满装异货,要通外国,舟泊洲前。临发碇,胶弗起,舟人入水,见一怪坐碇不动,急报客,大惊。登岸询洲人:"此方何神最灵?"或曰:"本山灵女极称显应。"遂诣祠拜祷。恍见神女优游碇上,鬼怪辟易,其碇立起。乃插香一瓣于祠前石间,祝曰:"神有灵,此香为证,愿显示征应,俾水道安康,大获赍利,归即大立规模,以答神功。"迨泛舟海上,或遇风涛危急,拈香仰祝,咸昭然护庇。越三载,回航全安。复造祠,见前所插瓣香,悉盘根萌芽,化成三树。正值三月二十三日神诞,枝叶丛茂,香气郁郁缤纷。商人奇其感应,捐金创建庙宇,焕乎改观。及宋仁宗天圣中,神光屡现,善信者复感灵异,广大其地,廊庑益增巍峨。

④铜炉溯流

宋哲宗元符(1089—1100)初,莆南六十里地名曰枫亭,其溪达海,系南北通津。戊夷,潮长时,水漂一铜炉,宝色烨然,溯流而至。乡人观者如堵,咸啧啧称奇。众下水取而藏之。是夕,枫人同得梦云:"我湄神也,欲为尔一乡造福。"相传异其事,爰备香花奉铜炉至锦屏山下,草构数椽祀焉。凡祷祝者无不应验。里人林文可感神灵默佑,割田与众募建以广之。

⑤朱衣着灵

宋徽宗宣和四年壬寅(1122),给事中允迪路公奉命使高丽,道东海,值大风震动,八舟溺七,独公舟危荡未覆。急祝天庇护,见一神女现桅杆,朱衣端坐。公叩头求庇。仓皇间风波骤息,借以安。及自高丽归,语于众。保义郎李振及墩人备述神妃显应。路公曰:"世间惟生我者恩罔极,我等漂泊大江,身濒于死,虽父母爱育至情,莫或助之,而神姑呼吸可通,则此日实再生之赐也。"复命于朝,奏神显应。奉旨赐"顺济"为庙额,蠲祭田税,立庙祀于江口。

⑥圣泉救疫

宋高宗绍兴二十五年(1155)春,郡大疫。神降于白湖旁居民李本家,曰:"瘟气流行,我为郡请命于帝;去湖丈许有甘泉,饮此疾可瘳。"境内罗拜神赐。但此地斥卤,疑无清流,以神命凿之,及深犹不见泉。咸云此系神赐,勉加数锄,忽清泉沸出,人竞取饮之,其冷若醴。汲者络绎于路,至相争攘。朝饮夕瘥,人皆腾跃拜谢曰:"清泉活人,何啻甘露,真有回生之功!"乃锄为井,号曰"圣泉"。郡使者奏于朝,诏封"崇福夫人"。

(3)妈祖为神演变

诸多流传在民间的妈祖生平故事记录了妈祖生前各种事迹,如《化草救商》《兴泉救饥》《祷雨济民》《圣泉救疫》《菜甲天成》等,描写妈祖为了乡亲们,不怕辛劳,排除万难,做了许多好事,备受乡亲们推崇和爱戴的一生。妈祖羽化升天以后,人们把妈祖奉为神灵,至今民间仍流传着许多妈祖灵验的故事,如《湄山飞升》《显梦辟地》《祷神起碇》《枯楂显圣》《铜炉溯流》《朱衣着灵》等,描写了妈祖虽已从人变化为神,仍时刻心系百姓,护佑乡民,不忘救苦救难的高尚品格。

从妈祖生前的助人故事到妈祖羽化升天后的灵验故事,体现了妈祖从人到神的转化。下面是妈祖作为神灵被人们敬奉的一些记载,通过这些记载我们可以进一步了解妈祖由人到神的演变过程。

绍兴二十六年(1156),以郊典特封为灵惠夫人。二十七年(1157),莆城东五里许有水市,诸舶所集曰"白湖"。岁之秋,神来相宅于兹。章氏、邵氏二族人共梦神指立庙之地。丞相俊卿陈公闻之,验其地果吉,因以奉神。岁戊寅(1158),庙成。三十年(1160),流寇刘巨兴等啸聚,直抵江口。居民虔祷于庙,忽狂风大震,烟浪滔天,晦暝不见,神灵现出空中。贼惧而退。既而复犯海口,神又示灵威,贼遂为官军所获。奏闻,天子诏加封"灵惠、昭应夫人"。

3. 早期妈祖信仰的传播

在妈祖羽化升天之后,民间产生了许多妈祖灵验的故事,这些故事中有莆田当地的,也有外地的,说明当时妈祖信仰已经开始由莆田向外地传播了。《八闽通志》记载:"平海上,天妃庙在卫城东南海隅,宋咸平二年建。"明确了"公元999年平海建有天后宫"。平海距离湄洲岛几十里,位居大陆,妈祖信仰从湄洲传播到大陆并建有分灵庙,说明当时的妈祖信仰传播已经具备了一定规模,奠定了一定的底蕴,也就是说湄洲妈祖祖庙已经开始向各地分灵妈祖庙,妈祖信仰已开始传播与发展。

(1)妈祖信仰在莆田奠定基础

莆田各个地区离湄洲岛都很近,妈祖信仰发祥不久,此地就建了许多妈祖庙。如莆田宁海顺济庙,有记载明确指出其为莆田早期建筑的妈祖庙之一,在莆田历史上具有重要意义。廖鹏飞《圣墩祖庙重建顺济庙记》,记载了建庙的经过。在《天妃显圣录》的记述中,也可以得到印证。故事大意是宋哲宗元祐元年丙寅(1086),莆海东有高墩,去湄百里许,常有光气夜现。渔者疑为异宝,伺而视之,乃水漂一枯楂发焰,渔人拾置诸家。次晨视之,楂已自还故处。再试复燃。当夕托梦于宁海墩乡人曰:"我湄洲神女,其枯楂实所凭也,宜祀我,当赐尔福。"父老异之,告于制干李公。公曰:"此神所栖也。吾闻湄有神姑,显迹久矣。今灵光发见昭格,必为吾乡一方福。叩神之庇,其在斯乎!"遂募众营基建庙,塑像崇祀,号曰"圣墩",祷应如响。乡绅陈俊卿献出自己的地产筹建白湖顺济庙,成为当地流传至今的美谈。不久涵江顺济庙等妈祖庙也相继建成。有资料表明北宋时莆田建有妈祖庙十多座。著名文学家刘克庄书有"灵妃一女子,瓣香起湄洲"的诗句,说明当时妈祖的信仰传播在莆田已经形成了规模。诗句当中明确透露出几个信息:妈祖是位年轻的女子,已经成为"灵妃";她灵验的"瓣香"从湄洲岛起向外不断延伸。

(2)妈祖信仰在民间广泛传播

妈祖信仰在莆田传播之后,又不断向外扩展。泉州距离莆田百里,从莆中开船,如果顺风顺水几个小时就能到达,妈祖的传播通过水路传来也比较方便。再说当时莆田和泉州属于同一个区域,这让妈祖信仰一下子就可以全面铺开。根据资料可以看出,当时泉州天后宫所建立的位置十分重要。据清乾隆《泉州府志》引明隆庆《府志》记载:"宋庆元二年,泉州浯浦海潮庵僧觉全梦神明作宫,乃推里人徐世昌倡建。实当笋江、巽水二流之汇,番客舶航聚集之地。"明顾珀《泉州天妃庙记》亦谓:"吾泉有灵济天妃宫,创自宋庆元间,奠于郡城之南。浯江横其前,三台护其后,左法石,右紫帽,亦郡中形胜地也。"妈祖信仰在向南传播的同时也向北传播,如向距离莆田只有百多里的福州传播。据《八闽通志·祠庙·福州府闽县》记载:"弘仁普济天妃宫,在水部门内之左城垣下,宫之创已久。元至正十七年宪使兀鲁台庄嘉、副使郭兴祖、行省平章阿里温沙扩而新之。"明万历《福州府志·礼典志·祠庙》记载:"天妃宫,在水部门内城垣下,建自前代,国朝永乐至万历年间累经重修。"……经过一段时间的传播,妈祖信仰已蔓延至莆田并向晋江、惠安、泉州、同安、霞浦、福州、宁德等地扩展。

(3)朝廷的认可

因为各种原因,妈祖信仰的早期传播区域和速度均受到了很大的限制。一直到宋宣和四年(1122),路允迪出使高丽,中途遇到大风,"八舟七溺"狂风巨浪把路允迪的出使队打得七零八落,眼看路允迪的船摇摇晃晃即将沉没。路允迪旁边的保义郎李振是莆田人,他知道妈祖对于海上航行的保佑非常灵验。于是向路允迪报告说,按照莆田人的习俗,在海上遇见危险应该求助妈祖。路允迪在无奈之下只好尝试,祈求妈祖保佑,最终路允迪平安回朝。他回想海上遇难的前前后后,感到幸亏妈祖保佑,自己才可平安回朝,否则后果不堪设想。因而向当朝皇帝宋徽宗启奏,并把海上遇险,妈祖保佑平安回来的过程——奏明,宋徽宗当即赐匾"顺济"。这个"顺济"成为皇帝为妈祖颁发的第一个匾额,使妈祖信仰实现了三个跨越:一是妈祖从莆田一个名不见经传的地方神灵,成为普天下皆知的神祇;二是妈祖从民间流传,成为朝廷认可的神祇;三是妈祖的灵验传说从局域性的莆田地方走向全国各地。

4. 湄洲妈祖祖庙

湄洲妈祖祖庙,俗称祖庙,位于福建湄洲岛国家旅游度假区,是妈祖文化的发祥地,是人类非物质文化遗产"妈祖信俗"的核心区,占地600亩,建筑面积6000平方米。据不完全统计,海内外妈祖信众近2亿人,有6000多妈祖宫庙分灵庙。

历史上自妈祖信仰发祥起,历经宋、元、明、清几个朝代,每朝每代都有专职的神职人员负责主持日常庙务。1966年,湄洲妈祖祖庙遭到破坏,只剩下寝殿、正殿、圣父母祠(佑德祠)等建筑物。

(1)历史沿革

宋雍熙四年(987)农历九月初九,妈祖因救助海难而逝,人们感念其恩德,在湄洲岛上为其建庙奉祀。这就是世界上第一座妈祖庙,因而被尊称为"祖庙"。据文献记载,当时的庙宇仅"落落数椽",但"祈祷报赛,殆无虚日"。后来经商人三宝等妈祖信众不断"鸠资扩建",到宋天圣年间(1023—1032),"廊庑益增巍峨",此时的祖庙已初具规模。

元朝时,妈祖祖庙进一步扩建,庙宇"面势轩豁","殿阁肆兀"。洪希文在《题圣墩妃宫》诗中,描写了其"粉墙丹桂辉掩映,华表耸突过飞峦"的景象,反映出当时妈祖庙的建筑盛况,也可以从另一个侧面体现此时湄洲妈祖祖庙已更具规模。

到了明代,湄洲妈祖祖庙又加扩展。洪武七年(1374),察州卫标务使周坐主持重建寝服、香亭、鼓楼、山门。永乐初年(1403),郑和下西洋时,因得到妈祖庇佑,遂奉旨遣官整修祠庙。宣德六年(1431),郑和最后一次下西洋之前,亲自与地方官员备办木石,再次修整湄洲妈祖祖庙,使其规模更大。

清康熙二十二年(1683),福建总督姚启圣重建钟鼓楼和山门,又把原"朝天阁"改为"正殿"。尔后,姚启圣欲赴台湾颁布第一道诏书,此行只有刮西北风才能顺风顺水,按时到达台湾。为了达到这个目标,他特地到湄洲妈祖祖庙祈求妈祖赐予西北风,结果"顺风顺意,如愿以偿"。为此,姚奏请皇帝,大兴土木,重修了这座妈祖正殿。姚在修建妈祖正殿后屡次建功,被皇上封为太子太保,所以人们就把这正殿称为"太子殿"。康熙二十三年(1684),靖海侯施琅增建梳妆楼、朝天阁、佛殿、僧房。接着祖庙又建观音殿、中军殿、土地庙等。到清乾隆以后,湄洲妈祖祖庙已颇具规模,成为有 16 座殿堂楼阁 99 间斋房、号称"海上龙宫"的雄伟建筑群。妈祖祖庙此时已基本定型,并一直保留至1966 年。

(2)宫殿重建

1978 年,中国大地春风化雨,万物复苏,湄洲妈祖祖庙也得以恢复修建。林聪治等人率领众乡亲义务投工,开始祖庙重修的前期工作,对湄洲妈祖祖庙进行大规模宫殿建设并举办各种文化交流活动。不久,湄洲妈祖祖庙首届董事会成立,林文爱先生、林聪治女士任董事长,大规模的祖庙重修工程拉开帷幕。海内外妈祖信众感于坤灵永播,慷慨解囊,使重修工程得以顺利进展,特别是台湾同胞,为祖庙重修做出了很大的贡献。

(3)古迹重光

1997 年,湄洲妈祖祖庙完成了大小建筑 36 处的庞大工程,主要有牌坊、长廊、山门、香炉台、仪门、广场、钟鼓楼、正殿、寝殿、梳妆楼、朝天阁、升天楼、妈祖石像、佛殿、观音殿、五帝庙、中军殿、圣父母祠以及爱乡亭、龙凤亭、观日亭、思乡亭、思乡山庄、香客山庄等,形成规模宏大、鳞次栉比、楼亭交错、殿阁纵横的祖庙西轴线建筑群。主要建筑物有:

①寝殿

位于祖庙山的西北角,占地面积 238 平方米。本殿原为正殿,建于宋雍熙四年(987),原为世界上第一座妈祖庙。在北末初,妈祖开天后群众在此建祠纪念,明洪武七年(1374)泉州卫指挥周坐重建,永乐初和宣德六年(1431)郑和重修,康熙二十二年(1683)闽浙总督姚启圣和康熙二十三年(1684)施琅均又重修,民国年间再度重修,建筑保持明代布局和清代建筑风格,部分为清代原构,由门殿、主殿和两庑组成,主殿为单檐歇山顶、面阔三间、进深二间的抬梁式结构建筑,不仅沿用部分明、清石柱和柱础,而且保存了宋代的天井。清代闽浙总督姚启圣把正殿移到现有位置后,就把本殿改为寝殿。但民间积习难改,特别是这里紧挨着"升天古迹",又是最早的妈祖庙,所以信众认定妈祖的正身就在本殿,不应随便移动,于是就一直把此殿称为"正殿"。殿内供奉宋代妈祖金身及陪神,还保存有元代妈祖神像及清代御赐宝玺。正梁悬挂清雍正皇帝御笔《神昭海表》匾额。这里是举行祭祀活动的主要场所,千年氤氲,长盛不衰。

②正殿

位于祖庙山的西北轴中轴上,占地面积201平方米。明永乐初郑和奉旨道官建造,原为"朝天阁"。正殿又称"太子殿",这是因为清康熙二十二年(1689)姚启圣把该"朝天阁"改为"正殿",并进行重修,后获妈祖保佑屡次建功被皇帝封为太子太保加兵部尚书,所以后人便称其为"太子殿"。正殿虽经历代重修,但仍保持清初建筑布局和梁架风格,为重檐歇山顶,面阔三间、进深三间的抬梁式结构建筑,并沿用部分明、清柱础,前檐廊下保存一对清代透雕龙柱。为祖庙最主要的殿堂,殿内供奉妈祖神像及陪神。

③圣父母祠

现存建筑为清初重修时的建筑原构,正堂为悬山顶穿斗式结构,面阔三间、进深一间,祠内仍保存宋代天井。祠不作正门进出,由两庑各开一门进出,石砌外墙为沿海岛屿古代建筑的特色。为祖庙的重要配殿,殿内供奉妈祖及其父母神像,是祖庙最早的建筑物之一。

④妈祖石像

于1990年5月建成。石像高14.35米,寓意湄洲岛14.35平方公里的面积;石像是由365块巨型石头堆砌而成,寓意妈祖一年365天护佑民众。

(4)扩大规模

1997年,林金榜出任湄洲妈祖祖庙董事会董事长,为了扩大妈祖信仰的进香规模,在清华大学有关设计单位的大力支持下,又进行南轴线建设。2002年上半年顺利告竣,历时四年半,斥资近亿元。整体建筑为仿宋五进歇山顶建筑群落,有灵慈殿、天后殿、顺济殿、钟鼓楼、宫门、大牌坊。其配套工程有东西庑廊、祈福殿、天后广场、大戏楼等。共占地80亩,总建筑面积3000平方米(其中天后广场1万平方米)。各建筑物沿轴线对称分布,南北走向,故称南轴线建筑群。

①大牌坊

"五开三楼"建筑,高22米,宽35米,凌空飞檐,磅铺壮丽,为我国少有的雄伟牌坊之一,是进入祖庙新殿的第一通道,由中国书法家协会主席张海书题"湄洲圣境"。牌坊与广场相连,坊前平台为祖庙大型祭典之祭坛。

②宫门

明永乐七年(1409),天妃庙升格为宫,御书赐额曰"弘仁普济天妃之宫"。兹据以摹勒为本宫之门额。门厅内祀千里眼、顺风耳二神将。据《封神演义》及民间传说,二将原为殷纣时的高明、高觉两兄弟,自封金王、柳王,为姜子牙所败。后化为妖,在湄洲西北方向作祟,遂被妈祖收服为帐下二将。清同治八年(1869),由总理船政大臣沈葆桢题奏,赐封二神将为金将军、柳将军。

③顺济殿

宋宣和五年(1121),路允迪出使高丽,中途遇大风,得妈祖救助,回奏于朝,诏赐"顺济"庙额。兹以宋徽宗御书摹勒为本殿额名。殿内祀四海龙王,中间置"妈祖巡海图"巨型插屏。宋代以后,妈祖被奉为最高海神,四海龙王遂为其配祀之属神。

④天后殿

为"敕封天后宫",整个建筑是座九开间重檐歇山顶仿宋殿堂,殿身七开间,总建筑面积1500平方米。正门外为两对镂空龙柱,以显尊贵豪华。为了赋予殿堂优美高雅的艺术形象和博大精深的妈祖文化内涵,在屋面雕饰尊重宋代传统艺术的基础上,屋瓦选用金黄色的琉璃瓦,屋脊改北方传统的鸱吻脊为燕尾脊,并在脊背中部添设了双龙戏珠雕塑。这些手法的巧妙处理淡化了北方古建筑的凝重感,渲染了庙宇仙界圣境的气氛。

天后殿主奉6米高的妈祖坐像,圣威显赫、形神兼备。左右陪侍陈靖姑、钱四娘两位女杰;两旁塑有宋朝的路允迪、李富,元朝的蒲师文、宋本,明朝的郑和、林尧俞及清朝的姚启圣、施琅等八大陪神,皆为历史上对弘扬妈祖文化有独特建树,且有功于国家与民族的名臣。各殿中有宋、元、明、清帝王御书的庙名或匾额,有朝廷对妈祖36次褒封的大型巨屏,还有海内外著名书法家挥毫疾书的柱联等。

⑤灵慈殿

额名"灵慈",本为元文宗所赐,今用以影显妈祖灵应感济之能德、殿内主祀便装湄洲妈祖。据《陔余丛考》记载,"倘遇风浪危急,呼妈祖则神被发而来,其效立应;若呼天妃,则神必冠帔而至,恐稽时刻"。两边二侍女手上之红灯和黄雀,为妈祖救海导航之主要象征物。

5. 匾联荟萃

湄洲妈祖祖庙从恢复阶段的西轴线建筑群古迹重光,到扩大规模南轴线建筑群的先后落成,凝聚了许多文人墨客的聪明才智,尤其是匾额和对联祖庙的一道文物景观。

寝殿匾额:神昭海表、广结善缘、慈圣光被、母仪天下、灵应沧海、恩泽四海、海国安澜、厚德配天、圣母之光。

太子殿匾额:湄岛慈云、万古流芳、神功圣德、思深海国、德佑民康、护国庇民。

五帝庙匾额:圣地重光、至哉坤元。

圣父母祠匾额:乾坤合德。

朝天阁匾额:佑济昭灵、与天同功。

观音殿匾额:苦海慈航、海天佛国、慈航普照。

灵慈殿匾额:粹和灵慧、福泽群生、海国扬灵、毓秀坤元。

天后殿匾额:德孚广济、辉煌海噬、顺懿慈恩、惠烈昭灵、寰宇蒙麻、功侔化育、慈晖远被、福泽永敷、德秉坤极。

顺济殿匾额:灵应垂麻、灵昭四海、孚佑群黎。

大牌坊:惠泽宣敷、湄洲圣境。

太子殿挂有匾额:泽施四海,上下款为"公元一九八七年丁卯九月初九日湄洲祖庙纪念,天上圣母升天一千周年","新加坡南洋莆田会馆兴安天后宫宋元模题王元机书"思源谒祖,"台湾台北县三芝乡小基隆福成宫管理委员会一九九五年秋";后德配天,"己巳年季秋湄洲祖庙进香留念,台湾云林麦寮拱范宫八股管理委员会敬书";还有弘慈普济、神功圣德、护国佑民、慈悲德泽等。

祖庙主要对联有:

牌坊联:赫濯一方崇祀典,阜康行载沐神庥;钧天钟磬张廷陛,寰海鱼龙拜冕旒。

圣旨门正面联:商旅平安,闽台和衷共济;春秋报赛,群众朝圣联欢。

圣旨门背面联:历代褒封崇懿德,寰球利涉赖慈航。

戏台联:法曲献仙音,九域讴歌,万方鼓舞;海潮飓圣绩,千年顺济,两峡和平。

钟楼联:洛殿有灵传蠡应,沧波无际渡鲸音。

鼓楼联:海若趋班陪翟舞,冯夷率职守鼍更。

太子殿联:慈云远在江天外,坤德长重泽国中。

寰中慈母女中圣,海上福星天上神。

圣迹千年新气象,神灵四海定风波。

恍见灵慈,来从鸾鹤;只凭忠信,往格豚鱼。

圣迹昭灵,五洲香火;航程安稳,四海讴歌。

天后宫联:四海恩波颂莆海,五洲香火祖湄洲。

齐齐齐齐齐齐齐,齐齐齐戒;朝朝朝朝朝朝朝,朝朝朝音。

水阙仙班神龛联:八海讴歌瞻舜日,一航安稳借神风。泽国波臣环阙下,湄宫仙仗静朝班。

朝天阁联:灵著湄洲,阁建朝天崇母德;香传鹿港,功彰护海肃坤仪。

梳妆楼联:金乌捧镜供晨盥,玉兔扶轮侍晚装。

升天亭联:仙去人间留圣迹,灵昭海表望慈航。

妈祖石像联:呵护航行,羽化千年长在望;仰瞻石像,神通两岸合言欢。

6. 融冰之旅

湄洲妈祖祖庙是我国台湾同胞向往的地方。湄洲岛处在福建沿海中部突出的部分上,岛上"湄洲妈祖祖庙"是世界各地妈祖庙之祖,世界上大部分妈祖庙都是由湄洲妈祖祖庙分灵出去的。世界上现有超 2 亿妈祖信众,台湾信众占台湾总人口的三分之二。妈祖信众时刻向往湄洲,他们认为只有在湄洲敬上一炷香,带回一把香灰才能表达自己的虔诚,才能心满意足。

　　湄洲妈祖祖庙的恢复,意义非凡,它如同一把火炬,照亮了每一个角落。20 世纪 80 年代初期,我国台湾一些宫庙和妈祖信众向往湄洲,其中台湾北港朝天宫蔡辅雄经香港来湄洲朝圣,并了解祖庙恢复建设的情况。鹿港天后宫在台湾举行"遥祭湄洲妈祖活动"。台湾渔民谢铭洋也开渔船从台北出发停靠福建霞浦三沙湾来湄洲。1987 年"全国妈祖文化学术研讨会"在莆田召开,台湾的部分学者、专家通过各种途径来到大陆进行妈祖文化交流,揭开了两岸妈祖文化交流的序幕,从此以后两岸各个领域掀起"妈祖热"。1989 年,湄洲组织的闽台两岸 128 位教授、名家参与的国画展在妈祖庙举行。1989 年,台湾宜兰南方澳南天宫组织直航湄洲岛,首开两岸 40 多年未通航的先河。1990 年莆田举办的"国际妈祖文化学术研讨会"把两岸的妈祖文化交流推向高潮,通过学者往来使台湾同胞更进一步了解大陆,接着每年以团队旅游或其他方式赴大陆的台胞人数不断增加。

　　1991 年,我国台湾嘉义圣恩宫 327 人第一次乘客轮绕道日本,奔向湄洲,创造了两岸客轮首次通航的纪录;当年 6 月 1 日,台湾当局鉴于妈祖的影响力,批准大陆人士赴台湾举行"湄洲妈祖祖庙天后宝像安奉台湾北港朝天宫恭送大典",这成为大陆人士赴台交流的首例。

　　1993 年 12 月至 1994 年 7 月,湄洲妈祖祖庙组织大陆妈祖信徒组团赴台参加"妈祖民俗文物展",湄洲妈祖祖庙董事会常务董事长林聪治应邀出席进一步与台湾同胞进行妈祖文化交流,使闽台两岸之间交往由台胞单向赴大陆转为大陆亦可组团赴台湾的双向交往。在此基础上,湄洲妈祖祖庙董事会和上级有关部门总结与台湾交流和交往的经验,制定了一系列的方案,使两岸交往在原有的水平上又有了进一步提高。1994—1996 年的妈祖文化旅游节活动,吸引了更多的台湾各界人士,打破了台湾当局禁止台胞赴大陆的局面,使两岸即将关闭的大门再次打开。1997 年湄洲妈祖祖庙与台湾一些宫庙组织了"湄洲妈祖金身出游台湾"活动,把两岸之间再次联系起来。从此,每年个人赴大陆湄洲朝拜妈祖的台胞就达 10 万人次。台湾一些高级官员也完成了赴湄洲谒相进香的心愿,多年来有新党主席郁慕明、"法务部长"廖正豪等数十位政界人士来湄洲谒祖进香,改变了原来只有民间百姓赴大陆湄洲朝拜的情况。

　　海峡两岸以妈祖文化为纽带,开展频繁的交流,并以妈祖文化活动为契机,掀起两岸交流的热潮。2000 年 4 月 29 日至 30 日,湄洲妈祖文化旅游节在湄洲妈祖庙举行,我国台湾彰化、台北等地组织了 18 个团队两百多位同胞冲破当时台湾当局的阻挠来到湄洲,与澳门、天津、湄洲祖庙一起形成四地一体的特殊"妈祖"机构,共同举办妈祖文化旅游节,使两岸的合作领域又进一步扩大。2001 年 1 月 2 日,台湾马祖岛平安谒祖进香团 500 多人,从马祖直航马尾,奔向湄洲妈祖祖庙谒祖进香,圆了马祖岛人半个世纪的梦。接着澎湖岛的妈祖信众也先后来湄洲谒祖进香,使两岸交流进入新阶段。

　　2002 年,应福建金门的邀请,湄洲举办妈祖金身巡安金门的活动。此前"金门县长"李炷烽、"立委"吴成典以公开身份来到大陆协调前期工作。这次活动实现了金门首次直航大陆,在两岸关系史上写下新的一页。此后每年赴湄洲朝拜妈祖以及参观旅游的台湾同胞人数达 100 多万人次。

　　2004 年 10 月 31 日至 11 月 3 日,湄洲岛举办"第六届中国·湄洲妈祖文化旅游节暨成立中华妈祖文化交流协会"活动,台湾 58 家妈祖文化机构申请入会并派代表前来参加。"协会"的成立构筑了海内外特别是海峡两岸妈祖文化交流与合作的平台,对两岸关系发展具有深远影响。妈祖文化已真正成为联系两岸的纽带,沟通闽台的桥梁。

　　2008 年,台湾妈祖文化论坛在台中大甲镇澜宫文化大楼举行。这是中华妈祖文化交流协会首次组织湄洲妈祖祖庙入岛与台湾大甲镇澜宫联合举办"台湾妈祖文化论坛"。

　　2009 年 4 月 10 日,"金门县长"李炷烽、"议长"谢宣德率 20 位政要和 7 座妈祖宫庙 162 位信众恭送 9 尊妈祖像,乘"仙洲"号客轮直航祖庙谒祖进香。5 月 15 日,191 名福建居民乘"海洋拉拉号"客轮从湄洲岛直航台中,开始赴台 9 天旅游的行程,标志着湄洲岛海上直航台湾本岛旅游公线正式开通。

　　2010 年 6 月 18 日,353 名台湾妈祖信众搭乘"海洋拉拉号"客轮从台湾台中港直航抵达莆田湄洲岛,开始"谒祖进香"之旅,同时也拉开第二届海峡论坛活动的序幕。10 月 16 日,为纪念妈祖羽化升天 1023 周年,湄洲妈祖祖庙董事会隆重举办海峡两岸海上祭祀妈祖大典,两岸妈祖宫庙负责人和岛上数千名渔民以及海内外近万名游客参加了海祭大典。

湄洲妈祖祖庙每年举办的妈祖文化活动,在以妈祖文化为桥梁和纽带联系海内外华侨华人,特别是台湾同胞等方面,起到了无法替代的作用,尤其是在发展两岸关系的过程中,每一次交流旅程都成为两岸的融冰之旅。

7. 妈祖祭典的地位

"妈祖信俗"即妈祖信仰习俗,包括与妈祖信仰相关的祭祀习俗,妈祖的传说故事等,于2009年被联合国教科文组织列入"人类非物质文化遗产代表作名录",成为中国第一个信俗类人类非物质文化遗产。它标志着妈祖文化已从中华民族优秀传统文化重要组成部分,提升到世界的高度,成为全人类的共同财富,意味着人们将对它的相关内容进行具体的保护,其中妈祖祭典是最核心的内容。

(1)妈祖信俗

妈祖信俗根据申报人类非物质文化遗产时的申报范本解释为:妈祖信俗也称为"娘妈信俗""娘娘信俗""天妃信俗""天后信俗""天上圣母信俗""湄洲妈祖信俗",是以崇奉和颂扬妈祖的"立德、行善、大爱"精神为核心,以妈祖宫庙为主要活动场所,以庙会、习俗和传说等为表现形式的民俗文化。妈祖信俗由祭祀仪式、民间习俗和故事传说三大部分组成。其中妈祖祭典是最重要的组成部分,由于客观上各种原因,最容易濒临消亡,特别需要保护。

(2)妈祖祭典

妈祖祭典是"祭祀妈祖大型典礼"的简称,它从妈祖信仰发祥时就相应而生。伴随着妈祖信仰的不断传播,祭祀的规模、时间、地点、内容也相应地不断变化。从宋高宗在杭州南郊祭祀妈祖起,祭典仪式就与妈祖信仰紧紧地连在一起了。宋代妈祖信仰发祥之后,经过不断传播,妈祖祭典也随之不断充实。到元代,有一次皇帝命令太监宋本一次修了十三道祭祀妈祖的祭文,从直沽、淮安、杭州、湄洲、泉州颁下来,一路祭祀。漕运过程中妈祖祭祀又被提高到一个新的高度。明代,郑和七下西洋,从1405年至1433年,多次举行祭祀妈祖活动。郑和还亲自到湄洲拜谒妈祖,使祭典妈祖的内容得到进一步丰富。郑和每当下西洋时,从南京起程之初都会进行祭祀,到太仓起航之前再次祭祀,一直到长乐候风,还要举行大型祭祀。下西洋回来之后,还在南京开展相关的妈祖祭祀活动。清代,因为妈祖在朝廷的重大活动中做出巨大贡献,皇帝颁诏地方官命其充当主祭,并令其"春秋谕祭",还编入国家祀典,将妈祖祭典推向了更高的层次。

按照古礼,凡能御大灾、捍大患和有大功于国家者宜得祀。所以,自宋代以来,历代帝王不仅对妈祖频频褒封,还由朝廷颁布谕祭。元代,曾三次派钦差大臣到湄洲致祭;清康熙统一台湾后,又屡次派朝臣诣湄洲致祭,清雍正复诏普天下行三跪九叩礼,清乾隆五十三年颁旨天后原籍湄洲,把地方私祭改为春秋两季的官祭,并正式列入国家祀典。

(3)妈祖祭典的组成部分

由于"妈祖信俗"的内容牵涉面广,如祭祀活动就分为家庭祭祀和宫庙祭祀两种。家庭祭祀包括"船仔妈"崇拜、对海祭祀、家中供奉和挂妈祖像等,宫庙祭祀则包括日常祭祀和庙会祭祀。这些祭祀活动,是"妈祖祭典"的组成部分。另外湄洲妈祖祖庙全年还例定有妈祖避展纪念、妈祖升天纪念,割火分灵、谒祖进香、妈祖巡游、民俗表演等一系列的庙会活动,相关习俗则牵涉到演戏酬神、妈祖元宵、谢恩敬神、妈祖游灯、妈祖服饰、圣杯问卜、换花求孕、佩戴香袋、诞辰禁捕、妈祖彩车、大门贴符、颈项佩玉、托看小孩、妈祖挂脓等,基本上都是以"妈祖祭典"为核心来展开。妈祖信俗中的故事传说分布包含在档案史料、志书、奏章、碑记、摩崖石刻、壁画、匾额、楹联、诗词、散文、书法、图画、戏曲、俚歌等不同形式之中,"妈祖祭典"中的相关内容也涵盖其中。"妈祖祭典"是妈祖信俗非常重要的组成部分。

附录五:21 世纪海上丝绸之路中的妈祖文化[*]

妈祖文化是劳动人民千百年来尊崇、信仰妈祖过程中遗留和传承下来的物质及精神财富的总称,是中华民族重要文化瑰宝之一。作为汉族海洋文化的代表,妈祖文化近千年来一直与我国诸多和平外交活动、海上交通贸易,都有着密切关联。随着 2009 年"妈祖信俗"被联合国教科文组织列入《人类非物质文化遗产代表作名录》,妈祖文化更是成为全人类尤其是 21 世纪海上丝绸之路沿线国家共属的精神财富。

妈祖文化不仅是中国的,也是世界的。据不完全统计,目前全世界共拥有妈祖宫庙 5000 多座,妈祖信众有两亿多人,其中以海上丝绸之路沿线国家为甚。

由于独特的历史发展条件和传播范围,妈祖信仰不仅具有神缘文化的特质,而且是民族文化的象征。在海外,不少华人集聚地,因为对妈祖文化的认同,而把天后宫作为社群活动的组织核心和主要场所。妈祖信仰与世界三大宗教信仰容易沟通、理解和融洽,无形中也促进了华侨与所在国人民之间的感情联络,达到"世界妈祖同一人,天下信众共一家"的大同境界。因此,进一步传播妈祖文化的大爱精神,可以充分发挥海上丝绸之路沿线国家和地区民众的凝聚力和创造力。

妈祖文化作为文化交流的先锋,在促进经济文化协调发展和区域经济深度合作方面发挥着重要作用。比如,由妈祖文化搭台,在基础设施、产业对接、海洋经济、投资贸易等领域与"海上丝绸之路"沿线国家展开合作。福建已在

---

* 原载《光明日报》2015 年 7 月 22 日。

东盟建有 7 个远洋渔业综合基地,沿海港口业已开通至东南亚的 51 条海上航线,同时面向东盟国家发展跨境电子商务及物流信息共享平台,促进沿线地区信息互通、货物通关和人员往来便利化。

　　传承妈祖文化,弘扬妈祖精神,是福建省、全国乃至全球热爱和平的人们所共同的责任。要大力推进妈祖文化的传承弘扬和发展创新,为海内外炎黄子孙搭建密切情缘关系、扩大交流合作的广阔平台,推动妈祖文化交流与传播向更宽领域、更高层次发展,进一步提升妈祖文化品牌在 21 世纪海上丝绸之路建设中的影响力。

　　第一,要强化妈祖文化认同意识。这是弘扬妈祖文化的坚实基础。所谓妈祖文化认同是指人们对妈祖文化的理解、认可、保护和实践并产生归属感的社会心理过程。要普及和完善妈祖文化认同的知识体系,将妈祖文化通过一定的手段转化为知识,或者嵌入知识体系内,才可以让人们感知、理解和认同。要引导人们正确认识妈祖文化的精髓。在民间活动中,人们往往认为信仰妈祖仅是为了祈福攘灾,希望通过祭拜神灵,以求得人丁兴旺、逢凶化吉、财运亨通等,而没有从更深层次上去理解它所蕴含的丰富内涵和精神实质。从个体的角度看,只有将妈祖文化内涵内化为价值观,让信仰者从妈祖精神中得到感化和熏陶,才能实现妈祖文化认同的个体自觉化,走出对妈祖信仰的认识误区。

　　第二,要增强妈祖文化传播效果。这是弘扬妈祖文化的重要方面。在传播方式上,要充分利用报刊、电视、网络等现代大众传媒的先进传播手段,同时用动漫、音乐、舞蹈、书画等表现方式,让妈祖文化插上科技和艺术的翅膀,在走向海上丝绸之路的国家和地区时更具感染力和吸引力。在传播载体上,把妈祖文化与旅游休闲相融合,依托妈祖源流博物馆、妈祖文化影视园、妈祖阁、妈祖文化朝圣观光区等旅游新景点,让人们在旅游的过程中感受妈祖文化的魅力。

　　第三,要构建妈祖文化产业体系。这是弘扬妈祖文化的关键载体。一是打造妈祖文化产业基地。以申请国家级妈祖文化生态保护区为契机,建设一批有利于妈祖文化遗产保护的基地和设施,切实改善妈祖文化遗产保护的环境。并依托妈祖宫庙联盟,通过祭拜护照、分灵仪式等形式推动妈祖祖庙与分布在世界各地的妈祖庙建立紧密联系,强化祖庙的中心地位。推动妈祖文化与旅游相结合,把妈祖文化生态保护区建设成为世界范围内展示、传承、弘扬和体验妈祖文化的中心区域及滨海旅游休闲胜地,使福建特别是莆田成为世界妈祖的朝拜中心、交流中心、学术研究中心和文化创意中心。二是培育妈祖文化产业市场。主动承接台湾妈祖文化创意产业,发挥福建地域文化优势,着力培育形成一个较为完善的国际性妈祖文化产业市场。特别是在莆田湄洲岛策划开展以妈祖文化为题材的大型节目活动,以"印象妈祖"来吸引和留住游客,带动相关文化产业的发展。三是构建"海上丝绸之路"沿线妈祖文化产业链。立足福建21世纪海上丝绸之路核心区及妈祖文化发源地的特殊地位,充分调动海外华侨华人的资本力量,以妈祖文化为精神纽带,以沿线国家为区域分布,以福建特色产业为主导,打造数条"研发创新在国内、生产加工及市场在国外"的沿线特色产业链。

第四,要优化妈祖文化交流机制。这是弘扬妈祖文化的有力保障。政府层面,一方面要搭建有利于妈祖文化交流的平台,如统筹规划妈祖文化产业,共同创作演艺项目,培育对外文化经营机构,推动资讯网络建设,加强线上交流互动等;另一方面要完善有利于妈祖文化交流的制度,进一步总结在莆田开展的三月妈祖诞辰庙会、九月海上祭妈祖大典、十一月妈祖文化旅游节等一系列宣传活动,不断扩大妈祖文化旅游在世界范围内的影响力。民间层面,要利用联合国教科文组织、中华妈祖文化交流协会、福建省妈祖文化研究会以及各种由海外华人组成的妈祖文化交流组织等,进行各种形式的交流,包括文艺演出、旅游观光、餐饮购物、学术考察、妈祖会议研讨、雕刻绘画等,拓展妈祖文化的活动范围,以此来弘扬中华传统文化。政府与民间层面要形成互动的机制,紧紧围绕妈祖文化主题,明确定位、整合资源、积聚力量,将妈祖祖籍地、出生地、升天地串成一条线,把宫庙活动与学术探讨、观光旅游、文化产业发展充分结合起来,共同推动妈祖文化交流更加广泛深入。

附录六:试论高校传承和弘扬妈祖文化的意义[*]

——以莆田学院的实践为例

一、引 言

妈祖文化是劳动人民千百年来尊崇、信仰妈祖过程中遗留和传承下来的物质及精神财富的总称,它肇于宋,成于元,兴于明,盛于清,繁荣于近现代,是中华民族重要的文化瑰宝之一。继承与弘扬妈祖文化,充分发挥其之于现代社会文化认同和民族认同等问题的重要价值,越来越引起学界的重视。如陈兴贵提出现代社会的妈祖信仰被赋予了文化认同、民族认同、民族凝聚力等新的社会功能①。陈淑媛指出妈祖信俗是以崇奉和颂扬妈祖的立德、行善、大爱精神为核心,以妈祖宫庙为主要活动场所,以庙会、习俗和传说等为表现和传承形式的民俗文化②。俞黎媛阐述了妈祖信俗从传统的慈善参与到社会公益是一种历史趋势,应该使这类活动社会化、生活化、常态化和制度化③。董菁等人基于价值判断的视角,指出妈祖文化的保护价值在于其具有博大的人文内涵、巨大的精神力量、崇高的社会理想、作为特殊的文化纽带和重要的战略

---

  * 原载《形象史学》2017 年下半年(总第十辑)。

① 陈兴贵:《神圣与世俗妈祖信仰的社会文化功能演变》,《中国宗教》2009 年第 12 期。

② 陈淑媛:《信俗类人类非物质文化遗产的保护与开发——以莆田妈祖信俗为例》,《莆田学院学报》2011 年第 3 期。

③ 俞黎媛:《当前福建"妈祖热"的生态学研究》,《莆田学院学报》2014 年第 1 期。

资源的特殊地位①。苏文菁等梳理了涵江霞徐天妃宫庙创立至今的命运谱系,总结出妈祖在五个时期的社会历史功能,既体现了国家意识与民间需求的分分合合,也反映了人民在这一过程中的主体性建构作用②。王见川的《颜思齐传说与新港奉天宫"开台妈祖"信仰的由来》、柳秀英和黎鸿彦的《从六堆天后宫的兴建历史谈妈祖信仰的在地开展》、杨淑雅的《台湾高雄旗后天后宫的创建与发展》、施义修的《妈祖文化的价值观》等文献资料以生动形象的形式对台湾的妈祖信仰史做了细致的探究和说明③。

也有不少学者以其自身的异域视角对妈祖信俗开展过系统的研究工作,如1918年日本学者伊能嘉矩在东京大学《人类学杂志》发表了《台湾汉人信仰之海神》,率先从现代意义上研究妈祖信俗④。马来西亚吴明珠在其《妈祖文化在地化:马来西亚一个个案研究》一文中探讨了由华人建立的水尾圣娘庙在当地的建立和发展情况⑤。新加坡学者骆明也从民间信仰的角度,对比"关公"和"妈祖",深入分析其由"人"至"神"的嬗变路径⑥。

客观来说,全球范围内众多宗教林立,以及妈祖信俗传播受众的有限性导致了目前学界对妈祖研究较多的国家仍是以妈祖信俗诞生国——中国为主,国际学者大多仅仅是将妈祖作为一种宗教信仰来研究。在国内,绝大多数关于妈祖文化与妈祖信俗的研究亦是依然停留在考察妈祖的神格化形象及其神职功能对信众的教化意义。大陆对妈祖信俗的研究侧重于相关文献资料和档案的整理,主要集中于介绍妈祖文化在世界非物质文化遗产保护中的重要性以及妈祖文化的传承价值,存在的主要问题是研究成果雷同现象颇为严重。

---

① 董菁、徐业龙:《基于价值判断的妈祖文化保护与开发利用》,《莆田学院学报》2015年第6期。

② 苏文菁、韩朝:《社会变迁视角下的妈祖庙功能分析——以涵江霞徐天妃宫为例》,《发展研究》2016年第5期。

③ 孟建煌、许元振:《弘扬妈祖文化精神,架设两岸交流桥梁——2013年海峡两岸妈祖文化学术研讨会综述》,《国家航海》2013年第2期。

④ [日]伊能嘉矩:《台湾汉人信仰的海神》,《人类学杂志》第303卷第6、第8号,1918年。

⑤ 吴明珠:《妈祖文化在地化:马来西亚一个个案研究》,《2016年国际妈祖文化学术研讨会论文汇编》(下),福建莆田,2016年10月。

⑥ 骆明:《从"人"到"神"的递嬗:说"关公"与"妈祖"》,《2016年国际妈祖文化学术研讨会论文汇编》(下),福建莆田,2016年10月。

而台湾由于其特殊条件而形成的台湾妈祖信仰文化,既与大陆民间信仰文化有着千丝万缕的联系,又带有其特殊的乡土文化的印记。但截至目前,台湾关于妈祖信俗的研究也仅仅局限于表面现象或是具体行为的描述,妈祖信仰与社会结构关系等议题亦亟待受到重视。

从目前国内外研究来看,忽视了妈祖信俗这一民间信仰所形成的文化在"一带一路"背景下对高校发展所起的作用,另外,也缺乏对妈祖文化育人方面的探讨思考。因此,本书着重在"一带一路"背景下探讨妈祖文化对高校发展所起的作用,将妈祖文化与高校管理相结合,使之成为能够助推高校治理方式创新的一股重要力量,并以莆田学院为研究对象,深入分析其在传承和弘扬妈祖文化方面的有益经验,进而提出培养妈祖文化传播使者、服务国家"一带一路"倡议的思路。

二、高校传承和弘扬妈祖文化的重大意义

妈祖文化是集中华儒、释、道文化与海洋文化的一种"活态"文化。2009年,妈祖文化核心部分"妈祖信俗"入选世界非物质文化遗产名录,成为我国首个也是目前唯一的信俗类世界遗产。2016年3月,"发挥妈祖文化等民间文化的积极作用"写入国家"十三五"规划。2013年以来,在"一带一路"倡议下,聚焦构建互利合作网络、新型合作模式、多元合作平台,倡导政策沟通、设施联通、贸易畅通、资金融通、民心相通,契合沿线国家的共同需求,为沿线国家优势互补、开放发展开启了新的机遇之窗。各高校积极响应"一带一路"倡议,纷纷成立相关研究平台,开展专题研究,大力实施"丝绸之路"留学推进计划,为民心相通培育使者,并全面拓展与深化教育人文交流,为民心相通系牢纽带。以妈祖文化为代表的东方海洋文明,体现了海洋精神的"和平""和谐""包容",获得广泛的认同和接受,为海上丝绸之路沿线国家活动往来提供了稳固的文化条件,在"一带一路"倡议实施中有着重要的现实意义。因此,高校要以传承弘扬妈祖文化为切入点,积极融入"一带一路"建设,与海丝沿线国家、地区广泛开展教育文化交流,培养海丝高端人才,增进沿线国家、地区对

中华文化的认同,争取在构建 21 世纪海上丝绸之路的文化纽带中赢得先机。高校传承和弘扬妈祖文化,意义重大。

近年来,随着大陆(内地)与台港澳民间交流的增多,高校也成为交往的主体,表现在教师的考察访学、互派交换生和各类型的参访等。如南京大学从 2000 年开始,每年举办重点对台交流项目,邀请台湾高校师生来大陆进行为期一周左右的主题考察学习,举办了"我们共同拥有 21 世纪""两岸大学生研习营""心园、校园、家园——两岸大学生精神文化溯源之旅"等活动,台湾参加的台湾师生 360 人次,使台港澳参加学生对祖国产生强烈的感情,在社会上引起了较大的反响①。在台港澳地区,妈祖文化影响深远,仅台湾妈祖信众就达 1000 多万人,占台湾人口的 2/3②。作为民族文化象征的妈祖文化既是联结台港澳人民感情的纽带,也是沟通台港澳民间往来的桥梁。因此,大陆(内地)高校以妈祖文化为纽带,加强与台港澳地区民间交往,必将增进相互认同,凝聚广泛共识,扩大合作范围,推动互利共赢。

三、莆田学院传承和弘扬妈祖文化的路径探析

莆田学院位于妈祖的故乡——福建省莆田市,是一所百年地方本科高校,办学历史可追溯到 1898 年创办的兴化圣教医院附设护士训练班。近年来,莆田学院注重以人才培养为中心、以平台建设为依托、以服务社会为宗旨,集中全校力量,协同校外资源,在传承和弘扬妈祖文化方面逐渐形成地方高校办学特色。

(一)以培养有特色应用型人才为中心

学校加强妈祖文化人才培养的顶层设计,成立了"妈祖文化传播学院",将妈祖文化融入应用型人才培养的全过程,着力培养特色鲜明的妈祖文化应

---

① 《江苏积极开展与台湾教育领域的交流与合作》,见 http://www.jyb.cn/china/gat/200912/t20091210_329264.html.

② 宋建晓:《21 世纪海上丝绸之路中的妈祖文化》,《光明日报》2015 年 7 月 22 日第 10 版.

用型人才。一是推进妈祖文化人才培养模式改革。在本科生中开设"妈祖文化传播人才培养特色班",2016 年第一届有 49 名学生,培养为"海丝"建设服务的妈祖文化传播应用型专门人才,在全国高校中开妈祖文化本科专门人才培养的先河,并设立湄洲妈祖祖庙董事会专项奖学金,奖励妈祖文化课程成绩优秀的学生。围绕培养妈祖文化传播的高层次人才,申请"社会学(妈祖文化)"学术型硕士建设培育点,与福建师范大学联合培养社会工作(妈祖文化)方向硕士研究生。鼓励教师吸收学生参与妈祖文化相关的科研课题,至目前学生共申请妈祖文化研究课题 25 项,学生将妈祖文化作为毕业论文或设计作品共有 700 余篇(件)。二是推进妈祖文化与课堂教学相结合。把妈祖文化作为社会主义核心价值观的重要载体,开设"妈祖文化概论"等全校性"妈祖文化"公共选修课,出版《妈祖文化教育概论》等教材,加强思想政治理论课建设,打造妈祖文化特色通识课程。在旅游管理、汉语言文学、新闻学、广告学等专业中开设"妈祖文化活动策划""妈祖文化产业""妈祖文化传播"等专业选修课。在音乐、学前教育、工艺美术、视觉传达、体育教育等专业开展融合妈祖文化的专业实践活动。在创新创业教育中融入妈祖文化元素,激发学生创意思维,指导学生策划妈祖文创产品。三是推进妈祖文化进入第二课堂。立足专业特色,创新载体,开展形式多样、丰富多彩的妈祖文化第二课堂活动,形成校园文化特色品牌。如举办大爱校园·妈祖文化知识竞赛、妈祖明信片设计大赛、妈祖主题征文比赛、妈祖祭祀舞蹈"三献礼"表演、妈祖文化名家讲座、融合健身操和妈祖文化的妈祖颂等系列活动。2016 年妈祖文化艺术节获福建省高校校园文化建设优秀成果二等奖。

(二)以打造高端妈祖文化研究平台为依托

学校 2005 年 4 月成立妈祖文化研究所,2008 年 1 月升级为妈祖文化研究中心,2012 年 12 月在此基础上成立妈祖文化研究院。目前已获批福建省社科妈祖文化研究基地、省高校特色新型智库、"妈祖文化传承与发展省级 2011协同创新中心"等妈祖文化科研创新平台,为整合校内外资源发挥资政作用,提供了重要条件。中国社会科学院历史研究所文化史研究室主办的《形象史学》开设妈祖文化研究栏目,也为海内外妈祖文化研究专家学者搭建了高水平的学术交流平台,并集聚了一批以教授、博士为核心,包括多学科在内的专门人才。以平台建设为依托,扎实推进妈祖文化研究,取得丰硕的学术成果,不断丰富妈祖文化教材和教学内容,为提升应用型妈祖文化人才培养质量和妈祖文化师资水平奠定坚实基础。先后承担妈祖文化研究的国家社科基金项目 6 项,教育部社科项目 2 项,福建省社科基地重大项目 7 项、省社科一般项目 9 项、省自然基金项目 1 项、省科技厅软科学项目 1 项、省教育厅项目 36 项,莆田市科技局项目 4 项,横向项目 12 项。出版《妈祖学概论》、《妈祖文献史料汇编》(第一、二、三辑)、《妈祖文献整理与研究丛刊》(第一、二辑)、《妈祖文化研究论丛》(Ⅰ、Ⅱ、Ⅲ、Ⅳ)等 50 多部著作,在 CSSCI 等刊物上发表 190 多篇论文,获福建省、莆田市社科奖等 14 项。打造妈祖文化研究资料信息基地,建有国内最大的妈祖文化电子资料库和图书资料库,与湄洲妈祖祖庙董事会联合建设妈祖宫庙数字信息服务平台。聘用海外特约研究员,调查和研究日本、韩国、马来西亚、新加坡妈祖文化传播发展的历史与现状。与厦门大学、福建师范大学合作编撰的《妈祖信仰世界传播史》已进入出版阶段。2006 年开始,《莆田学院学报》创办妈祖文化特色专栏,已刊发 6 期《妈祖学刊》,创办学术刊物《妈祖文化研究》,在妈祖文化研究界产生了较大的影响力。

(三)以开展妈祖文化对外交流活动为载体

利用文化资源和区位优势,承办第三届、第四届、第七届海峡论坛,主办第一届、第二届海峡两岸妈祖文化研究学术研讨会,第一届、第二届、第三届国际妈祖文化学术研讨会,多次组团赴台湾开展妈祖文化学术交流,与台湾高雄海洋科技大学、台湾台中科技大学、新港奉天宫世界妈祖文化研究暨文献中心等建立妈祖文化研究合作关系。开展海峡两岸妈祖文化体验周、台湾大学生八闽行活动,通过妈祖文化互动教学、参访妈祖宫庙、制作创意产品等方式,增进台湾民众对中华文化的认同,传承和弘扬中华优秀传统文化,促进两岸青年交流。举办华裔子弟寻根夏令营活动,增进祖地文化认同,建立各国青年之间交流的渠道。与此同时,大力推动妈祖文化志愿服务活动,如莆田学院参与省运会、世博会、农运会、天下妈祖回娘家、妈祖金身巡安兴化等大型活动的妈祖文化民俗表演,2011 年起承担春秋妈祖祭典的表演任务。将妈祖精神融入志愿服务工作,引导学生做"立德、行善、大爱"妈祖精神的建设者、传播者、倡导者,开展社区医疗服务、医学知识宣传、暑期医学社会实践等活动,培育医学生的医学人文素养。

四、莆田学院进一步打造妈祖文化品牌的思路

莆田学院作为一所地方本科高校,位于福建沿海中部,靠近宝岛台湾,对台联系很密切,而且处在妈祖文化发祥地,拥有丰富的妈祖文化资源,对于进一步传承弘扬妈祖文化,彰显其在"一带一路"建设中的作用,具有独特的优势。

(一)聚焦培养妈祖文化传播使者

随着妈祖文化在海外的传播扩大,妈祖文化已成为全人类尤其是21世纪海上丝绸之路沿线国家、地区共属的精神财富。为了更好地传承和发展妈祖信俗这种非物质文化遗产,莆田学院自觉担负起了培养妈祖文化传播使者的重任,使妈祖文化的力量得以薪火相传。一是要推进妈祖特色学科建设。学科是教学、科研和人才培养的结合点。学科建设是知识传承创新与学科优势累积的过程,是学术水平和核心竞争力的重要体现。虽然"妈祖学"学科的创立受到学术理论界的肯定,但部分学科基础理论问题还有待突破;妈祖学作为综合性、交叉性学科的目标定位不明确,与政治、经济、社会、宗教、民俗、建筑等众多领域的融合度不高。因此,要按照"分层建设、重点突破、整体提高"的思路,把握学科建设方向,构建学科配套支撑和专业结构布局合理的"妈祖学"学科体系,打造省级乃至国家级特色重点学科,使"妈祖学"学科成为学校办学特色中最主要和最鲜明的标志。坚持学科建设与人才培养的实践统一,以学科发展带动专业建设,整合社会学、宗教学、汉语言文学、艺术学、建筑学、体育学等学科研究力量,打造妈祖文化特色应用学科群和专业群,把培养妈祖文化传播使者作为目标追求。二是要探索妈祖文化育人模式。在人才培养内容上,把妈祖文化编入教材,使之走进课堂和实验实训场所,在学生人文素养、

职业素养和专业素养教育中体现妈祖精神,特别是将思想政治工作寓于妈祖文化传承中,挖掘妈祖文化与社会主义核心价值观一脉相承的内涵,使社会主义核心价值观更加接地气。在人才培养载体上,通过开展妈祖舞功操、纪念日民俗系列活动等,理解妈祖文化的内在要求,让妈祖精神入脑入心,转化为实际行动。在人才培养环境上,实施"馨香传承、大爱莆院"妈祖文化工程,推进教风学风建设,让"立德、行善、大爱"的妈祖精神融入师生日常生活,表现在言行举止方面,成为师生自觉的行为规范。

(二)着眼构建世界妈祖文化研究中心

平台基地建设是提升学科建设水平、发挥文化优势的重要手段。莆田市以举办世界妈祖文化论坛为载体,加快建设具有两岸融合、海丝精神、国际影响的集朝圣、论坛、旅游、交流、展示、研究、教育、创意于一体的世界妈祖文化中心。在这一发展机遇下,莆田学院寻找自身定位,着力搭建世界妈祖文化研究平台。本书认为,应从以下几个方面着手。

一是突出资源整合。依托福建省妈祖文化研究会,与国内外知名机构"高位嫁接",推动成立世界妈祖文化研究会。充分发挥妈祖文化传承与发展协同创新中心作用,有效利用中国社会科学院历史研究所、厦门大学、福建师范大学、华侨大学、世界妈祖文化研究暨文献中心(台湾)等协同单位的学术力量,申请国家社科基金重大招标项目,推进妈祖文化与"一带一路"倡议、妈祖文化与社会治理、妈祖信仰与两岸关系、妈祖"世界非物质文化遗产"传承与传播、妈祖文化产业、妈祖学学科理论体系等领域的研究。构建全方位、立体化、互动式的文化交流合作机制,进一步整合校内外资源,尤其是海峡两岸及海外科研机构的研究力量,继续收集整理妈祖文献,统筹编纂"妈祖藏",开展全球妈祖文化普查工程,建立全球妈祖文化信息数据库,使莆田学院成为世界妈祖历史文化资料中心。

二是突出人才支撑。加大对妈祖文化高层次创新人才和领军人才的引进力度,培养妈祖文化研究的后备力量,形成一批为国内外所认可的知名妈祖文化专家队伍。优化专家聘请工作机制,不断探索高层次研究人才聘用方法和途径,建立健全客座教授、海外特约研究员、民间研究力量等专家聘用管理机制,为可持续、高水平的妈祖文化研究人才队伍建设提供有力保障。

三是突出成果转化。注重追求学术前沿,服务国家战略和地方社会经济发展需求,坚持基础研究与应用研究相结合,加大培育和组织申报力度,开展高水平的妈祖文化研究。进一步完善妈祖文化研究培育体系,设立妈祖文化基金和研究开放课题,加大成果资助奖励力度,鼓励海内外力量参与妈祖文化研究。优化科研工作评价体系,鼓励和引导严谨治学,深入开展妈祖文化社会实践和田野调查,不断提高妈祖文化理论研究的社会价值。以举办妈祖文化国际学术研讨会为契机,不断提升妈祖文化学术交流层次,丰富妈祖文化学术交流成果。

(三)立足服务于"一带一路"国家倡议

服务社会是人才培养和科学研究功能的延伸。莆田学院自觉把服务于"一带一路"国家倡议作为立足点,不断推动妈祖文化走出国门,使之成为一张亮丽的世界名片。一是助推妈祖文化软实力的提升。积极参与联合申报"海上丝绸之路·中国史迹"世界文化遗产,深度参与妈祖文创产品研发中心建设,结合莆田工艺美术产业优势,进一步开拓妈祖文创产品市场。着力提高旅游产业规划水平和旅游人才培养质量,推动莆田市妈祖文化旅游产业发展。创新妈祖文化传播方式和载体,打造莆田妈祖文化节。挖掘医学志愿服务的妈祖文化内涵,建构妈祖文化志愿服务内涵体系。深化闽台区域文化交流,建立省级对台妈祖文化交流基地,巩固和提升妈祖文化在两岸和海外华人之间的精神桥梁和文化纽带作用。二是助推妈祖文化影响力的扩大。按照"特色凝练—品牌打造—品牌传播—特色品牌形成"路径建设学校妈祖文化品牌,充分体现办学定位和特色,在更高起点、更宽视野、更广领域传承和弘扬妈祖文化。开发国际汉语推广外派教师和妈祖文化志愿者人才库,推动在海外孔子学院,尤其是向"一带一路"沿线国家传播妈祖文化,宣扬妈祖文化是中国传统文化的重要组成部分,构建有影响力、可接受的话语体系。依托海外宫庙妈祖文化资源,传播和弘扬妈祖文化。加入"新海上丝绸之路"大学联盟,推动在校际人才培养、科学研究、文化沟通等领域开展交流合作,将妈祖文化打造成"一带一路"建设的文化支点,让妈祖成为人类命运共同体的文化使者。

综上所述,莆田学院立足服务于"一带一路"国家倡议,着眼构建世界妈祖文化研究中心,聚焦培养妈祖文化传播使者的思路,不仅仅是地方高校落实立德树人根本任务的创新举措,更是传承发展地方文化的探索实践,对于地方高校融入全局、找准位置、追求特色发展很有借鉴意义。

附录七:全球治理视野下妈祖文化的独特价值*

    妈祖是流传于中国沿海地区的民间信仰。妈祖文化肇于宋、成于元、兴于明、盛于清、繁荣于近现代。民间在出海前要先祭妈祖,祈求保佑顺风和安全,在船舶上立妈祖神位供奉。妈祖是集无私、善良、亲切、慈爱、英勇等传统美德于一体的精神象征和女性代表。现如今,妈祖庙在中国沿海地区、内陆河道,以及世界各地华侨聚集的埠头仍分布较广,而其影响力也遍及多个国家和地区。所谓"有海水处有华人,华人到处有妈祖"。

    妈祖文化经过上千年的演绎发展,不断汲取中华传统文化精髓,寄托人们对美好生活及理想人格的向往和赞美,以和谐共荣作为目标追求,强调人与人、人与社会、人与自然之间的友好相处、协调发展。妈祖文化通过海上丝绸之路传播到沿线国家和地区,并与当地文化交流融合,超越了族群、社会阶层、区域界限和政治分歧而达成广泛共识,在促进民心相通、资源整合、社会和谐方面有着不寻常的意义,成为海丝沿线国家和地区民众的共同文化记忆。

    "一带一路"倡议为妈祖文化赋予了新的时代内涵,是向世界展示中华优秀传统文化的重要渠道。妈祖文化是沿线国家和地区民心相通的载体,是21世纪海上丝绸之路的文化交流纽带,其所追求的和谐共荣与全球治理目标高度一致。因而,妈祖文化在"一带一路"建设中的独特价值应进一步得到彰显。

    第一,要充分发挥妈祖文化的目标引领作用。我们处在同一个世界,生活在同一个地球,和平、发展、合作、共赢是全球治理的根本目标,也是时代潮流,

---

* 原载《光明日报》2017 年 12 月 22 日。

不可阻挡。

妈祖是在长期的历史发展过程中逐渐塑造形成的特有形象。她的生平事迹口口相传，包含着中华文化中的诸多优良传统和积极思想因素，既表达了人们对真善美的追求，也体现了人们对和谐关系的期待。妈祖文化所蕴含的"仁爱"不仅是人际关系的准则要求，也是德行的规范要求。妈祖具有乐善好施、扶危济困、助人为乐的品质，这些可以感化民众调整自己的行为，达到社会认同的价值取向和道德规范。在民众心目中，妈祖孝顺父母、友爱兄姊，善待邻里邦亲，是中华优秀传统文化所倡导的忠义孝悌的楷模，在新时代对于维护和睦家庭、构建和谐社会、推动和平共处有积极示范效应。

瑞士作家、诺贝尔文学奖获得者黑塞曾经说过："我们不应为战争和毁灭效劳，而应为和平与谅解服务。"因此，可以用妈祖文化所追求的和谐共荣目标来引领"一带一路"国家和地区树立命运共同体意识，倡导共同、综合、合作、可持续安全的理念，尊重和保障各自的安全，加强相互合作，共同应对日益增多的21世纪的各种挑战，携手建设美好的家园。

第二，要充分发挥妈祖文化的纽带交流作用。"一带一路"聚焦构建互利合作网络、新型合作模式、多元合作平台，倡导政策沟通、设施联通、贸易畅通、资金融通、民心相通，强调"己欲立而立人，己欲达而达人"，努力为全球治理贡献中国方案。

由于独特的历史发展条件和传播范围，妈祖文化具有很强的包容性和生命力。虽然三千万华侨有80%加入了侨居国的国籍，但不少华人聚集地，仍因为对妈祖文化的认同，而把天后宫作为社群活动的组织核心和主要场所，形成了具有显著地域色彩的妈祖文化圈。新加坡的"兴安会馆""南洋莆田会馆""马来西亚海南会馆"就是代表。

妈祖文化不仅是海外华人华侨的精神旗帜，也是他们融入当地社会、协同当地民众打拼的精神支柱，成为他们与其他国家和地区民众进行有效沟通、促进全球治理的交流载体。因此，以妈祖文化为对外交流的先锋，加强沿线国家和地区民众的联系，进一步凝聚全球妈祖文化机构和人士的共识，可强化华人华侨与中国的精神纽带作用，展示和平发展合作共赢的真诚愿望，推动"一带一路"国家和地区的民心交融。

第三,要充分发挥妈祖文化承前启后的作用。我国着眼于构建合作共赢的新型国际关系和全球伙伴关系,秉承"天下为公"理念积极参与制定新兴领域治理规则,推动改革全球治理体系中不公正不合理的安排。

自宋代以来,妈祖文化在我国对外开拓海洋、经贸往来和移民迁徙等实践活动中发挥了重要作用。明代郑和七下西洋,将妈祖奉为全体航海人员出行的精神力量,历经 28 年,途经 30 多个国家和地区,向海外诸国传播了中华文化,加强了东西方文明的交流,同时也推动了妈祖文化在海外的传播。明代张燮在《东西洋考·祭祀》一文中,记载了妈祖文化伴随着海上移民和经贸往来在南中国海地区广泛传播的情景,其中就有妈祖文化与当地文化融合的描述。可见,妈祖文化传播史,既是我国海洋文明发展的见证,也是包括妈祖文化在内的中华文明与其他国家文明交融互动的体现。

如今,中国与"一带一路"沿线国家和地区在基础设施、产业对接、海洋经济、投资贸易等领域展开了进一步合作。比如,东盟目前就已成为福建第三大贸易伙伴、第三大外资来源地和第四大对外投资目的地。因此,"一带一路"不仅激活了"和平合作、开放包容、互学互鉴、互利共赢"的丝绸之路精神,更是弘扬了"立德、行善、大爱"的妈祖精神。我们可以通过妈祖文化交流进一步推动这种国际合作,并以此来探寻 21 世纪人类共同价值体系,建设人类命运共同体,展示全球治理的东方智慧。

综上,在全球治理的视野下,我们应该大力传承和弘扬妈祖文化,充分发挥其在"一带一路"建设中文化使者的作用,让和平的薪火代代相传,让发展的动力源源不断,让文明的光芒熠熠生辉,为世界贡献中国的智慧和力量。

附录八：文化自觉视野下的妈祖文化与"一带一路"建设*

一、文化自觉：妈祖文化传承创新的一个视角

"文化自觉"的概念最初是由我国著名的社会学家、人类学家费孝通先生提出来的。费先生认为"文化自觉是指生活在一定文化中的人对其他文化的'自知之明'，明白它的来历、形成过程和所具有的特色和它的发展趋向，是为了加强对文化转型的自主能力，取得决定适应新环境、新时代文化的选择的自主地位"。① 他用一句话概括了文化自觉的基本思想，就是"各美其美，美人之美，美美与共，天下大同"。"各美其美"是加深对于自己文化的了解和自信；"美人之美"是要学会尊重其他文化；"美美与共"是在不同文化交流中寻求共识；"天下大同"则是文化自觉的最终目标，即实现一个和而不同的和谐世界。②

"文化自觉"是一个过程，首先要全面分析本书化自身的优缺点，然后在多元文化交往中尊重不同文化之间的差异性，消化和吸收其他文化的经验和长处，取长补短、兼收并蓄，最后实现文化创新。当代中华文化的自觉就是中华民族历代传统文化的自觉、各民族文化的自觉以及各地区区域文化自觉的融合。其中妈祖文化自觉就是这众多文化自觉中的一个优秀代表，是历代传

---

* 原载《福建论坛（人文社会科学版）》2018年第6期。
① 费孝通：《论文化与文化自觉》，群言出版社2005年版，第232页。
② 李艳：《文化自觉的三重释义》，《东北师大学报》2012年第4期。

统文化自觉与区域文化自觉的结合体。

实现妈祖文化自觉,需要对其自身的形成、发展的规律以及特色有充分的了解,准确把握妈祖文化的定位,保持文化自信,从而与其他文化进行交流融合。第一,要充分认识到妈祖文化有着自身的文化传统,这种传统很大程度上是与旧有的经济和文化背景相符合的。今天,我们既要认识到妈祖文化的精髓在于妈祖文化精神,大力宣传妈祖精神并加以弘扬和传承,又要使妈祖文化与21世纪的新环境相融合,推动妈祖文化自身的"扬弃",将不合时宜的思想进行废除和更新,这样才能将妈祖文化传播给世界各地的民众,让他们了解和学习妈祖文化精神。

第二,要深入挖掘妈祖文化的现实价值。文化自信是一个国家和民族基于文化在历史进步中地位、作用的深刻认识和对文化发展规律的准确把握,必须充分肯定自身文化的价值追求,形成对自身文化生命力的坚定信念。① 只有对妈祖文化充满信心,才能有不懈的动力去推动妈祖文化的发展和创新。正是由于海内外民众对妈祖文化的高度自信,独具一格的妈祖文化才能在历史长河中保留下来。妈祖文化自觉的过程也是探索和认识妈祖文化现实价值的过程,要坚持把妈祖文化的现代价值与我国当前的政治、经济、文化等领域的发展战略相结合,从而更好地发挥妈祖文化的作用。

第三,要积极推动妈祖文化的创新发展。现代化进程中的文化转型,是传统农业文明条件下自在自发的文化模式被工业文明下自主自觉的理性模式取代的过程,这是文化的现代化或人自身的现代化。② 通过文化载体来实现文化转型,在积极的文化交往过程中实现观念的变革,这种观念的变革就是通过"文化自觉"来实现的。妈祖文化自觉也是顺应新时期新环境的文化转型所必须经历的过程,通过理解和借鉴其他文化的经验和长处,博采众长,从而吸收整合其他文化的精髓并将其运用到妈祖文化的发展中。

---

① 云杉:《文化自觉、文化自信、文化自强——对繁荣发展中国特色社会主义文化的思考(上)》,《红旗文稿》2010年第16期。

② 牛汝极:《试论"现代文化"的理论与实践》,《新疆师范大学学报(哲学社会科学版)》2011年第3期。

二、妈祖文化的自觉发展历程

（一）妈祖文化的形成

妈祖的由来和许多中国传统神话中出现的人物是类似的，其原型源于生活又高于生活，妈祖的存在寄托了人们对于生活的美好愿望和对真善美的追求。妈祖是北宋时期的一个女子，她大爱奉献、乐于助人，常常为遇难船民提供帮助，在她去世后乡人感念她的恩德，广泛传颂她的事迹，使其成为中国航海界共同祭祀的神灵，又由从事海上贸易或移民的人们传播到世界各地。第一座妈祖庙即湄洲祖庙，是莆田百姓在妈祖生前经常为渔民提灯引航的地方建立的，这也是 6000 多座妈祖庙的祖庭。妈祖文化是在妈祖崇拜、妈祖信仰的基础上产生的一种民俗文化。据历史记载，妈祖文化最初仅限于湄洲区域，被湄洲乡民所推崇，"仅落落数椽"①，后历经元、明、清三代，逐渐走向鼎盛。妈祖文化之所以能在民间占有稳固的地位，其中一个重要因素是历代统治者对妈祖文化的积极推崇，妈祖因而成为中国人众所周知的"海上女神"。

宋朝对妈祖先后进行了 14 次的褒奖和册封，4 次封"夫人"，10 次封"妃"。最早是在北宋宣和年间，朝廷使臣路允迪出使高丽途中遭遇台风，几艘使船淹没，随船的莆田人李振告知路允迪祈求妈祖保佑，得以转危为安。路允迪返朝后向朝廷奏明情况，赞扬了妈祖的功德并请求宋徽宗册封妈祖，宋徽宗当即决定册封妈祖为"南海女神"，并赐"顺济"庙额一块，还传旨为妈祖建立庙宇，这是妈祖文化第一次得到朝廷正式认可。此后，妈祖文化的传播不仅从民间走向军营，还渗透到国家政治、经济和社会生活的各个方面。妈祖信仰的广泛传播使妈祖宫庙的数量迅速增加。

元代统治者开拓运河大举进行南粮北运，以妈祖信仰鼓舞官兵和船民士气。元代共褒封妈祖 5 次，将原来局限于沿海地区的妈祖信仰演变成全国人

---

① 杨浚、范传贤：《湄洲屿志略》，《福建师大福清分校学报》1990 年第 2 期。

民的信仰,将妈祖祭祀载入国家祀典。明朝实行海禁政策,但是由于使臣外交的需要,妈祖文化仍受到朝廷的推崇。郑和下西洋之后,妈祖信仰的范围由东南沿海扩大到台湾、澎湖,成为各地沿海民众的守护神。明中后期,大部分海事活动被迫暂停,妈祖文化受到一定冷落。清朝统治者为巩固统治也大力弘扬妈祖的功德,为妈祖宫庙大量赐匾、题词,妈祖信仰达到顶峰,台湾的妈祖宫庙迅速发展起来。

民国期间,政府取缔全国所有神庙,由于妈祖生前的孝行和功德,妈祖庙得以延续并改名为"林孝女祠"。新中国成立之后,"文革"时期"破四旧"风气盛行,大量妈祖庙受到不同程度的损毁。改革开放以来,妈祖信仰重新焕发生机。2004 年,国家民政部批准筹备中华妈祖文化交流协会,中华妈祖文化交流协会于当年 10 月 31 日正式成立,海内外 170 多家妈祖文化机构申请入会。历史上与妈祖文化相关的各种石刻碑文、雕像、文献,还有国家级非物质文化遗产"湄洲妈祖祭典"等,受到了政府和民间的认可和保护。

(二)妈祖文化的海外传播

妈祖文化向海外传播始于南宋时期,发展于元明,鼎盛于清代。妈祖文化与中国古代港口的开设和海外贸易的发展是紧密相关的。例如,关于天津港起源的记载中,就有"先有娘娘庙,后有天津卫"这种形象化的说法;宋代中国四大市舶司(上海、杭州、泉州、广州)都与妈祖庙建在一起,现在中国几大著名的港口城市,如山东烟台、青岛、辽宁营口等兴建有妈祖庙;澳门的葡萄牙语(Macau)是粤语中"妈阁"的音译。古代航海者在出航前祭拜妈祖祈求平安,在安全归来之后也会将顺利出航归功于妈祖的庇佑。正因为如此,越来越多的人信仰妈祖,由此也进一步推动了妈祖信仰的广泛传播。郑和七次下西洋,往返太平洋、印度洋、阿拉伯海,共访问亚非 30 多个国家和地区,创造世界航海史的壮举,郑和不仅在船中供奉妈祖神像,而且多次奏请朝廷封赐和御祭妈祖,他还亲自修缮了多座妈祖宫庙,在没有妈祖庙的码头建立妈祖庙,立下宣传妈祖事迹的《天妃灵应之记》的石碑,对于妈祖信仰的传播起到了很好的推动作用。

妈祖文化随着海上丝绸之路的发展,传播到了东南亚地区甚至欧美等国家,出现了"有海水处就有华人,有华人处就有妈祖"的文化现象。其中日本、马来西亚、印度尼西亚、新加坡这几个国家的妈祖文化传播尤其典型。

日本妈祖文化信仰距今已有 600 年的发展历史,妈祖文化传播到日本,其主要的传播渠道,是明清时期对琉球的册封以及东南沿海的商户赴日贸易等活动。琉球最初建立天后宫是在向中国称臣之后,并且天后宫也成为国王国祭之庙。明朝使臣前往琉球途中常遭遇险境,据说都是因为妈祖的保佑使使臣们化险为夷,于是在琉球当地也将妈祖的神迹向当地民众传扬出去。东南沿海民众赴日进行海上贸易、务工等活动,有的民众在当地定居之后,就把自己的妈祖信仰带到日本。据日本学者统计,当前在日本的长崎、鹿儿岛、大阪等地仍尚存一百多座妈祖庙。日本妈祖文化的传播一方面传承了中国原有的文化信仰,另一方面为了顺应日本本土文化,而将妈祖文化与佛教文化相融合,形成"神佛习合"的日本化妈祖文化,在日本随处可以见到妈祖文化与日本本土信仰相结合的遗迹。

在日本,妈祖文化的传播呈现了一种多元文化共生的文化氛围。华人是马来西亚三大族群之一,由于华人数量庞大,妈祖成为马来西亚的主要信仰之一。据民间不完全统计,马来西亚的天后宫共有 35 座,马来西亚的兴安会馆总会属下有 32 个地方分会馆,在每个会馆最高层都设有专门祭祀妈祖的殿堂。马来西亚妈祖庙不仅是华人祭祀的场所,也是华人情感的重要媒介。举办妈祖巡游祭拜活动时,当地华人可以有机会联络感情,同时妈祖庙也起着传承和弘扬中华传统文化的作用,为早期华人教育子女学习中华民族优良品德做出了宝贵的贡献。马来西亚的妈祖文化不仅受到当地华人认可,也得到马来西亚政府的支持。在吉隆坡建立的雪隆海南会馆天后宫,就是政府批准建立、位于市中心的一座中国宫殿式的天后宫。这座天后宫经常举办大型的文化活动,成为吉隆坡重要的旅游景点。雪隆海南会馆在 2003 年、2006 年先后成立了"妈祖文化研究中心"和"马来西亚天后宫总会"。在学术方面,雪隆海南会馆天后宫出版了 2 卷《马来西亚天后大观》、3 辑《妈祖研究学报》,举办了 3 届"妈祖研究国际学术研讨会"。可以看出,雪隆海南会馆天后宫为妈祖文化的国际传播与文化交流做出了重要贡献。

印度尼西亚的妈祖文化也是随着华人的侨居而扎根当地的,由华侨集资筹建的妈祖宫庙目前有 40 多座。印度尼西亚的妈祖信仰在一些地方已经与当地的宗教信仰相融合,被当地居民所认可。比如在东爪哇泗水福安宫,除了祭祀妈祖,还供奉了当地居民信奉的印度教女神"难近母",妈祖文化与当地印度教的信仰共存。苏门答腊岛的棉兰天后宫在重修的时候又取了印尼文名称,目的是为了适应妈祖文化在印尼民众中传播的需要。

新加坡的妈祖文化传入几乎与新加坡开埠同步,由于新加坡华人占人口的多数,因此妈祖信仰深入新加坡的各个社会层面中,新加坡水上交通的行业公会、新加坡摩托船主联合会等都供奉妈祖。目前新加坡有 50 多座妈祖宫庙,最著名的天福宫已纳入新加坡国家第一批重点古迹之一。新加坡的妈祖文化不仅是一种宗教信仰,对于当地的华人来说还是特殊的感情纽带。一方面,当地华人常常将同乡会馆设在妈祖庙中,通过妈祖祭祀等活动来沟通感情,增强内部的团结力和凝聚力;另一方面,许多华人将妈祖宫庙作为创办公益慈善事业的渠道,为当地华人提供一些生活、就业等帮助;再者,妈祖也寄托了华人对祖国和故乡的思念,建造天后宫庙采用的全是中国的原材料和工匠,多样的妈祖文化互动也呈现了海外华人对祖国和故乡的情感寄托。

妈祖文化在海外广泛传播的主要原因,有几个方面。一是积极的海外贸易政策。宋元时期对外贸易发展迅猛,积极的商贸政策和对外贸易的快速发展推动妈祖文化更好地向海外传播。福建地区港口开放程度高,闽商对妈祖信仰极其推崇,在商船出海以及平安返回后都会特地到妈祖庙祭拜。妈祖文化沿着闽商的足迹,在海外广泛传播。二是华侨在海外侨居国大量修建妈祖宫庙。据史料记载,明代中外交流达到顶峰,闽商不仅在琉球地区修建妈祖行宫,在日本、越南等国家也都修建了妈祖宫庙。许多华人华侨将随身携带的妈祖神像放在当地庙宇或者放在自己家中祭祀,一些事业有成的侨商还会带头捐资在侨居国修建天后宫,于是妈祖文化就自然而然地渗透到当地的文化中。①

妈祖文化是中华传统文化宝贵的精神财富,它涉及的领域非常广泛,包括了经济、政治、军事、艺术等等,史料内容丰富,研究价值高。妈祖文化经过千

---

① 印度尼西亚兴安同乡会编:《福莆仙乡贤人物志》,莆仙文化出版社 1990 年版,第 37 页。

年的传承,不仅作为一种民间信仰受到广大民众的认可,更是海外华人寻根的一种印记,具有民间性、广泛性、兼容性和海洋性的特征。据不完全统计,目前全世界妈祖信众足有两亿多人,宫庙已达上万座,其中以海上丝绸之路沿线国家和地区居多①。妈祖文化在当代世界文化格局中具有重要的地位,妈祖文化不仅是中国的,也是世界的。作为海洋文明的产物,妈祖文化比其他文化更容易与市场经济相融合,更加适应现代化的社会发展进程。

三、"一带一路"建设对妈祖文化自觉的新要求

妈祖文化与"一带一路"尤其是"海上丝绸之路"的开拓发展有着紧密联系。古代"海上丝绸之路"是商贸之路,也是文明交流之路,妈祖文化很大意义上是通过海上丝绸之路传播到海外的,大批信仰妈祖文化的人们通过海上丝绸之路来到中国,华人华侨迁移海外的过程又将妈祖文化传播到海上丝绸之路沿线的国家和地区,海上丝绸之路的港口几乎都有妈祖庙。在 21 世纪,"一带一路"倡议的提出顺应了和平、合作、发展的时代潮流,"一带一路"坚持"共商、共建、共享"的原则,为妈祖文化注入了新的时代内涵。

(一)妈祖文化的创新发展是"一带一路"建设的重要组成

"一带一路"建设包括经济、文化和社会等全方位的合作发展,妈祖文化的传承、创新是其中一个重要内容。"一带一路"建设承载着沿线国家和地区及其人民共同的发展愿景,妈祖文化作为连接"一带一路"沿线国家和地区的重要纽带②,有利于加强沿线国家之间的情感交流,践行开放包容、文明互鉴的发展理念,为沿线国家和地区间的互动交流搭建平台,完善合作共赢的发展机制。妈祖文化信仰增强了海内外华人华侨的交流,同时也推动了"一带一路"沿线国家和地区的华人华侨贸易和商贸往来,"一带一路"建设的重点在

---

① 宋建晓:《21世纪海上丝绸之路中的妈祖文化》,《光明日报》2015 年 7 月 22 日。
② 宋建晓:《全球治理视野下妈祖文化的独特价值》,《光明日报》2017 年 12 月 22 日。

于推动中国及沿线国家和地区的经济发展,妈祖文化作为"软实力",也可以为"一带一路"的经济发展起到重要作用。就东盟与福建经贸发展的关系来看,2013 年,东盟已成为福建的第二贸易伙伴和第四大资金来源地,成为福建企业"走出去"的重要地区。妈祖文化的深厚底蕴吸引广大海外游客前来妈祖起源地及国内著名的妈祖宫庙参观,为中国旅游业发展奠定了坚实的基础。据统计,2017 年上半年湄洲岛接待境内外游客共 361.8 万人次,同比增长 12.96%,全社会旅游总收入 22.3 亿元,同比增长 7.73%;①天津市修复后的天后宫和古文化街从 1986 年开幕以来,已有 80 多个国家和地区的游客包括国家元首来参观。从这些数据中可以看出妈祖文化带来的经济效益和社会效益是非常可观的。②

(二)妈祖文化信仰是"一带一路"建设的重要纽带

19 世纪以来,妈祖文化作为民族认同的文化纽带功能愈发体现出来。"一带一路"建设对世界经济、政治格局有着重大影响力,而经济、政治与文化密切相关。在建设 21 世纪海上丝绸之路的历史进程中,妈祖文化自觉能够整合和联系我国海上丝绸之路沿线城市,并与"一带一路"沿线国家和地区架起互惠交往的桥梁。尽管"一带一路"沿线国家和地区的政治体制和经济发展水平有所不同,国家间的政治关系复杂微妙,然而国之交在于民相亲,民相亲在于心相通,妈祖文化的广泛性、民间性的特征,决定了各国民众对妈祖的大爱精神有共同的文化情感认同,因此,妈祖文化在基层民众的交往中能够发挥重要的纽带作用。妈祖文化的亲和力和认同感,会使沿线国家及其民众产生文化情感共鸣,形成相同的利益诉求,并加深相互了解和实现互利共赢。

我国"十三五"规划中提出"鼓励丰富多样的民间文化交流,发挥妈祖文化等民间文化的作用"。每年在妈祖圣地湄洲岛有 350 多万来自全球各地的信徒参与祭祀祈福等活动,"一带一路"沿线国家和地区以妈祖为主题的文化

---

① 陈可涵:《莆田湄洲岛:开拓"美丽经济"释放生态活力》,《湄洲日报》2017 年 8 月 10 日。
② 黄端:《福建参与"一带一路"建设的地位作用及相关建议》,《福建理论学习》2014 年第 8 期。

交流活动更是众多。2016 年,来自印尼、意大利的 40 名华裔青少年来到湄洲岛体验妈祖文化,他们因妈祖而来,学习具有中国特色的汉语、书法、剪纸等,还与中国青少年交流对话。马来西亚马六甲拿督颜天禄一行于 2016 年到湄洲妈祖庙祭拜,参观和访问了中华妈祖文化研究院,颜天禄说,妈祖文化在马来西亚的传播历史悠久,妈祖文化不仅有利于凝聚华人华侨的力量,还促进了华人华侨与马来西亚人的和谐相处,妈祖文化是团结的重要载体,也是"一带一路"精神的延续。

(三)妈祖文化精神与"一带一路"建设有共同的目标指向

妈祖文化精神的标志是和谐共荣,这与"一带一路"建设的目标指向相一致。在人类命运共同体的构建过程中,文化的作用是必不可少的,在主流文化的引导下,多元的民族文化、宗教文化有利于世界和谐。妈祖文化蕴含的"立德、行善、大爱"精神,体现了中华民族的传统美德,是中华民族的优秀文化遗产之一。妈祖文化深深影响着它的信众们,秉承着妈祖文化的大爱精神,许多信众积极地参与到社会公益活动中,作出了一系列的善举,如创办学校、兴建妈祖庙、修缮古迹等。弘扬妈祖文化精神,建立传承、创新妈祖文化的自觉,有助于缓解人与人之间的冷漠,建立和谐友爱的人际关系,促进社会的和谐共荣。在当代,尽管航海技术已经非常发达,但妈祖文化仍作为保佑航海者出海平安的象征而被广大民众所认同和接受。妈祖文化蕴含的开拓进取、不畏艰险、乐于奉献等精神,与"一带一路"蕴含的精神相契合。这种伟大的精神为 21 世纪海上丝绸之路沿线国家和地区在政治、经济、文化等方面的交流合作,提供了强大的思想动力。

"一带一路"建设的目标是带动整个区域的和谐发展,因此,必须要坚持人文交流先行,实施文化开放的战略,促进不同文化的对话,推动、建设我们自身的文化自信和文化自觉。在"一带一路"建设背景下,我们需要加强对妈祖文化自觉的探索和对妈祖文化资源的整合,制定妈祖文化交流的战略规划,丰富"一带一路"沿线国家和地区妈祖文化交流的内容和载体,采取政府搭台、民间参与相结合的方式,积极提供各种保障和服务,推动妈祖文化在"一带一路"建设中实现自觉发展,促进和谐共荣。

四、"一带一路"建设中的妈祖文化自觉

（一）强化妈祖文化自信

妈祖文化是中华文化的瑰宝,是海洋文化的璀璨明珠。要强化妈祖文化自信,就要在沿线国家和地区,以妈祖文化彰显中华文化的博大精深,展示中华文化的魅力。体现妈祖文化自信最重要的就是将妈祖文化的精髓即妈祖文化的精神,向海内外民众展示出来。一是大力弘扬和谐包容的仁爱精神。妈祖作为仁爱的化身传播于世,妈祖的爱是无私的、没有等级之分的大爱,有关妈祖的传说故事中,妈祖都体现了她博爱慈济的品格。在现代社会,妈祖文化所代表的真善美的思想价值和与人为善、乐于助人的道德精神,对于营造和谐社会有着重要的作用。二是弘扬不畏艰险、勇于进取的精神。众所周知,妈祖是"海上女神",面对险象环生的大海,妈祖精神给予人们克服困难的勇气,使他们战胜航行过程中的种种困难,正是这种精神激励着中国人民不畏惧困难漂洋过海,到海外开拓一番事业。三是弘扬爱国爱民的精神。这也是妈祖精神的一大特点,在维护祖国统一以及反侵略战争的历史传说中,有许多因妈祖庇佑最终取得胜利的记载,尤其郑成功顺利进入鹿耳门港的传说在台湾家喻户晓。四是弘扬热爱和平的精神。妈祖精神在当代被赋予了和平的含义,人们把对祖国和平、世界和平的向往寄托在妈祖的身上,妈祖是信众心目中的"海上和平女神",她是世界人民反对战争、向往和平这一心愿的象征。随着时代变化和社会发展,我们既要重新认识妈祖文化所蕴含的宝贵精神,将它更好地发扬和传承下去,又要将它与时代相联系,使其在现代社会中更好地发挥功能,进而增强妈祖文化自信。

（二）做好妈祖文化沟通

在"一带一路"沿线国家和地区,以妈祖文化作为民间沟通的重要桥梁,在基层民众交往中可以凝聚共识和力量。民心相通是"一带一路"建设的核

心,文化交流是促进互信的有效渠道。不同文化间的沟通和交流能够推动妈祖文化自身的发展。2016 年中央出台的《关于加强"一带一路"软力量建设的指导意见》进一步强调了软力量是"一带一路"建设的重要动力。"一带一路"要以文明交流超越文明隔阂,以文明互鉴超越文明冲突,以文明共存超越文明优越,从而推动各国之间相互理解、相互尊重、相互信任。① 党的十九大报告中强调要积极促进"一带一路"国际合作,努力实现政策沟通、设施联通、贸易畅通、资金融通、民心相通,打造国际合作新平台,增添共同发展新动力。"一带一路"建设不仅需要经贸、政治方面的合作和互动,也需要文化交流和民间沟通。妈祖文化在对外交流中就具有其独特的优势。

首先,要强化妈祖信仰的文化认同。将妈祖文化包含的不畏艰难、开拓进取的精神传递给"一带一路"沿线国家和地区,甚至全世界人民。要以大众性和草根性为诉求,聚焦不同的群体,增进沿线国家和地区对妈祖文化精神的理解和认同,弘扬优秀的中华传统文化。其次,要注重对妈祖文化遗产的保护和开发,对国内及"一带一路"沿线国家和地区保存下来的有关妈祖文化的宝贵文献、书籍以及宫庙等建筑加大保护力度,将其打造成为促进文化认同的妈祖文化品牌。利用现代科技手段传承妈祖文化的传统技艺,运用产业化的形式支撑妈祖文化的传播,同时将妈祖文化精神与公益、慈善事业相结合,让妈祖成为弘扬中国和谐、慈善文化的形象,增加海外人们对中国文化的了解。

(三)促进妈祖文化繁荣

在"一带一路"沿线国家和地区,以妈祖文化与所在地文化互动发展为契机,加强文化融合发展,共同推进文明多样性,追求和谐共荣。妈祖文化经过时间的积淀,在世界各地不断发扬光大,而且积极地与当地的文化相融合。妈祖文化历史遗产是海上丝绸之路沿线国家和地区共有的世界非物质文化遗产,在 2009 年列入联合国非物质文化遗产名录,不同国家、不同文化、不同民族的妈祖信徒每年都会一起纪念妈祖诞辰日与升天日,妈祖文化成为一种跨

① 习近平:《携手推进"一带一路"建设——在"一带一路"国际合作高峰论坛开幕式上的演讲》,《人民日报》2017 年 5 月 14 日。

越国界的文化。正是由于不同国籍、不同种族的人们对于妈祖文化的共同信仰，推动了妈祖文化在世界文化舞台的繁荣。一方面，妈祖文化在"一带一路"沿线国家和地区主要是以妈祖信仰的形式表现出来，在21世纪，妈祖文化的传播方式不能局限于传统的祭祀和庙会的形式，而应该采取形式多样的妈祖文化产品，将妈祖文化精神渗透到人们的日常生活中，尤其是运用新媒体等方式来增强妈祖文化的宣传效果。此外，还可以推动妈祖物质文化的发展，譬如对妈祖服饰、妈祖戏曲、妈祖工艺品等的开发，可以通过多样化的方式将妈祖的经典故事改编成电视剧、电影，将传统的妈祖戏曲加入现代元素进行创新转化，从而以现代人喜闻乐见的方式将妈祖文化更好地传播给海内外的民众。另一方面，在"一带一路"沿线国家和地区举行与妈祖文化相关的活动，推广妈祖文化专题的旅游文化节，结合当地的妈祖习俗和特色，开展以妈祖为创作主题的音乐舞蹈活动、戏曲表演和民俗活动，以更好地吸引海内外的游客。此外，还可以推进妈祖文化与海外华文教育相结合，将妈祖文化融入中文学习教材中，让更多的外国民众了解妈祖文化，感受妈祖文化的深厚底蕴。

附录九:妈祖文化在两岸融合发展中的独特价值*

刚刚结束的全国两会上,习近平总书记参加十三届全国人大二次会议福建代表团审议时指示:"要加强两岸交流合作,加大文化交流力度,把工作做到广大台湾同胞的心里,增进台湾同胞对民族、对国家的认知和感情。"

文化交流是维系两岸关系的重要纽带。妈祖信俗作为一种文化现象,承载着台湾民众对中华文化的认同,成为跨越两岸历史鸿沟和维系两岸血肉亲情的精神纽带。

回望历史,1987年台中县大甲镇澜宫的200多位妈祖信众,首先打破两岸隔绝的坚冰,实现"官不通民通,民不通以妈祖为先"。这在海峡两岸及全世界华人中影响深远,具有里程碑意义。两岸人民共同的信俗活动使他们超越了政治的藩篱,妈祖成为两岸交流沟通的一个重要纽带。大甲镇澜宫的破冰之旅一定程度上加快了开放台湾民众赴大陆探亲的进程。1997年湄洲妈祖金身巡游台湾102天,经过19个县市,接受信众朝拜达1000多万人次,引起强烈反响。同时,妈祖庙还分三批次派出50多名护驾团前往台湾,在台期间拜会了40多座宫庙,与当地妈祖信众面对面深入交流。2000年大甲镇澜宫信徒4000余人分批赴大陆进香,在福建四地绕行,媒体争相报道。这也促进了台湾当局加速开放"小三通"。2006年,台湾40余座妈祖宫庙共同赴大陆进香,成为有史以来规模最大的两岸宗教文化交流盛事,对"大三通"开放起到积极推进作用。

---

* 原载《光明日报》2019年3月31日。

如今,两岸交流合作朝着更宽领域更多层次的方向发展。近年来,每年都有台湾地区众多妈祖信众到莆田湄洲岛妈祖祖庙朝拜,两岸妈祖信众通过妈祖文化的力量联系在一起,共同祈愿两岸早日和平统一。妈祖作为"海峡和平女神",在推动海峡两岸同根同文的交流,促进两岸关系融合发展中彰显着独特的价值。

首先,以妈祖文化为纽带可以促进祖国认同。妈祖文化是以妈祖信俗为核心的文化,妈祖的立德行善大爱精神,凝聚了中华民族的传统美德,是中华传统文化的重要组成部分。妈祖信仰是台湾社会的主要民间信仰,据统计,台湾自大陆分香的妈祖宫庙超过2000座,信众多达1600多万人,占台湾人口的三分之二。这一信仰已融入台湾民众社会心理中,深深影响他们的日常生活和思维方式。

当前,一种顺应历史发展潮流的社会"暖流"在频频涌动:妈祖文化已超越了族群、社会阶层、区域界限和政治分歧,成为两岸共同弘扬中华传统文化的根脉,上升为人类传承文明、发展进步的世界性课题。例如在第十届"海峡论坛·妈祖文化活动周"时,200多位莆台乡村基层代表参加了以"共叙妈祖情缘共享幸福生活"为主题的"幸福家园"交流活动,在参访湄洲妈祖祖庙、仙游县古典工艺博览城、东峤上塘银饰特色小镇、南山广化寺等过程中,台湾代表纷纷赞叹中华文化的博大精深。因此,以妈祖文化为纽带进行文化交流,可有效增进台胞对祖国大陆的情感,提升台湾民众对于祖国的认同感和归属感,为两岸融合发展提供精神力量。

其次,以妈祖文化为纽带可以促进心灵契合。2014年,习近平总书记在接见台湾和平统一团体时强调:"我们所追求的国家统一,不仅是形式上的统一,更重要的是两岸同胞的心灵契合。"共同传承和弘扬中华优秀传统文化是消除两岸同胞彼此隔阂、增进相互了解、密切思想感情的重要方式,同时也是粉碎"台独"势力"去中国化""文化台独"的有力武器。

虽然两岸在具体的文化方面存在某些差异,但由于大陆与台湾在文化上同根同源,因而开展文化交流有许多容易沟通的有利因素。我们应大力弘扬富有地方特色的妈祖文化,以台湾同胞喜闻乐见的形式,全方位、多领域、深层次地开展两岸文化交流活动,借鉴中华民族教育的传统和经验,寓教于乐,做到润物无声、潜移默化。

当代台湾青年长期生活在与祖国大陆分隔的社会环境中，对大陆各方面的了解有限，对祖国和平统一还心存疑虑，对两岸关系的发展还有明显的"求稳怕变"的心态。因此，在推进两岸和平发展进程中必须努力促进台湾青年对祖国大陆的深入了解。青年兴则民族兴，青年强则民族强，我们同样要把祖国统一大业寄希望于青年一代。我们要加大对台政策宣传力度，除了传统媒体外，还要积极发挥网络在传播文化中的重要作用。同时，要加大力度开展两岸青年的互动往来，吸引更多的台湾学子来大陆求学，组织更多的台湾青年到大陆参观访问，让他们亲眼见证大陆改革开放以来的巨大变化，以构建两岸青年共同的民族观、历史观、文化观，共圆中国梦，共担民族复兴的责任，共享民族复兴的荣耀。

最后，以妈祖文化为纽带可以促进经贸往来。两岸妈祖信仰是发展两岸经济贸易往来的优势文化资源。两岸经济合作与妈祖文化的认同密切相关。

数据显示，截至 2018 年 3 月，福建省已累计批办台资农业项目 2650 个，合同利用台资 38.8 亿美元，实际到资 22 亿美元，农业利用台资的数量和规模居大陆各省市区首位。福建已成为台湾农产品进入祖国大陆的集散中心，海峡两岸农业合作试验区的"窗口、示范、辐射"作用得到明显体现。实践证明，台湾发展离不开大陆支持。有强大祖国做依靠，台湾同胞的民生福祉会更好，发展空间会更大。以妈祖文化为纽带的两岸交流合作和经贸往来，不仅有利于打造两岸共同市场，丰富"一带一路"建设的内涵，给台湾同胞带来经济利益，而且也会给沿线各国带来更多发展机遇，为亚太地区和世界繁荣稳定注入更多的正能量。

妈祖是两岸同胞共同尊奉的神祇，妈祖信俗被联合国教科文组织列入人类非物质文化遗产代表作名录，从历史到当下，无论是关山重重，还是海峡遥遥，都未曾阻断两岸的妈祖文化交流。两岸妈祖文化交流的不断热络，将进一步增进台湾民众对一个中国的认同，促进两岸融合发展。

附录十：乡村治理视野下妈祖信俗与
乡土社会互动发展研究

——以福建省莆田市湄洲镇为例*

　　妈祖信俗研究主要有妈祖的起源与传播、妈祖信仰的精神内核、妈祖信俗的社会功能等三大视角。关于妈祖信俗和乡土社会的互融互通及其在社区整合和社会治理层面上的功能等方面的研究不多。郑镛考察了漳浦当地的妈祖信仰习俗，认为妈祖信仰成为不同姓氏的乡民自我管理、自我教化的有力推手。妈祖庙也成为乡规民约的发布地、道德教化的核心区以及平息调解民事纠纷的裁决所。① 周丽妃以福建莆田湄洲岛地区妈祖文化对乡村治理的影响为例，分析在新时代背景下民间信仰发展与乡村治理之间的互补模式和作用，探讨民间信仰在乡村治理过程中的辅助作用。② 乡土文化在乡村治理中的作用一直是学界研究的热点之一。雷焕贵等认为优秀的乡土文化是新农村文化的生长点，具有凝聚、教化、融合、润滑及自治等功能，对农村治理有着不容忽视的影响。③ 邱建生、汪明杰认为乡土文化对乡村治理具有重大积极意义，为促进乡村善治，需要依靠以生态文明为核心的政策空间，更需要乡土文化主体的培育、组织创新、在地知识创新以及家国情怀。④

　　* 本文作者：宋建晓、曹悦宁。
　　① 郑镛：《妈祖信仰与闽南民间社会整合——以漳浦旧镇为视角》，《莆田学院学报》2013年第6期。
　　② 周丽妃：《论妈祖文化在现代乡村治理中的特殊功能——基于湄洲岛地区的调查分析》，《莆田学院学报》2018年第1期。
　　③ 雷焕贵、李卫朝、段云青：《乡土文化在农村治理中的功能研究》，《内蒙古农业大学学报（社会科学版）》2014年第1期。
　　④ 邱建生、汪明杰：《国家安全视角下的乡土文化与乡村治理》，《中共浙江省委党校学报》2016年第6期。

　　国内许多学者从村庙角度讨论民间信仰对于乡村治理的影响,张祝平认为庙组织作为传统村落中信仰文化的承载者,也是村落的文化共同体,在聚合信众利益、反映信众诉求,以及降低农村社区治理中的人际消耗、缓释社会冲突等方面具有其独特的作用。① 王亚枝、苏燕平以金仙观为例,认为村庙作为民间宗教信仰的载体,对农村中老年妇女发挥着隐性的教育功能。民间信仰教育以一定的社会方式对信教人员的行为约束,协调人与社会的关系以及社会各个部分之间的关系,维持社会秩序,保证社会系统正常运作。② 甘满堂认为村庙文化对于现代农村社区与某些城市社区来说,其社会功能是多方面的,它不仅具有宗教信仰方面的心理慰藉功能,而且还具有社区公共娱乐、交际与休闲功能,丰富了社区居民业余文化生活。③ 孙敏认为民间信仰与世俗生活通过庙会糅合在一起,形成一个相互影响、相互支持的统一体。在这个过程中,实现了社会资源的再整合、社会价值的再生产、社会精英的内整合、社会关联的正强化,从而在村庄内部为地方秩序再造奠定了坚实的社会基础。

　　总的来说,从以往研究来看有少部分学者探讨妈祖信俗作为一种民间信仰如何作用于乡村治理,也有不少学者认识到乡土文化在乡村治理中的作用。然而,妈祖信俗作为乡土文化的一种载体,其与乡土社会的互融互通及在社区整合和社会治理层面上的功能研究几乎还是空白。本文以妈祖故乡湄洲镇为例,考察妈祖信俗与乡土社会如何互动发展,促进乡村治理。

一、湄洲镇妈祖信俗与乡村治理发展概况

　　莆田市湄洲岛位于海峡西岸经济区沿海中部,是"海上和平女神"——妈祖的故乡,也是妈祖祖庙所在地,素有"南国蓬莱""东方麦加"的美称。全岛

---

① 张祝平:《村庙组织成长与农村社区治理》,《甘肃社会科学》2012 年第 5 期。
② 王亚枝、苏燕平:《村庙承载的民间信仰对农村妇女发挥的教育功能研究——以金仙观为例》,《山西青年》2017 年第 19 期。
③ 甘满堂:《福建村庙文化与社区公共生活》,《宗教与民族》2014 年第 1 期。

人口 4.05 万,下辖湄洲镇。湄洲岛是妈祖信俗的发源地。妈祖生前乐于助人,常常为遇难船只提供帮助,救世济人,泽被一方。公元 987 年妈祖羽化升天后,为了感念妈祖舍己救人乐于奉献的精神,当地人开始在岛上建升天阁供奉。北宋宣和四年(1122 年),北宋官员路允迪出使高丽,路遇台风,祈求妈祖保佑转危为安,路允迪返朝后向朝廷奏明情况并请求宋徽宗册封妈祖,宋徽宗当即决定册封并赐"顺济"庙额一块,妈祖正式成为国家承认的宫庙、神灵。

随着宋朝抗金运动,妈祖信仰从湄洲岛开始向莆田沿海地区传播。到了元朝,泉州成为世界最大贸易港之一,元政府为了发展海上贸易,将妈祖引进至海外贸易繁荣的泉州港,成为泉州海神,并因漕运及海外交通的发展,成为全国性海神并远播海外。到明朝,明成祖金陵都城仪凤门外,建宫庙一座,改庙额为"弘仁普济天妃宫"。永乐年间七下西洋,郑和多次来湄洲岛祭拜,大大提升了妈祖祖庙影响力。明清海禁,福建大批民众为了生计下南洋,妈祖信仰也随着商人和移民的足迹更为广泛地在海外传播。郑和本人曾两次奉旨来湄洲岛主持御祭仪式并扩建庙宇。至清康熙时,已形成了具有五组建筑群的"海上龙宫"。清代是妈祖信仰的又一个鼎盛时期。清代中期,妈祖不但得到清廷的 15 次褒封,而且从天妃被册封为天上圣母、天后,并多次钦赐御匾,妈祖神格被推至巅峰。清雍正皇帝更把妈祖、黄帝、孔子诏封为天下三大祭典,复诏普天下行三跪九叩礼。清廷下令各省,凡有天后宫的都要祭祀天后,且皆由地方最高长官总督与巡抚主祭,这段时间祖庙地位达到顶峰。到了现代,随着妈祖文化的蓬勃发展,妈祖信俗作为一种民间习俗得到极好的传承和发展,有力地促进了地方经济文化的协调发展和区域经济的深度合作。在妈祖信仰传播的过程中,大陆(内地)沿海地区、港澳台地区和许多东南亚国家都建成大量的天后宫或妈祖庙,湄洲妈祖祖庙在与各地宫庙的密切来往中,逐渐形成了以自己为中心的庙际网络。作为妈祖信仰的发源地,目前仅湄洲镇上就有近 20 座的妈祖宫庙。这些宫庙积极参与地方社会文化建设,在乡村治理中发挥着重要作用。

近年来,湄洲镇运用其得天独厚的优势,在"创建文明城市、建设美丽乡村"活动中,号召大家要有作为国家级旅游度假区和妈祖故乡人的荣誉感,强调全民支持、全民动员、全民投入，在全岛营造浓厚的创建氛围，充分利用妈祖信俗力量，丰富治理手段，扎实做好各项创建工作，努力提升治理水平。一方面采用"硬"治理，对活动场所、乡村道路两侧、房前屋后等区域进行卫生整治和绿化提升，进一步完善村道路灯亮化、污水处理等基础设施建设。围绕吃、住、行等重要环节，规范市场管理，强化食品安全、交通等各项保障。加大沿途、沿街、沙滩和农村环境卫生等整治，借助举办活动的有利时机，不断提升景区服务水平和整体形象。另一方面采用"软"治理，加强环境治理宣传，号召民众"做妈祖故乡文明人"。在美丽乡村创建中，动员组织开展妈祖义工活动，倡导文明素养的形成。妈祖祖庙与湄洲岛上其他妈祖宫庙也投身社会公益活动，坚持"安老、扶幼、助学、济困"的慈善宗旨，积极开展各种慈善活动，关爱弱势群体，助力精准扶贫，为妈祖精神注入了新内涵，成为参与乡村治理的一支重要力量。

二、乡村治理视野下的湄洲镇妈祖信俗与乡土社会互动情况分析

湄洲镇妈祖信俗对当地民众的精神文化建设方面有着深刻的影响，在当前乡村治理多元主体参与面临困境的情况下，妈祖信俗可以起到推动乡村治理的创新与发展的作用。妈祖信俗根植在湄洲岛的乡土社会中，在湄洲镇的民俗文化活动中也处处体现了妈祖信俗的特色，因此在湄洲镇可以看到妈祖信俗在与当地乡土社会的互动融合的过程中逐渐演变成当地的乡土社会的重要组成部分。

（一）乡村治理下的湄洲镇妈祖信俗发展

乡村治理是国家治理体系的重要组成部分，乡村治理主体是乡村治理的一个重要课题。我国的乡村治理已经走过近百年历程，乡村治理主体也随着时代的发展发生相应的变化。目前，乡村治理主体的多元化，已经得到学界的广泛接受和认可。乡村治理主体包括中央政府、地方政府、乡村集体、社会组织、乡村成员等。其中，各级政府在乡村治理中主要作用是顶层设计，起到指

导和引领作用。社会组织是乡村治理的重要补充。同时,一些乡村成员,如德高望重的乡贤和能人也是乡村治理中一支重要的力量。多元的治理主体功能各异、协同分工、有机整合,共同促进乡村治理。其中,社会组织在社会治理中所扮演的角色和功能不能忽视。有些地区的社会组织早已根植于当地社会,对当地社会结构具有持久和巨大的影响力。然而,在我国,社会组织在农村覆盖不足。据 2015 年华中师范大学中国农村研究院发布的"中国农村社会组织发展报告"显示,在中国农村,社会组织"覆盖不足",每万人不足 10 个。目前我国农村的社会组织虽然具有多样化的特征,但数量、规模偏小,发展不均衡,进一步发展中存在着社会组织主体"空转"、构架"官化"、活力不足等难题。①换言之,我国乡村治理多元主体参与面临着一系列现实困境。而随着妈祖文化的传播和扩大,妈祖信众逐渐成为乡村治理的重要主体之一。妈祖信仰因其不断增强的民间影响力,增强了其政治权威,促进乡村政治民主参与。由于妈祖信众具有较高的认同感,其民间信仰活动仪式在区域社会整合等方面能够发挥一定作用,因此以妈祖信仰为核心的妈祖文化可以凝聚人心,增强向心力和群体认同感。

莆田市湄洲岛上的居民除了极少数信仰基督教以外,绝大多数的岛民历代都是妈祖的虔诚信仰者。为了对妈祖信俗与乡土社会互动发展现状以及对乡村治理的作用进行实证分析,本文采用访谈和问卷调查等方法,对湄洲镇的村民进行抽样调查,共随机发放了 200 份问卷,回收 200 份。问卷涉及个人行为习惯、接触妈祖文化的动机及妈祖文化对个人行为习惯和精神文明影响等问题。同时,笔者对村两委、村民代表、宫庙董事会成员等展开深度访谈,获取具有代表性的真实可信的数据,并对其进行科学分析。首先,本文针对湄洲岛上居民的妈祖信仰时间长度做了摸底调查,具体调查结果如表一所示,其中信仰时间跨度长达 25 年以上的受访者占整体 41.5%,占据绝对优势。由此可见在湄洲湾地区妈祖信仰具有深刻的影响,有着广泛的群众基础,是岛民精神世界的重要组成部分。

---

① 雷宇、高杨:《社会组织在农村覆盖不足》,2015 年 5 月 19 日,见 http://zqb.cyol.com/html/2015-05/19/nw.D110000zgqnb_20150519_3-06.htm,2018 年 7 月 11 日引用。

表 1　湄洲镇村民妈祖信仰的时间情况

信仰时间	5年以下	5年—10年	10年—15年	15年—20年	20年—25年	25年以上
比例	18.5%	12.5%	2.5%	12.5%	12.5%	41.5%

在问及"您认为在乡村治理中是否应该引入妈祖信俗或其他乡土文化的力量"时，调查结果显示 82.5% 的受访者认为在乡村治理中应该引入妈祖信俗，并且应该大力提倡。可见，妈祖信仰不仅仅是民众不可缺少的精神依托，妈祖信俗的道德教化和行为约束功能得以凸显，能够在乡村治理方面发挥积极作用。从以上两项调查结果可知，湄洲镇的妈祖信俗深植于当地社会，观察研究其与乡土社会的互动关系及对乡村治理的影响，对解决乡村地区及转型中社会的治理困境具有重要意义。

（二）湄洲镇妈祖信俗与乡土社会的融合发展

湄洲妈祖祖庙在每年农历三月廿三妈祖诞辰日和农历九月初九妈祖羽化升天的纪念日都会举行隆重的祭祀。此外，妈祖祖庙还会举行割火分灵、谒祖进香、妈祖巡游、民俗表演等一系列的庙会活动。除了宫庙的祭祀以外，湄洲当地的居民也会举行家庭祭祀，渔民和航海者在船上供奉妈祖神像，祈求航海安全，俗称"船仔妈"崇拜。湄洲和其他地区的渔民、船民在海边或沙滩上摆贡品面对大海，向妈祖祭拜，俗称对海祭拜。渔民和居民会在家中的神龛上供奉妈祖像点香、祭拜。平常，妈祖信众也会到妈祖庙向妈祖神像跪拜，主要包括献鲜花、点香火、摆贡品、行跪拜礼以及燃鞭炮、烧金箔等方式。另外还有很多传统的民俗活动，都是妈祖信俗与乡土社会长期互动过程中固定下来的，成为当地优秀传统文化的一部分。湄洲渔民在妈祖诞辰日前后自发不下海捕鱼，体现人与自然和谐相处的理念。湄洲妇女平常头上都梳着帆船状的发髻，着蓝色的上衣和红黑相间的裤子，表示对妈祖的敬仰和对家人出海平安归来的期盼，这种朴素的愿望体现于服饰上，形成了妈祖服饰文化。湄洲岛每年正月初八到十八各家各户都会举行热闹的元宵活动，恭请妈祖神像参加元宵活动。在元宵活动中，妈祖巡游队伍中的彩车常常走街串巷宣扬妈祖精神，这样寓教于乐的方式,丰富了当地的文化生活,对民众有很好的教化作用。岛民家的大门上贴着妈祖的神符。渔民、农民、市民等在节日的晚上都会提着"妈祖灯笼"绕游。这些妈祖信俗活动以妈祖宫庙为主要场所,通过形式丰富的民俗活动与乡土文化形成良好互动,丰富了岛民的生活,是维护家庭和睦、促进社会和谐发展的重要的文化纽带。随着妈祖信俗列入"人类非物质文化遗产名录",妈祖信俗备受重视,当地居民也得以重新认识妈祖信俗的意义和价值。妈祖信俗在申遗的过程中,对其包含的祭祀仪式、民间习俗和故事传说的内容进行系统阐述,并在日常生活中被不断地重复演绎,与当地的乡土文化互动融合并固定下来,成为湄洲地区乡土文化的重要组成部分。

三、湄洲镇妈祖信俗与乡土社会互动发展对乡村治理的作用

2011 年 3 月,习近平总书记在参加全国人大会议福建代表团审议时强调指出,"既是乡土文化之一也是重要旅游资源的妈祖文化,是凝聚两岸同胞的一条纽带,要充分发挥其在促进两岸交流合作中的重要作用"。妈祖信俗作为湄洲岛地区乡土文化最重要的组成部分,在与乡土社会互动的过程中对人们行为规范形成约束力和引导力,不仅有利于引导民众形成积极健康合理的生活方式,还对维系社会规范,推动社会稳定,促进乡村治理,发挥着政府行政管理无可替代的作用,是实施乡村振兴战略的内在要求,也是建设社会主义新农村的文化软实力之需。

妈祖信俗与乡土社会互动并作用于乡村治理主要借助妈祖宫庙组织的力量。民间社会组织是国家治理体系的组成部分,是参与社会治理的重要主体和治理能力现代化主要体现。在当前国家推动社会治理主体多元化的背景下,民间社会组织参与社会治理的水平不断提高,对构建和谐社会作出了巨大贡献。妈祖宫庙作为民间社会组织,是参与乡村治理的重要基层支撑力量,由于妈祖宫庙组织自身具有的文化权威,因此可以更好地作用于乡村治理的实践活动中。具体方式主要体现在如下方面:

（一）以公益活动来营造大爱氛围

湄洲岛的妈祖信俗根植于当地乡土社会，其内含的价值观得到当地民众的高度认可。近年来，湄洲镇政府在大力弘扬和传承妈祖文化的同时，充分发挥妈祖信俗的道德教化和行为约束功能，通过组建妈祖义工队、开展慈善活动，积极践行"立德、行善、大爱"精神，让妈祖信仰在现代社会发挥其更大的价值。湄洲妈祖庙倡议大家做妈祖义工，服务乡村建设。从活动实施的实际效果来看，村民们大都能积极响应号召参与义工活动，默默付出，真诚服务，成为湄洲岛上的一道亮丽风景线。很多游客来到妈祖庙，看到妈祖义工队忙碌的身影，都认为这是妈祖精神最好的体现。村民们从小耳濡目染妈祖文化的魅力，认为加入妈祖义工队能够树立妈祖信众的良好形象，为妈祖故乡做贡献，参与乡村建设、参与祖庙的相关事务是一种荣耀。针对"以何种方式传承和保护妈祖信俗，更好地发挥其在精神文明建设中的积极作用"进行调查，调查结果如表 2 所示。妈祖信众受妈祖精神感召和妈祖文化熏陶，对投身妈祖公益活动具有很高的热情，57.5%的受访者表示非常乐意加入妈祖义工队伍，尽己所能，发挥所长，服务社会。在妈祖信俗的传承和保护上，42.5%的受访者表示愿意参与建设妈祖信俗教育学堂，学习妈祖精神；45%的受访者表示在家庭教育中，经常会通过妈祖的故事来教育子女，教导子女学习妈祖文化，以期形成良好家风家规，为湄洲岛的精神文明建设贡献力量。

表 2　湄洲镇村民愿意发挥妈祖信俗参与治理的方式选择

选项	比例
大力弘扬以生态、环保的方式举办宫庙活动	60%
争当妈祖宫庙义工，奉献应尽的力量	57.5%
义卖与妈祖相关的周边产品，捐助需要帮助的人	30%
开办妈祖信俗教育学堂，弘扬和传播优秀妈祖文化	42.5%
在家风教育中积极宣传妈祖文化精神	45%

自 1998 年来，妈祖祖庙董事会积极承担社会责任，投身公益慈善事业，造福社会，将妈祖精神传递给身边的每一个人。妈祖祖庙每年都开展"慈善之

光"送温暖、扶贫济困活动,特别是设置妈祖奖教助学基金,推进妈祖精神在校园的传播传承,以此激励和感染师生的情操,影响师生的日常行为。2016年台湾地区发生地震,妈祖祖庙董事会在祖庙天后殿举行诵经会,为台湾同胞祈求平安,并发动广大信众进行义捐活动,将妈祖的恩泽传达给台湾同胞。妈祖祖庙以实际行动,践行弘扬妈祖精神,让村民感受妈祖扶危济困、乐于助人的精神,无形中感化信众和村民。

(二)以化解矛盾来促进社会和谐

乡村治理的首要任务之一就是化解社会冲突和缓和社会矛盾。对此,行政和法律手段有其局限性。妈祖信俗作为土生土长的乡土文化,能够服务于乡村治理,在调解纠纷、缓和人际关系、维护社会稳定方面发挥积极作用。受妈祖精神的感化,妈祖信众秉承与人为善、以和为贵的精神,这对于消弭人与人之间的隔阂、化解矛盾具有积极意义。

首先,改善社会治安。许多村民反馈,大家从小就是在妈祖精神的熏陶下长大,妈祖的事迹对岛民有着潜移默化的影响,在这种环境下大家都以妈祖高尚品德为榜样,积极向善向上。妈祖是湄洲岛村民心目中"真善美"的化身,同时妈祖也成为惩恶扬善、鞭挞丑陋的正义力量。在调研过程中,当地文明办主任指出,20世纪80年代至90年代初期,湄洲岛社会治安不稳定,岛民经常打架斗殴、惹是生非,各村庄间也因为一些利益冲突关系恶化。后来随着湄洲岛的开发,妈祖信仰的现代价值得以重新审视,各级政府和妈祖祖庙大力弘扬妈祖精神,岛民用自身行动践行妈祖精神,各村庄间冲突矛盾减少了,关系逐步改善,村民的关系也更和谐友善。

其次,调节邻里关系。在妈祖精神感召下,村民能从大局出发、不计较个人利益。例如村里在处理土地纠纷、道路铺设维护等问题时,经常需要发挥妈祖信俗的力量来化解,让村民们学会宽容、甘于奉献等。笔者在调研中获知,岛上四个村(包括三个行政村寨下村、高朱村、东蔡村和一个自然村)共同供奉一个宫庙,因为妈祖,四个村庄之间友好往来,一个宫庙将几个村联系了起来。此外,据湄洲镇宣传委员介绍,原来镇上有两个村庄之间因为纠纷断绝往来好几年,后来因为妈祖的巡安活动,两个村庄开始尝试沟通,村干部特地坐下来面对面友好协商，共同建设巡安的路，因此化解了多年的争端。在湄洲岛的汕尾村，曾经有两家因为道路问题发生争端，九年间连续三届村书记、主任都出面调解但是都没有解决，后来因为妈祖游灯要经过这一条路，两家就各让一步，纷争和平解决。另外，民众在日常生活中若遇到争端也会求助于妈祖，他们通过农村的信俗途径来调解。岛上一位姓陈的女士告诉笔者，她以前经营旅馆的时候，有一位房客在退房之后发现自己的钻戒丢失，认为戒指丢在店里，陈女士建议客人报案解决。但是客人还是不接受，陈女士后来烧一炷香在妈祖像前起誓自己没有私藏戒指，得到了客人的理解。从这些事例可以看出，妈祖信仰教导信众与人为善，谦恭礼让，在调节村民内部纠纷方面提供了多元的解决方法。在政府行政管理无法触及或者无法解决的地方，妈祖信俗发挥着处理冲突、解决争端的重要作用，成为维持乡村秩序的重要力量。

最后，促进移风易俗。自古以来，由于湄洲岛属于海岛，远离陆地，在交通不便的时代，和外界交流甚少，经济发展水平低，岛民思想愚昧落后，高彩礼买卖婚姻的歪风陋习盛行。1997年以来，政府借助岛上妈祖祖庙董事会的影响力，通过召开座谈会来宣传买卖婚姻陋习的危害，在宣传过程中也常常通过妈祖的故事来教导当地人民。传说中妈祖不满封建婚姻制度，立志不嫁，妈祖的父亲没有干涉妈祖的婚姻问题，而是支持她去做自己喜欢做的事，以行善济世为己任，实现个人的人生价值，千年后的今天依然受到世人的尊敬和爱戴。通过这样的故事教导人们学习妈祖父母的开明精神，支持年轻人的价值追求，抵制买卖婚姻的陋习，形成良好的婚俗习惯。此外，村里的妇女主任、五好工人家庭、先进青年代表、宫庙代表以及村里德高望重的老人以身作则，带头积极宣传"学习妈祖，移风易俗"的活动。2017年，湄洲镇为了加强社风民风建设，特地向岛民发布倡议书并举行移风易俗承诺签字仪式，强调要树立文明向上的婚恋观，提倡婚姻自由，反对买卖婚姻，自觉抵制"高价彩礼"等不良风气，做妈祖精神的倡导者、传播者、实践者。这些活动受到群众的好评，有些村庄甚至把移风易俗加入村规民约，认为应该提升群众认知水平，扭转观念。

另外，笔者通过问卷调查对开展倡导文明新风活动的实际效果进行了摸底调查。如今，岛内的婚嫁习俗和以前大不相同，逐渐形成了良好的风气，长期以来困扰群众的高彩礼问题得到缓解，很多家庭从中受益，长期以来疲于应对的精神枷锁得以解脱,有利于婚姻家庭乃至社会的稳定。问卷调查结果如表 3 所示,针对村委会在弘扬妈祖文化以加强新农村精神文明和乡村文化建设方面的作为,村民的满意度高达 70%,其中满意占 47.5%,非常满意占 22.5%,不满意的仅为 2.5%。由此可见,政府部门利用妈祖信俗倡导移风易俗成效显著,老百姓满意度高。

表 3　湄洲镇村民对村委会在弘扬妈祖文化上的满意程度

满意程度	非常满意	满意	一般	不满意
比例	22.5%	47.5%	27.5%	2.5%

(三)以融合发展来践行乡村文明

妈祖是"真善美"的化身,妈祖信俗以健康的价值观引导民众,与政府部门形成多元合作共治局面。近年来,湄洲岛管委会把妈祖信俗融入文明创城和美丽乡村创建活动中,推进湄洲岛的文明风气和乡村建设。

首先,把妈祖信俗融入文明创城活动。湄洲岛文明创建宣传办向岛民群发公益短信,传播妈祖精神,倡议岛民要做妈祖故乡的文明人。在创城工作的入户宣传活动中,妈祖义工队发挥了重要作用。妈祖义工们不畏艰辛,耐心细致地为岛民解答疑问,号召大家以身作则,以实际行动参与到创城工作中去。湄洲湾第二中心小学还举行"讲妈祖事,做文明人"故事大王比赛,号召学生们学习妈祖的好品德,把文明礼仪的教育深入学生的心中。年底时很多外出务工的岛民回乡过年,镇政府用莆仙话和普通话向全岛广播文明倡议书,每天三遍,内容主要是"六提倡、六反对",呼吁大家文明过节。

关于妈祖信俗对文明行为习惯的形成和对村民思想意识的影响,笔者进行了问卷调查,调查结果如图 1 所示。90%的受访者认为妈祖信俗对形成文明的行为习惯和思想意识存在一定的影响,其中 62.5%的受访者认为影响很大,27.5%的受访者认为有一些影响,仅有 10%的人觉得完全没有影响。由此可见,湄洲岛岛民生于长于妈祖故乡,从小对妈祖耳濡目染,他们都非常认可妈祖信俗在影响人的文明的行为习惯和思想意识方面的作用,妈祖精神的传承和践行是他们日常生活的重要组成部分,形成良性循环。

在访谈中发现,湄洲岛开展文明创城活动以来,通过多种渠道加强宣传环境卫生整治工作。受访村民们普遍认为,全民参与创城活动是在为妈祖圣地做事,大家有责任把妈祖的优良品德带到生活中,转变观念,推动文明风气的形成。调查结果如表4所示,多数受访者都认为妈祖信俗与促进人性升华、追求幸福美好的人生理想相一致,有利于现实生活和社会公共秩序的和谐发展,其中45%的受访村民认为,妈祖信俗加强了自身的环保意识,养成了良好的环保习惯;57.5%的受访村民认为,妈祖信俗有利于形成宽以待人的意识,减少邻里纠纷,有助于形成和谐友善的社会氛围;65%的受访村民认为妈祖信俗能够提升自身乐于助人的优良品德,加强道德修养;57.5%的受访村民表示,妈祖信俗可以凝聚人和人之间的感情,增强了族群认同和文化认同,这种认同感转化成为奉献家乡的精神力量,从而极大地支持文明创城各项工作的推进。

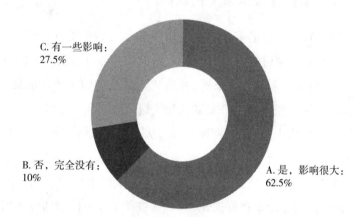

图1　湄洲镇村民在妈祖信俗对形成文明的行为习惯和思想意识影响大小方面看法

表4　湄洲镇村民对妈祖信俗在参与乡村管理中发挥的作用

选项	比例
加强了自身的环保意识,养成良好的环保习惯	45%
形成了宽以待人的意识,减少了邻里纠纷	57.5%
提升了自身乐于助人的优良品德,加强了道德修养	65%
凝聚人际感情,增强了族群认同和文化认同	57.5%

　　湄洲岛管委会文明办相关负责人表示,在开展创城工作的过程中,工作人员利用妈祖与创城宣传结合,村民们的文明意识、环保意识明显提高,村民们也渐渐养成了良好的文明行为习惯。例如各村各小组各户严格执行"三包",不乱搭乱建、不乱扔垃圾、乱倒污水、乱挂布条等。尤其湄洲岛通过文明创城活动,人们的交通行为习惯日益文明,文明驾驶、文明出行的程度普遍提高。文明旅游是湄洲岛文明创城的重要内容。近年来,湄洲镇旅游产业日益发展,从事民宿、餐饮等行业的村民越来越多。在政府的大力宣传和引导下,村民们遵纪守法经营,经营行为日渐规范化,餐饮、住宿、特色伴手礼经营商家也明码标价,杜绝欺诈行为,诚实守信待客。湄洲管委会旅游局投诉科相关负责人介绍,近年来所受理的"欺客""宰客"等案例逐年减少,旅游环境逐步优化,湄洲岛旅游品牌形象逐步提升,助推文明创城活动。

(四)以乡土教育来推动文化认同

　　乡土文化教育是妈祖信俗影响村民思想和行为的重要方式,也是传承妈祖信俗的重要载体。通过教育,妈祖故事、妈祖精神都对信众产生潜移默化的影响,成为信众精神涵养的重要来源,并内化为其精神的重要组成部分,建立对妈祖文化的认同和联系。一是家庭教育使妈祖故事代代相传。一代又一代的湄洲镇村民或多或少接触过妈祖的故事,从小在妈祖精神熏陶下成长,特别是妈祖救助海难、济困救贫的故事在湄洲镇家喻户晓。因此妈祖深受当地渔民和村民的爱戴。通过家庭教育,妈祖的故事非常好地实现了代际传承。特别近年来,妈祖信俗活动实现常态化,老一辈带动年轻一代参加各种妈祖信俗活动,例如参与天下妈祖回娘家、妈祖巡游等,年轻人不断增强妈祖文化认同感,学习妈祖大爱精神。二是学校教育传承妈祖精神。湄洲岛上的很多小学充分挖掘利用妈祖文化资源,通过各种方式融入妈祖文化,让学生们学习了解妈祖文化。例如湄洲岛第二中心小学每个学期都会开展形式丰富多样的妈祖文化相关活动,如唱妈祖歌、讲妈祖故事等,以此来弘扬妈祖精神。在美术课堂上,老师通过展示妈祖的服饰、贡品,来培养学生的审美能力。特别是在创城活动中,学校开展"学习妈祖好品德,争当妈祖文明小标兵"活动,全校师生积极参与各项志愿者活动。同时还把妈祖文化融入学校第二课堂,成立了妈祖兴趣班,每周两到三节课邀请贡品的制作人来学校担任老师,比如做海祭品、梳妈祖头等,让学生通过实物更直观地了解妈祖文化的各种表现形式。通过编写乡土教材,设置妈祖文化课程,加强对孩子的思想道德教育,也希望这些学生们能够带动身边的长辈、亲朋好友一起学习妈祖精神,形成良性互动。这也是让家长意识到正是因为妈祖文化及岛内旅游的发展,他们的孩子才能在这样良好的环境里学习,这也促使他们更加积极地参与岛内旅游建设。

综上所述,当前乡村社会急剧分化和整合,乡村治理主体也随着时代的发展发生相应的变化。目前,乡村治理主体呈现多元化的特征。在推动乡村治理现代化建设的过程中,一方面应强化乡村基层政权和村治组织在乡村治理中的领导核心作用,另一方面也要充分发挥民间社会组织的作用,构建政府主导、社会组织参与的乡村治理格局。多元的治理主体功能各异,协同分工,有机整合,共同推动乡村治理。在妈祖文化促进乡村治理方面,需要厘清地方政府与作为民间社会组织的妈祖宫庙之间的关系,明确乡村基层政权和村治组织(代表政府)和妈祖祖庙及其分庙(代表民间社会组织)在乡村治理中的行为界限,突出政府的引导作用和祖庙的表率作用,形成政府引导、祖庙带头、分庙跟进的乡村治理共建格局。

乡土文化作为中国传统农耕文化的核心,具有显著的乡土性和深厚的群众基础,能够推动乡村社会秩序整合,维护乡村社会和谐稳定健康发展。妈祖信俗作为一种中华优秀的传统文化,与当地的乡土生活有机融合,成为湄洲岛地区乡土文化最重要的组成部分。湄洲镇作为妈祖文化发源地,妈祖信俗渗透到民众日常生活的方方面面,对人们的行为形成约束力和引导力,与乡土社会互动并服务于乡村治理,在营造大爱氛围、促进社会和谐、发展乡村文明、推动文化认同方面发挥积极作用。但是,妈祖信俗在乡村治理的运用中还存在着一些不足。一是妈祖信俗组织与村两委、其他民间组织等互动有待加强。乡村治理是一项系统性工程,需要政府部门和民间组织协同配合发挥作用。妈祖宫庙与村两委、村里的其他组织联系、交流不多,协同不够,没有形成一种治理合力,不利于提高乡村治理效率。二是妈祖信俗与乡土社会互动发展机制不健全。这主要表现在:第一,资源整合机制不通畅。妈祖信俗宫庙组织、村两委、民间组织、科研机构等缺乏有效沟通,各方互动合作机制不完善。第二,妈祖信俗宣传教育机制不健全。当前妈祖信俗与村民的群体文化活动结合度还不够强,没有建立对接机制。第三,妈祖信众参与治理的激励机制不完善。目前,妈祖祖庙董事会的一些主要成员直接或者间接参与乡村治理工作的主动性,还有大量的信众参与的主体性、积极性、能动性没有发挥出来。因此,当代乡村要实现良治,需要释放妈祖信俗文化发挥作用的空间,将妈祖精神融入乡村治理之中,寻求妈祖信俗文化新时代的表达方式及其与当代的乡村治理相结合。妈祖信俗文化在现代多元价值认同的社会现实之中、在现代化潮流中仍有其生命力,创造性运用妈祖信俗文化,可以充分发挥其在乡村治理中的作用,进而实现乡村良治。

附录十一:台湾地区妈祖信俗与乡村治理融合发展研究

——以台湾地区新港乡为例

当前越来越多复杂的社会问题与矛盾的产生,使传统的乡村治理模式面临严峻挑战。基于民间信仰的乡村治理体系作为一种非正式、隐形的治理体系逐渐受到学者的关注。刘江宁、周留征将乡村治理中的民间信仰分为个体层面和社会层面。从个体层面研究,民间信仰有精神支撑和心灵寄托、诉求表达和情感宣泄等作用;而从社会层面研究,民间信仰则具有道德教化、助推经济、行为规范、生态环保、团结民众的功能。他们认为,一方面应从民间信仰中挖掘有价值的成分,充分发挥民间信仰在乡村社会转型中的功能;另一方面,应从中看到基于偶像崇拜基础上的道德信仰,由于缺乏理性的自觉,还保留了迷信的残渣,如巫师信仰、鬼魔信仰等。① 杜赞奇认为民间信仰是国家渗透到乡村社会的重要方式之一。② 蔡少卿以关帝、观音和妈祖为例,认为民间信仰能够促进社会秩序更加和谐,也有助于祖国统一和现代化发展。③ 朱武雄将妈祖信仰作为一种宗教语言,认为将妈祖信仰运用到乡村治理中不仅有利于解决民间宗教与城镇化农村治理之间存在的各种复杂矛盾,还可以提高公民

① 刘江宁、周留征:《社会转型期民间信仰的功用研究》,《山东社会科学》2011 年第 11 期,第 74—77 页。

② [美]杜赞奇:《文化、权力与国家:1900—1942 年的华北农村》,王福明译,江苏人民出版社 2003 年版,第 13—14 页。

③ 蔡少卿:《中国民间信仰的特点与社会功能——以关帝、观音和妈祖为例》,《江苏大学学报》2004 年第 6 期。

意识。① 徐珊娜运用社会资本的理论分析框架,对民间信仰及其在乡村治理中的作用进行分析。② 从目前所发表的成果来看,大多学者主要研究民间信仰在乡村治理的作用,较少学者从互动的角度研究妈祖信仰与乡村治理的关系。因此本文以新港奉天宫作为个案进行剖析,总结妈祖信俗在乡村治理具体实践中的表现方式,进一步阐明台湾地区妈祖信俗与乡村治理的互动关系,从中借鉴经验,吸取教训。

一、台湾地区新港乡妈祖信俗与乡村治理发展概况

妈祖信俗是我国台湾地区最普遍的一种民间信仰。据台湾相关资料显示,"自大陆分香来台后妈祖分灵之多,已超过二千多宫"③。由于早期横渡台湾地区拓荒者主要是闽粤移民祖辈,这些拓荒者都有在海神妈祖的护佑下顺利渡过"黑水沟"的经历。后来,妈祖被作为住处守护神奉祀,逐渐发展成为世代相传的共同习俗和集体记忆。在台湾妈祖信俗发展过程中,妈祖宫庙不断发展壮大,管理日益规范,无论是大小街庄、山海聚落,还是通都大邑,都可看到妈祖庙,并且持续发展,没有中断。妈祖宫庙已成为乡村与村民、乡村与乡村的连接者和中介者,在乡村、社区、街道的环境再造和日常管理中发挥了重要的作用。妈祖宫庙组织也成为当地非常重要的民间管理机构,有效配合当地政府参与社区治理,有力促进了乡村治理水平和社会进步。

(一)台湾地区新港乡妈祖信俗的发展概况

新港乡妈祖信仰发展主要源自笨港最初供奉妈祖神像,后来,依托于新港

---

① 朱武雄:《民间宗教的语言与城镇化农村治理——以妈祖信仰为例》,《华南农业大学学报》2010 年第 9 期。

② 徐珊娜:《民间信仰与乡村治理——一个社会资本的分析框架》,《东南学术》2009 年第 5 期。

③ 台湾寺庙整编委员会编:《佛刹道观总览·天上圣母专辑》第 1 册,台湾桦林出版社 1987 年版,第 91 页。

奉天宫持续发展。据史料记载，明天启二年，福建船户刘定国在奉请湄洲天后宫的妈祖金身神像横渡黑水沟航经笨港时，"黑水黑如墨，湍激悍怒，势如稍洼"①，此时妈祖显圣，从此笨港十寨轮流奉祀妈祖，祈求妈祖护佑台湾百姓的生活。清康熙三十九年，笨港与外九庄在笨港合建了供奉妈祖神像的天妃庙，清雍正八年，始称天妃庙为"笨港天后宫"。清嘉庆四年，笨港溪洪水横溢泛滥，发生了严重的水灾，淹没了四千多住户，笨港天后宫同时也遭到冲毁。据传神像被冲走后下落不明，亦有一说住持景瑞和尚护持庙中的神像、文物，将它们东移至麻园寮土地公庙的肇庆堂（后称笨新南港，又改称新港）。嘉庆六年，住持景瑞和尚发起建庙，嘉庆十六年新庙落成，王得禄提督奏请嘉庆帝御赐宫名为"奉天宫"，自称为古笨港天后宫香火之分支及延续。日本侵略台湾时期，当地发生大地震，宫庙受损，重建工作长达 10 年，于 1917 年完成重修。1966 年，思齐阁、怀笨楼完工，并设立奉天宫历史资料馆。

目前，新港奉天宫为四进三院的建筑格局，依序为三川殿、正殿、后殿及凌霄宝殿。宫庙的整体构造和风格依然保持 1917 年重修时由匠师吴海同所设计建筑的模样。新港奉天宫现在供奉有船头妈祖、四街祖妈祖、二妈祖、三妈祖、五妈祖及米铺妈祖等妈祖圣像。神龛前供有一尊妈祖圣像，为软身造型，系 1988 年 3 月庙方前往大陆湄洲进香时，恭迎回台的湄洲妈祖。由于奉天宫香火鼎盛，原本的粉面妈祖已成"黑面妈祖"。神龛两旁千里眼与顺风耳神像，为泥塑神像，二位将军手持元宝，相当特别。后殿主祀观音菩萨，龙边供奉福德正神，虎边供奉注生娘娘。由于奉天宫的妈祖神像曾供奉于肇庆堂土地公庙，在妈祖庙完成建庙时，遂供奉肇庆堂土地公神像于庙内。两厢廊供奉笨港城隍爷、开漳圣王、关圣帝君、文昌帝君、西秦王爷、虎爷及先贤功德禄位。此外，由于新港地区以漳州移民为主，所以庙内也供奉漳州人的守护神开漳圣王。新港奉天宫于每年农历元月十五日举办新港妈祖出巡绕境活动，绕境新港地区的十八庄村落，为信众祈福。在农历三月二十三日妈祖圣诞之日，举办祝寿大典，农历八月十五日举办妈祖的"契子女"回宫团拜祭典活动。

---

① 谢金銮、郑兼才编：《台湾文献丛刊》第 140 种《续修台湾县志》（下），台湾银行经济研究室，1962 年，第 108 页。

（二）台湾地区新港乡发展及治理情况

新港乡位于台湾嘉义县西北部,全乡皆是平原,农产品有大米、甘薯、玉米、高粱、花生、大豆、甘蔗、水果等。新港乡居民大多是务农,放眼望去村庄四处都是绿田景观,近年有不少居民将田地转为栽培花卉。面积 66.0495 平方公里,人口约 31826 人(2018 年 7 月),辖 23 个行政村。① 新港乡依托奉天宫,大力发展文化创意产业,带动乡村旅游发展,成为新港繁荣的商业枢纽。在新港乡村再造过程中,农村环境污染治理、村民文明素养形成等问题非常突出。当时,乡村民众对环境整治要交纳一定的垃圾处理费用,抵触情绪比较严重。新港乡调动民间社团组织积极参与再造活动,尤其新港奉天宫发挥了重要的作用。目前,乡土人文复兴得益于极好的外部培育环境,当地的传统民俗社团如宋江阵、馨园社、凤仪国乐社,以及拥有百年历史的舞凤轩北管戏剧团等,都犹如雨后春笋般的兴起,并与当地丰富多彩的妈祖文化活动相结合,使新港乡成为台湾嘉南地区著名的文艺重镇。街道以新港奉天宫为中心呈丁字型分布,香火鼎盛的奉天宫,不仅大力推动了新港的繁荣,更带动了当地宗教文化及社会活动的发展。新港奉天宫在台湾的众多妈祖宫庙中已然独树一帜,成为台湾地区的知名妈祖宫庙,并且,新港奉天宫的妈祖信仰已经深深地融入其所在地乡村社会生活的诸多方面,对新港乡镇的社会治理发挥着重要的作用。新港人成功地打造了焕然一新的家园,并为乡镇繁荣发展树立了新典范。

二、台湾地区新港奉天宫的管理模式

台湾社会在传统向现代的转变过程中,民间宗教组织也随着时代的发展而发生重大转变。妈祖宫庙管理模式也与时俱进,在宫庙的组织结构、组织功能、治理属性等方面适应了时代的发展,为社会转型提供了帮助。台湾妈祖宫

---

①　嘉义县新港乡公所:《认识新港》,2018 年 7 月 2 日,2018 年 8 月 31 日,见 https://singang.cyhg.gov.tw/cp.aspx? n = 75BCE8C862396AF8。

庙具有很强的绵延存续性,其管理机制日益成熟。在早期阶段,台湾宫庙就摸索了一套适合自身的管理方法。新港奉天宫在笨港天后宫时代,实施庙祝制度,直至清朝,笨港天后宫被洪水冲毁,迁庙于笨新南港,改名奉天宫后,采用管理人制度,由笨新南港附近十八庄信徒推选人员担任。奉天宫于1952年正式成立管理委员会;1956年9月12日,嘉义县政府批准奉天宫管理委员会成立,奉天宫组织益臻完备。由古十八庄管内之各村落、新港之各镇头、轿班会以及所在地四村之商铺信徒,依章程规定设置投票所,选出信徒代表,组织信徒代表大会,审议重要宫务,并选出管理委员,管理宫务任期4年,期满依法改选。1975年,依法成立财团法人新港奉天宫董事会,董事会设有董事15人、监事5人,董事会分为总务组、祭典组、接待组、主计组、营缮组,分组办理宫务,弘扬妈祖圣德,服务信徒。

　　针对台湾妈祖宫庙的管理问题,新港奉天宫妈祖文献中心主任林伯奇认为,70年代以后,随着台湾从传统农村社会转型成为工商业社会,妈祖宫庙的功能从原本单纯的祭祀职能转化为更多元的功能,妈祖宫庙与当地社团的交流(诸如老人会、政治单位、文化单位)增多,妈祖宫庙参加公共事务的方式也更加多样化。例如有些宫庙发展教育文化事业,有些宫庙兴办医院参与社会慈善救助事业,信徒数量只增不减,影响力越来越广泛,所以宫庙的管理就需要一套方法和规则。根据《台湾妈祖宫庙通讯名录》显示,台湾地区的妈祖宫庙主要采取财团法人管理委员会管理模式和财团法人的董事会管理模式。采用前者这种方式的比例较高,前者通过设立财团法人管理委员会对828家宫庙进行管理,其中包括了新港奉天宫、彰化南瑶宫、朴子配天宫等;后者设立董事会来管理238家妈祖宫庙,其中包括了北港朝天宫、台中大甲镇澜宫以及西螺福兴宫等。①

　　目前,新港奉天宫设立财团法人管理委员会,采用财团法人的管理模式。财团法人是以一定的目的财产作为成立基础的法人,以谋取公益为目的,它的主要形式是基金。财团法人本身无构成成员,并表现为独立的特别财产。财团法人的管理制度规范,有严格的会计进行内部监督,成为财团法人,严格记

---

① 周金琰:《妈祖宫庙管理模式探论》,《莆田学院学报》2012年第4期。

账明细,最终送至"内政部门",经过财团法人开出证明,董事会才可以报税结税,一切都要通过正规的税务登记,财团法人受民政管理机构管理。无论选举方式是什么,都要选举产生一组管理财务的财团法人,来监督董事会管理制度的运作情况。相比之下,管理委员会只是受县政府管理而已,财团法人受民政管理机构管理,民政局管理只是了解是否正常选举、是否乱花钱、是否负债等,民政管理机构不实施监督。

不论是委任制,还是财团法人制度,根据相关组织管理章程,相关成员都要通过选举产生。新港奉天宫的董事会通过竞选产生,当地信众满 18 岁以上就可以来登记。参选过程涉及开支由董事会负责处理,根据林伯奇介绍,奉天宫的董事会成员需要选出 21 个董监事,然后再竞选出董事长,董事长需要380 票左右才可当选。

三、台湾地区新港奉天宫参与新港乡治理的具体方式

台湾地区非常重视利用民间社团组织力量参与乡村再造,依托非政府组织、民间公益组织、民间信仰组织,调动民众参与乡村营造、社区改造,促进民众的文明习惯养成,提高民众参与乡村自治的主动性和自觉性。奉天宫参与新港乡治理的方式主要体现在四个方面。

(一)社会公益方面

通过信仰的凝聚力调动信众来参与社会公益事业,是新港奉天宫参与社会治理的指导思想。新港奉天宫在宗教文化活动以外,积极参与社会公益事业的发展,多年以来积极捐资兴学,提倡文化教育和艺术,救济贫民,施以医疗,慰问孤儿,支援地方建设经费,协助政府救助台风灾害和水患等,系统地协助现有的福利制度下覆盖不到或者资助有限的弱势群体。新港奉天宫的社会公益行为得到了台湾地区政府机构和社会各界的高度肯定。

新港奉天宫所在区域内,如果各级学校的设施和教学活动缺乏经费,奉天宫都会开展爱心捐助活动。例如在新港小学,奉天宫辅助建立教室,并划拨专

项经费用于学生的营养午餐。在文昌小学，由于缺乏建设运动场的经费，奉天宫董事会担心会影响学生的身心发展，随即慷慨捐助，使文昌小学运动场得以顺利建成。此外，古民小学的宋江阵民俗活动和闻名台湾地区的月眉小学足球队的训练经费也是由奉天宫资助的。新港奉天宫积极支援当地初中、高中文体艺教育投入，例如资助这些学校举办土风舞研习社、珠算研习社、插花研习班、书法研习班、四书研究班、国学研习会、吟诗班等，推动学校文化艺术的发展。为了提倡阅读风气，培养人文精神，并纪念开台先贤严思齐，奉天宫在1977年以复兴中华文化和推行社会教育为己任，应所在地各级学校学生和民众的需求，在新港奉天宫二楼的宫舍成立了"思齐图书馆"，提供书桌椅子，并按时订阅期刊报纸，免费提供给学子和市民阅读。后来，港乡公所也成立了"新港乡立图书馆"，但因缺乏经费聘用图书管理员，与奉天宫"思齐图书馆"合并，由"思齐图书馆"的管理员管理，因此新港奉天宫"思齐图书馆"进一步扩大了服务范围。奉天宫也会为优秀学生提供资助金，当学生考上大学时，奉天宫会张贴一张红榜单，代表妈祖来表彰中榜的学子，使得学子与宫庙之间的联系越来越紧密。现在台湾地区信仰妈祖的年轻人很多，因此妈祖宫庙通过组织各类活动来密切与年轻人的沟通联系。

新港奉天宫设有贫民特约医院，当贫民看病时，持奉天宫颁发的"贫民就医券"可获得完全免费的救治，设立至今，已救济贫民无数。益生内儿科、名人堂诊所、济生诊所、松田诊所等都加入了奉天宫的贫民医院行列。奉天宫还为医院捐赠救助车、看病药品及医疗器材，并号召健康信众给医院献血。奉天宫还设有一个急难救助机构，这个机构充分体现了妈祖信仰中救急救难的精神，每个月拨15%香油钱给这个机构，由妈祖孤儿院直接拨款。例如某户人家没钱交账，那么急难救助机构就会直接资助他们，需要救助的家庭名单由村长统计汇总，宫庙负责拨款，整个过程效率很高。新港奉天宫还经常举行慈善活动，邀请爱心人士组团前往各地孤儿院慰问孤儿，捐赠慰问金。

新港公园是奉天宫在1980年决定捐资一千万元新台币建设的，这一举动至今都让新港居民无限感念。由于奉天宫是闻名全台湾的妈祖宫庙，每年各种盛大活动期间，都有大批信众和香客前来朝拜，街边的旅店无法完全容纳每次规模巨大的朝拜者,造成许多信众和香客朝拜期间休息不便。因此,奉天宫修建了可容纳三千人住宿的妈祖观光大楼,为信众解决食宿问题。奉天宫平时还大力提倡体育活动,赞助政府举办新港全乡运动大会,在社会各界的反响异常热烈。此外,奉天宫还辅助和捐赠消防队安置防火和防盗设备,协助政府救助台风灾害和水患。

在信众认捐方面,奉天宫会公布当年度所需的物资。例如公布预计今年需要捐 3 台捐血车,信众们便开始认捐。比如一个单位认捐 1000 台币,加入 5 个人,单位即写上 5 个认捐者的名字。新港奉天宫附近的 23 个村落和 18 个小学的饮水机,都由其捐助,奉天宫总共捐助了 100 台饮水机。奉天宫采用认捐的方式,既可以使信众觉得会得到妈祖的保佑,又可以造福百姓。新港奉天宫的捐款项目都是专款专用,用款途径公开透明,这样信众们可以了解捐款用在何处,正因为如此,越来越多的信众愿意参与进来。通过这样的良性循环,信众们对妈祖的信仰程度也越来越高,信众们也越来越愿意在个人经济状况可以承受的范围内积极从事公益事业,新港奉天宫通过完善乡镇的福利制度来帮助更多的人,彰显和弘扬妈祖的大爱精神。

(二)生态环保方面

为了保护环境,提倡节能环保的生活方式,新港奉天宫主要采取两种方式来引导信众养成环保意识。一是以米代金,减少金纸使用。用一小袋大米做成像金子一样的产品来取代原来信众朝拜时用的金纸,既可以做到节约环保,还可以给信众提供健康有营养的优质大米,可谓一举两得。二是减炉封炉,引导信众不烧香或少烧香。其一是将原来的 7 座香炉 21 炷香变为现在的只烧掉一炷香,之后就双手合十拜拜,实现无烟拜拜。其二是减短香炷的长度,控制香炷的材料消耗,同时也减少金纸的量,只提供给信众一张妈祖图画即可。新港奉天宫在引导信众养成环保朝拜、文明祭祀等方面的做法取得了明显的效果,一方面得益于自身的努力,另一方面也是得益于现代公民环保意识的不断增强。目前新港奉天宫使用的环保金炉,在焚烧纸钱时香灰不会乱飘,到空中只剩下水蒸气,由于烧金纸需要水降温,其产生的热能还可以发电,可谓一举两得,兼顾了环保与节能。

（三）纠纷调解方面

新港奉天宫运用妈祖信仰的影响力调解社会矛盾和纠纷。在新港奉天宫的传统信仰圈内，有 41 个村落、65 间庙。村庄的人口增多后分成了两个村庄，因为选举的派系问题可能造成两个村的村民之间的长期不和。这种矛盾会在妈祖过境的时候解决，双方因为共同的妈祖信仰，从而握手言和，化解了矛盾，冰释前嫌。举办庙会时是热闹的，然而有时也会有相反的情况，比如两个村子因为杀猪分配不均问题而打架斗殴，这时候奉天宫妈祖庙管理委员会就会想办法平息争端。如庙里会派几位神明的代言人来协调。代言人由所有参与聚会的人们来认定选出，像这种活动在台湾社会之所以依然存在，是因为人们心中有一个超乎寻常的观念，认为面对大家都解决不了的问题时，只有通过妈祖信仰来和解。在面对更深层次的难题时，会由董事长（"最高领导人"）来执杯仪式，这是一种大家共同认可的模式，也是奉天宫所在地的信仰族群深信不疑的游戏规则。

（四）精神文化方面

民间信仰文化体现在当地人日常生活的方方面面。因此新港奉天宫十分重视文化活动策划与文化联谊事宜，形成独特的庙宇文化，并且积极参与国际文化交流。新港奉天宫每年都会举办"小学生作文比赛""高中学生作文比赛"等各类学生征文比赛，举办"开台妈祖杯网球赛""篮球斗牛赛"等各种球类比赛和文艺展览活动。奉天宫还经营新港戏院，不定期为信众和社区人士提供电影、新剧、歌仔戏、布袋戏等节目，为大众提供中华传统文艺节目。此外，近年来奉天宫还赞助"新港文教基金会"举办一系列文教活动。

在新港地区，妈祖信仰文化根深蒂固地发展，主要是父母对孩子潜移默化的影响。小孩从小跟着父母朝拜妈祖许愿，如果他们的祈愿实现了，他们就会对妈祖更加信服和推崇。不仅家里长辈会常去宫庙朝拜，学校也会带学生来宫庙参观，从而带动学生对于妈祖信仰的推崇。在台湾，民众信仰呈现两极化趋势，即祖辈和孙辈更加推崇妈祖信仰，但父母辈却并不热衷。例如参与徒步环台活动为妈祖进香的主要是年轻一代，一方面是年轻人身强体壮，另一方面和信仰也有很大关系。祖辈推崇妈祖是传统的信仰，他们的信仰出于对美好生活的单纯意愿，例如祈求家庭平安顺利、身体健康。台湾的年轻一代的妈祖信徒聚集的原因比较特殊，主要是由于台湾目前出现了少子化的现象，很多年轻人都没有兄弟姐妹，因此他们借妈祖的力量把这些人聚集起来，形成妈祖信仰的团体。现在很多青年参加了奉天宫的妈祖青年会等组织，最初他们只是单纯的信仰妈祖，可是在加深了解之后，尤其是在参与奉天宫组织的活动中得到更深的启发，如他们在参与奉天宫规划新活动的方案过程中，会提出组织徒步环台、勇渡日月潭、登玉山等想法。这些年轻人不仅参与构思活动，并且帮庙宇去配合实施，同时庙宇也间接地影响参加活动的人。奉天宫还会通过鼓励这些年轻人做一些尝试性实验，使他们对妈祖信仰文化有更深刻的感悟，宫庙也可以积累一些对未来活动的规划经验。

四、台湾地区妈祖信俗与乡村治理的互动分析

台湾地区的妈祖信仰与乡村治理是相互作用、相互融合的关系，在两者互动的过程中不仅起到了更好地传承和发扬妈祖文化的作用，而且也通过妈祖信仰推动了台湾乡村治理的进一步发展。

（一）妈祖信俗在台湾乡村治理中的作用

台湾地区的妈祖信仰已成为村庄、社区人际关系调节的重要手段，成为各民间社团组织互动的桥梁，特别在乡村巩固社会关系，协调社会力量参与乡村生产、生活、生态保护等方面发挥了重要作用。台湾的妈祖信仰组织不仅仅成为信众自发性的信仰组织，也成为民间社团的重要组成部分，推动了台湾的乡村营造和社区再造进程，对乡村环境整顿、乡风文明培育、乡村族群认同等方面起到了涵化和固化作用。台湾地区的妈祖信仰作为一种有效的乡村治理手段，主要通过高度组织化、规模化、结构化、制度化的管理方法，持续推动妈祖宫庙组织发展壮大、组织成员管理素养水平提升、组织机构健全完善。

治理主体多元化是治理理论的首要内容，乡村治理的主体不仅包括了正

式的权力机构——政府,还包括能够得到村民认可的村庄内部权威组织机构,除此之外乡村治理更多地倾向于关注政府以外的乡村权威机构。① 而在台湾地区的乡村治理实践中,民间信仰组织就起到了显著的作用。台湾地区的信仰种类繁多,主要得益于民间信仰组织的长期发展。由于台湾地区的民间信仰并没有受到工业化、城镇化等因素的过多干扰,没有出现停滞、断裂,所以一直处于上升发展的状态中。因此,台湾地区的民间信仰组织化、规模化、结构化特征非常明显。在早期移民社会,台湾地区的民间信仰组织就形成了以村落或社区为单位,"信仰圈""祭祀圈"与村落、社区、村落共同体等高度重叠,这就造就了民间信仰组织与村庄组织、村落社群密切互动,相互作用。而且这种互动密切的民间信仰结构也一直持续到今天。不仅官方型的妈祖宫庙在不断发展,还出现了民间型的妈祖宫庙、都市型妈祖宫庙、社区型妈祖宫庙、乡村型妈祖宫庙等不同形式的妈祖宫庙,这些妈祖宫庙都有一定的管理制度,日常运作也比较规范。这些妈祖宫庙组织与其他民间社团、组织频繁互动的同时,妈祖信仰与乡村治理也密切互动、相互作用、有机融合。

　　台湾地区的妈祖宫庙组织与普遍性的农会组织、村里组织、社区发展协会及其他民间社团组织等互动密切,协同开展各种活动。在台湾,小一点的庙宇则会建立联谊会,比如中华妈祖联谊会、妈祖见面会等与妈祖文化有关的联谊会,也有与其他神明相关的联谊会。联谊会原来是当地的信仰组织,现在变成了一种相互交流的方式,这种异地化的连接,将原来的当地文化变成台湾民俗文化的另一种形式,互相学习、相互借鉴积极有益的成分,这也是台湾庙会近年来出现的一种新气象。台湾地区的妈祖宫庙组织与乡村民间组织互动的渠道主要是通过组织成员个人感情联络、邀请协助开展活动和共同实施具体活动等。例如,妈祖宫庙组织与其他民间团体组织开展环境保护、文明习惯养成、古迹保护活动等。在台湾充分发挥各种民间组织、社团参与村民自治过程的作用,妈祖宫庙组织与其他组织更能有效展开互动。这体现在台湾的乡村再造、社区营造等重要活动中。台湾妈祖信仰组织的活跃,使我们认识到农村

---

① 苏敬媛:《从治理到乡村治理:乡村治理理论的提出、内涵及模式》,《经济与社会发展》2010年第8期。

治理的过程中要重视民间信仰组织的作用,他们是政府与广大信众之间的桥梁,通过规范民间信仰组织的管理机制,完善相关制度,推动民间信仰组织的规范化发展,从而更好地发挥民间信仰组织在乡村治理体系中的桥梁作用。

乡村治理理论的权力配置多元化承认了在公共事务的治理过程中乡村社会的私权力发挥着国家权力不可取代的作用。只要得到公众的认可,不仅政府能行使乡村社会的公共权力,各种农村民间组织甚至是村民个人也可以有效行使乡村治理的公共权力。由于台湾乡村的妈祖宫庙地域性突出,通常以村庄组织、社区组织串联,台湾地区的妈祖宫庙组织董事成员往往是当地乡老、乡贤,大多属于乡村"意见领袖"型具有一定话语权的人士,在地方富有公信力、威望感,深得当地民众的拥戴。而且这些董事成员往往具有政府工作、公司经营、管理等经验,他们使妈祖宫庙与村庄的其他组织互动更加频繁,协同互助更加常态。乡村治理现代化离不开人才。城镇化浪潮中,乡村精英人才的外流成为制约乡村振兴的瓶颈之一。民间信仰组织负责人被称为"民间权威"和"非正式权威",他们不仅在处理生活琐事中能够发挥积极作用,在新农村建设中也可起到不容小觑的作用。

(二)台湾乡村治理推动妈祖信俗的发展

传统的家户制是自大陆移民开发台湾时就已扎根在台湾的,直至 1945年,台湾乡村社会依然保持家户制的传统。国民党统治台湾时实施了基层自治制度,从政治上保障了乡村社会的自治地位,同时延续了家户制传统。在现代治理体制下,台湾的乡村自治制度为家户传统和固有自治网络提供了制度保障,使台湾农民能借助民间传统文化和权力网络参与乡村治理;并且在地方自治下的乡村分权体制也更有利于农民形成参与治理的共同体,通过参与共同体争取更多的资源和利益。因此与大陆的治理体制相比较,台湾乡村治理体制的基本特点是在实现乡村自治的同时民间传统文化和权力网络能得到较好的保留。正是因为这样的环境,使得妈祖信仰更好地保留和传承下去。①

台湾的社区营造"希望藉由文化艺术的角度切入,凝聚小区意识,改善小

---

① 王四小:《论民间信仰的乡村治理功能》,《求索》2013 年第 1 期。

区生活环境,建立小区文化特色,由点而线至面,循序完成打造新故乡,形塑新文化的理想",其中强调了社区文化建设、社区共同体和居民认同感的重建。①在这种环境中,妈祖信仰作为传统文化中的一部分,其所包含的"立德、行善、大爱"能够得到传承和发扬,并且也更容易被年轻一代接受。

综上所述,台湾地区的妈祖宫庙利用妈祖信仰参与乡村治理的成功实践,为福建省妈祖文化资源利用提供可资借鉴的经验。同时,台湾地区的妈祖宫庙操作和运用妈祖信仰资源过程中也存在一些问题,如台湾宫庙之间为了增强自身宫庙的名气和地位,往往引发恶意竞争,争夺信众资源,还经常通过操作和控制某些仪式,固化自身的"信仰圈",以此显示自身宫庙的权威。此外,由于台湾妈祖宫庙的规模化、结构化过于庞大,如果管理人员利用不当,宫庙容易成为某种霸权载体,成为社会推动治理过程中的权力垄断者,甚至成为社会治理过程中的某种阻碍力量。海峡西岸的福建省在推进乡村振兴战略实施乡村治理建设过程中要注意借鉴经验吸取教训,通过发展妈祖文化,不仅有利于社会主义新农村文化建设,而且对中华优秀传统文化起到传承作用,同时也能丰富百姓精神生活,进一步促进乡村文化产业发展。因此必须挖掘和利用农村本土优秀传统文化,宣传和弘扬社会主义核心价值体系,把妈祖信仰文化的"立德、行善、大爱"精神与乡村治理有机融合,努力提升乡村精神文明建设水平,提高民众文明素养。

---

① 袁方成:《当前两岸乡村治理的新理念、新阶段和新动向》,《社会主义研究》2011 年第 6 期。

附录十二:台湾妈祖信俗与乡土社会的互动发展研究

  妈祖信俗的社会影响广泛,在传承和弘扬中华民族优秀文化、推动两岸沟通交流及发展与"一带一路"沿线国家关系上均占有一席之地。近年来,国家大力推行乡村振兴战略,2018年中共中央国务院印发了《乡村振兴战略规划(2018—2022年)》,其中第二十三章提到:"立足乡村文明,吸取城市文明及外来文化优秀成果,在保护传承的基础上,创造性转化、创新性发展,不断赋予时代内涵、丰富表现形式,为增强文化自信提供优质载体。"源于乡土社会且具有乡土气息的妈祖信俗是我国乡村振兴的重要资源。早在2011年,习近平同志就曾指出,"妈祖文化既是乡土文化之一,也是重要旅游资源"。国家"十三五"规划明确提出要"发挥妈祖文化等民间文化的积极作用"。妈祖信俗发源地的福建也于2018年印发《关于实施乡村振兴战略的实施意见》,强调要"围绕乡风文明,繁荣兴盛农村文化",并将妈祖文化与福建红色文化、闽南文化、闽都文化等相提并论。如何保护、弘扬我国民间优秀的传统文化,如何对其进行创造性转化和创新性发展,以服务于我国乡村振兴战略。这是当前全国上下关注的热点难点问题,需要各地积极探索实践。

  如何充分发挥妈祖信俗在乡村振兴中的作用?大陆在这方面的实践和研究还不多,对岸的台湾累积了较多的经验。较大陆而言,台湾现代化进程开始得较早,面临的乡土文化重建危机及其化解也早。因此,在全球化视野下和现代化进程中,台湾乡土文化的转型与弘扬,对大陆有一定的参考作用。台湾对于乡土文化的保护、传承和发展经历了一个较为曲折的发展过程,存在明显的阶段性特征,且其介入主体不再仅仅局限于当地政府,更多的则是来自民间自发而成的力量。民间妈祖信俗就是其中的佼佼者。本文利用学界已有的研究，回顾台湾妈祖信俗与乡土社会互动发展的历程，结合自己的观察研究，分析两者互动的内在机制，归纳其有益经验，吸取其教训，以助力我国当代乡村振兴建设。

一、台湾妈祖信俗与乡土社会互动发展的历程

妈祖信仰是我国台湾地区最普遍的一种民间信仰。据台湾相关资料显示，"自大陆分香来台后妈祖分灵之多，已超过二千多宫"①。其中影响较大的宫庙主要有台南市大天后宫、石林县北港朝天宫、彰化市南瑶宫、台中县大甲镇澜宫、嘉义县新港奉天宫等。台湾信众对妈祖的尊崇衍生出了许多祭祀和庆典活动，其中影响较大、范围较广、参与人数较多的主要是"大甲妈祖绕境"，几乎成为台湾岛内人人关注的焦点活动。1999 年，台中县政府把原来单纯的宗教进香活动命名为"大甲妈祖文化节"，到了 2003 年甚至将其升格为"国际观光文化"活动，命名为"大甲妈祖国际观光文化节"，把妈祖文化打造成当地的一枚文化名片，对扩大妈祖文化的知名度和影响力发挥重要作用。

20 世纪 60 年代以来，台湾学者掀起了研究妈祖信俗的热潮，著作颇丰，学者们或溯其本源，或观察其演变的过程，或概括现状，或进行个例分析，资料翔实、丰富、生动。关于台湾妈祖信俗与乡土社会互动的研究，其代表人物为林美容和张珣。二人的研究一前一后，分别对应妈祖信俗与台湾乡土社会结合的两个阶段。林美容聚焦妈祖信仰的历史形态和社会组织，关注它在传统台湾乡土社会中的角色功能；张珣感兴趣于妈祖信仰的动态发展，注重其与当代台湾乡土社会的互动关系②。

① 台湾寺庙整编委员会：《佛刹道观总览，天上圣母专辑》（第一册），台湾华林出版社 1987 年版，第 91 页。
② 本文主要依据林美容与张珣的研究回顾妈祖信俗与台湾乡土社会的互动历程。

（一）妈祖信俗与传统台湾乡土社会的互动

明末清初,妈祖信仰随着闽粤移民横渡台湾,其后不久便在台湾落地生根,民间各地妈祖庙不断涌现。妈祖信仰与妈祖庙逐渐成为地方凝聚不同姓氏和族群的纽带,在各地形成了一个个以祭祀妈祖为中心的地方"祭祀圈"。祭祀圈是为了"共神信仰而共同举行祭祀的居民所属的地域单位"。各祭祀圈大小不等,包括"部落性、村落性与全镇性等不同的层次";在同一祭祀圈内,民众享有共同的神明信仰、祭祀活动、组织和经费等①。

不仅如此,在祭祀圈的基础上,围绕"进香"等信仰活动,各地还发展出了更大规模的区域组织"信仰圈":"一个以一神明或(和)其分身之信仰为中心,信徒所形成的志愿性宗教组织。"②比较于祭祀圈,信仰圈还具有超地方、越村落及包容性等特征。台湾各地有不少以妈祖信仰为中心的信仰圈,如彰化南瑶宫妈祖信仰圈共包括十个"会妈会",其成员分布于大甲溪与浊水溪两岸包夹的内陆地带,辖区范围跨越彰化县、台中县、台中市和南投县等四县市。关渡妈祖宫的信仰圈覆盖面也很广,从台北地区延伸至整个北台湾范畴如基隆、宜兰和桃园区域。其他较具影响力的传统妈祖区域组织还有台南县西港庆安宫七十八座,台中大甲镇澜宫五十三座,苗栗中港慈裕宫五十三座等,甚至还存在"无庙"的联庄性共祀妈祖的组织,如台中县新社九庄妈信仰圈。祭祀圈实则是传统乡土社会以神明信仰为中心的基本组织单位,而信仰圈是在祭祀圈的基础之上,通过宗教信仰和仪式而形成的区域联盟组织。祭祀圈与信仰圈组织的范畴并非固定不变,会随着时间的推移和社会的变迁而产生变化。

那么祭祀圈是如何发展成为信仰圈的呢? 仅仅只是因为"进香"等宗教信仰的原因吗? 从表面上看似乎的确如此,但是其背后真正的生成机制却是社会的因素。"村落性以上层次的群体性宗教组织之形成,愈远离共居一地的因素,而愈倾向社会性的因素和功能性的因素,或是表示同姓的结合,或是表示同祖籍群的结合,或是为了共享水利设施,或是为了防蕃或地方自卫。无

---

① 林美容:《妈祖信仰与台湾社会》,博扬文化事业有限公司 2006 年版,第 27、30 页。
② 林美容:《妈祖信仰与台湾社会》,博扬文化事业有限公司 2006 年版,第 33 页。

论如何,台湾社会的发展,各种不同地域层次的人群结构,都与民间信仰脱离不了关系。"①如彰化南瑶宫妈祖信仰圈就含有族群祖籍的整合功能,主要包括大陆原乡的漳州人和福佬客,而排除了沿海的泉州人。这就大大彰显了信仰圈所蕴含的社会文化意义,体现了广大乡土社会不同族群的自主组织、整合和治理。祭祀圈与信仰圈的形成和发展也展现了宗教信仰与传统乡土社会的精彩互动过程。为了祭祀和进香的需要,各村庄在祭祀圈与信仰圈之内还积极组建各类阵头组织,教授村社子弟音乐、武术和舞蹈等技艺。仅彰化妈祖信仰圈就有曲馆 194 个、武馆 210 个,主要是北管和狮阵②。这些曲馆与武馆组织亦是妈祖信仰和仪式的产物。如同祭祀圈与信仰圈,这些文艺组织也成为各村庄的代表和象征,在凝聚教化乡土子弟、丰富乡土文化艺术和充实民众精神生活方面都发挥了重要的作用。

民间信仰各类其他神明和庙宇也都可以依其原理发展出各自的祭祀圈和信仰圈组织,但由于妈祖是台湾社会的第一民间信仰,其所形成的祭祀圈和信仰圈数量也稳居榜首,显示了妈祖信仰对于台湾传统乡土社会的巨大影响力。台湾著名的人类学家李亦园先生指出,"妈祖信仰后来以若干源始的庙宇为中心形成很多信仰圈与祭祀圈,并且因而盛行进香、割香的仪式活动,至今仍是台湾民间信仰的重要现象"③。

(二)妈祖信俗与当代台湾乡土社会的互动

林美容关于妈祖信仰祭祀圈与信仰圈的研究在学界引起极大的反响,但是张珣却认为她的研究缺乏历史长期层面的考察④。她的这一批判与她自己的研究旨趣有关。相较于林美容的研究,张珣更关注妈祖信仰在当代台湾乡土社会的发展演变,其代表性研究集中于台中大甲镇澜宫与嘉义新港奉天宫两个个案。台中大甲镇澜宫传统辖区有五十三庄之说,其祭祀范围包括现今

---

① 林美容:《妈祖信仰与台湾社会》,博扬文化事业有限公司 2006 年版,第 126 页。
② 林美容:《妈祖信仰与台湾社会》,博扬文化事业有限公司 2006 年版,第 327—406 页。
③ 李亦园:《人类的视野》,上海文艺出版社 1996 年版,第 296 页。
④ 张珣:《祭祀研究的反省与后祭祀圈时代的来临》,《台湾大学考古人类学刊》2002 年第 58 期。

之大甲镇、大安乡、外埔乡和后里乡四个乡镇。也即镇澜宫与其他地区妈祖宫庙一样,与传统乡土社会结合紧密。然而自步入当代社会之后,镇澜宫与当地社会的关系发生了变化,镇澜宫的妈祖信仰也获得了新的发展。1974年后里乡拒绝向镇澜宫交丁口钱,退出其祭祀范围,这标志着传统镇澜宫祭祀圈的松动,也是其瓦解的开始。1978年镇澜宫改变传统的宫庙管理方式,采取现代财团法人管理制度,加速了宫庙的改革步伐。1987年两岸尚未开放交流,镇澜宫董事会一反以往到北港朝天宫进香的传统,果断决定前往大陆莆田湄洲祖庙进香,此举在台湾引起了轰动。随后不久,镇澜宫带头成立大甲妈祖联谊会,并借此加强与台湾各妈祖庙及大陆妈祖庙的交往和联系,1988年镇澜宫分香到澳门,这些举措都大大加强了镇澜宫在台湾岛内和两岸妈祖宫庙当中的地位。

1999年具有政治背景的颜清标入主镇澜宫董事会,镇澜宫进一步加强与当地和台湾当局政坛的关系,提升其政治影响力。颜清标还充分利用当代交通发达和媒体宣传的优势,借用大甲在台湾各地和海外移民的关系网络,大力宣传发展大甲妈祖前往新港奉天宫的绕境进香活动,为其招来了大量的信徒和香火。在其精心的经营之下,该仪式活动的规模越来越大,持续的时间长达九天八夜,参与的人数多达数万人,进香路程长达几十公里之长,其间信徒要徒步行走330公里,经过4个县市(包括台中、漳化、云林和嘉义)、18个乡镇、110多间宫庙。近年来镇澜宫在绕境进香中把新的科技及文创产品作为宣传点,贴近年轻人的心,使越来越多的年轻人加入绕境活动中。2006年起,甚至和当地大学合作,开发可以实时定位绕境活动位置的人员,并且能够随时提供绕境活动的景象,世界各地的人们可以通过网络随时观看活动的精彩现场画面,这种活动大大扩大了妈祖的影响力。大甲妈祖绕境进香活动现已成为台湾最具特色、影响最大的妈祖信仰活动之一。

大甲镇澜宫本不是台湾有名的妈祖宫庙,其影响力远不及北港朝天宫和鹿港天后宫等老牌妈祖宫庙,但是它在当代的成功转型,使其成为台湾新兴妈祖宫庙的代表,在海峡两岸暨香港、澳门甚至海外妈祖宫庙中都较具有知名度。这也为大甲地方社会带来了机遇和发展的机会,当地政府和企业借此发展观光旅游和地方产业。如大甲酥饼、芋头饼等特色食品,得到了外地进香民众青睐,借助网络渠道而远销至他地。当地还注重妈祖信仰文化的传承与研究,举办"国际妈祖文化学术研讨会"、妈祖文物展等,地方中小学教师成立"大甲妈祖教师研习团",参与进香体验和学习交流;当地文化部门联合地方文史工作者编写大甲妈祖信仰校本课程,让学生学习传承当地特色文化。很显然,镇澜宫的转型发展为当地社会的文化和经济建设作出了贡献,但是它也同时经历了一个"去地域化"的过程:当镇澜宫成为全台知名的妈祖庙时,也标志着宫内的妈祖已经不再专属为大甲信众,而是要面向全台的妈祖信徒了①。

台湾各大知名妈祖庙在当代的转型各有特点,多能按自身的传统和优势而选择不同的发展路径。嘉义新港奉天宫在当代的发展与大甲镇澜宫有共通的地方,也有迥异之处。新港奉天宫传统的辖区是古笨港十八庄,传统的十八庄绕境活动至今仍然得以传承,于每年的正月期间举行。囿于与北港朝天宫的"正统"之争,奉天宫早期的发展缓慢。其后的快速发展得益于台湾解严之后当局权力的下放和对地方社区和产业的重视,及当地精英乡贤的加盟。1994年台湾"文建会"提倡"社区总体营造"的理念,意图动员广大地方民众参与到自己社区的重建与发展,用地方民众的力量发展地方的文化艺术和产业经济,并在政策和资金上给予倾斜和资助。在其影响之下,地方有影响的知识分子和企业家的热情被调动,带头组织新式社会团体,热心于公益慈善事业,为家乡发展献计献策。不少外出打拼的游子也被吸引回乡创业。奉天宫原是新港最为重要的宫庙之一,在此良好的环境之下,奉天宫妈祖信仰再度成为当地不可多得的重要资本。原本被忽视的妈祖庙也再度成为地方民众的文化艺术中心及地方精英云集的平台,并发挥宫庙传统的凝聚和组织功能,积极参与在地文化和经济的建设。庙宇发展与地方发展形成良性互动,相得益彰。

1988年大甲镇澜宫改变传统前往北港朝天宫进香的传统,选择到新港奉天宫进香,此举为奉天宫带来了十多万外地的香客,此后香客数量逐年增多,如何应对和接待如此之多的香客? 这对新港既是挑战又是机遇。所幸奉天宫

---

① 张珣:《历史视野中的妈祖信仰与台中县大甲地区的发展》,《成大宗教与文化学报》2011年第16期。

及时得到了当地精英乡贤的支持。新港陈锦煌医师组织成立新港文教基金会，协助奉天宫处理香客进香后留下的成片垃圾，称为"净港活动"；同时还积极协助奉天宫向"文建会"申请补助，培训和传承当地的北管、宋江阵等传统艺阵。除了新港文建基金会之外，与奉天宫合作互助的社会团体还有凤仪社、舞凤轩、爱乡慈善会等。其后奉天宫在当地著名企业家何达煌的带领下，一方面大力发展当地的妈祖文化建设，通过妈祖信仰仪式联结与台湾各地妈祖庙的关系，并扩大奉天宫妈祖的绕境范围，逐渐从台湾中部朝南部发展；通过学术研讨会，加强与台湾及海外学术界的交流。另一方面进一步加强与大陆妈祖宫庙的联谊和交流。奉天宫除了坚持到莆田湄洲妈祖祖庙和贤良港天后祖祠谒祖进香之外，还开创性地向大陆分灵妈祖庙。2010 年奉天宫在大陆学者的牵线搭桥下，充分发挥其宫庙网络的作用，在福建泉州永春成功分灵一座开永妈祖庙①。

新港乡没有秀丽的山光水色吸引游客前来游山玩水，然而却因奉天宫妈祖信俗及其周围的文化创意产业吸引了众多的游客前来观光体验。新港乡由于交通不便，现代化的进程较慢，但却因此保存较多的古建筑及传统生活和生产方式。新港传统的特色产业如交趾陶、剪黏和制香等，与奉天宫妈祖信仰相关，在台湾有一定的名气且得到了较好的传承。这些产业在现代艺人与企业家的精心包装和创新之下，发展出"新港香艺园区""板陶工艺园区"和"古笨港陶华园"等园区，"旧瓶装新酒"，传统产业在当代焕发出新的活力和魅力。如当地制香艺人、奉天宫董事陈文忠在文教基金会的帮助下，将传统的制香业成功转型为新港香艺园区，集吃香玩香品香与深度体验于一体，成为一个多功能的综合体。园区之下有"新港香艺文化馆""香料香草生态园区""八卦祈福园圃""香艺庭园餐厅""名香夜宿"等。传统的特色产业经过与地方妈祖信俗文化在当代社会的互推互进，实现了"华丽的转身"②。

① 陈进国:《地方信仰传统的复兴与社会资本的运作——以新港奉天宫分灵福建陈阪宫为例》，载萧庆伟、陈支平、李玉柱主编:《闽台文化的多元诠释(四)》，厦门大学出版社 2015 年版，第 180—192 页。

② 张珣:《妈祖信仰与文化产业:人类学的个案研究——以台湾嘉义新港奉天宫为例》，《莆田学院学报》2012 年第 3 期;《从民间信仰与地方文化产业看国家与地方的关系:以新港奉天宫为例》，载《第四届国际汉学会议论文集》，2013 年，第 115—160 页;《宗教与文化创意产业:新港奉天宫与香艺文化园区》，《辅仁宗教研究》2014 年第 29 期。

相较于传统社会,妈祖信俗与当代台湾乡土社会的互动融合无疑更为全面深入。受现代化交通、网络和新媒体等因素的影响,妈祖信俗与乡土社会的互动进程不断加速,其交织面也越来越广,除却民众的日常的宗教信仰生活之外,也波及政治、经济和文化领域,深入影响各行各业。妈祖信仰的政治化、商业化、遗产化、国际化也反过来加速了妈祖信俗在当代社会的转型和变迁,其形式与内容变得越来越复杂,呈现出后乡土时代的特征。

二、台湾妈祖信俗与乡土社会互动的内在机制

大多数妈祖文化研究学者认为,明末清初妈祖信俗从福建传播到台湾,既延续了大陆地区妈祖信俗的标准化特点,又呈现了它与台湾地区文化、社会交融的地域性特征。由于两岸在文化建制、社会制度、妈祖宫庙管理模式等方面差异较大,台湾地区的妈祖信俗与乡土社会互动发展具有独特性。在互动融合历程方面,妈祖信俗在台湾经历了从传统到现代的传承与转型。由于妈祖信俗超越了其他民间信仰文化的影响力,成为乡村振兴和治理中重要的文化资源。台湾妈祖信俗与乡土社会的互动有其内在的生成机制。

(一)妈祖信俗是台湾乡土社会和谐的"文化纽带"

在台湾,妈祖文化之所以能够成为乡土建设中的重要构成元素,就在于其具有维系乡土认同、增强社会凝聚力以及整合社会意识的"文化纽带"功能。而这种文化纽带不仅通过共同体的信仰力量编织而成,还通过各式各样的仪式庆典凝结而成。台湾的妈祖宫庙以及宫庙所举办的各种仪式和庆典强化了群体的记忆、增强了对文化和社会意识的认同和情感,对妈祖的崇敬内化为对邻里乡亲的爱与善。在日常生活当中,每个人可能因为快节奏的生活而过于关注与自己有关的事物,这有可能导致人们的社会意识和情感受到侵蚀和瓦解;但是在妈祖信仰的熏陶之下,人们的思想和情感又重新凝聚到共同的信仰和传统之上,对社会施予更多的价值关怀,使人们完全倾注于社会事物,人与人之间的关系更为密切。因此,社会在这样一种文化氛围的感染之下更富有

活力和生机,或者说使一个散乱的社会获得了转变和新生。在这样一种亲和的世界里,那些曾经因利益关系而彼此冲突的小群体都消除了对彼此的防备心理,重新融入了村社或社区这个大共同体当中。妈祖宫庙和庆典仪式改变了当地人们的文化价值、关系价值和生活价值。同时,台湾妈祖文化作为民间文化的主体,不仅是一种宗教文化,更是一种乡土社会独具特色的艺术和规制文化。妈祖信仰的审美体验,不仅使寻常的农家生活充满诗情画意,引导人们创造生活;同时也能引导人们一心向善,努力使自己的行为符合道德和法律的规范,积极适应时代的变化和发展,使生活呈现出文明和谐的人文感受。

(二)妈祖信俗是台湾乡土社会治理的"整合器"

由于台湾乡土社会的发育程度较高且社会组织的发展程度也较快,妈祖宫庙就在这样的背景下成为兼具神圣性和地方公业相结合双重属性的重要场所。妈祖宫庙的负责人参与社会公共事务是比较常见的。许多宫庙负责人为村中的"民间权威",或是"非正式权威",在村社之间的威望较大,虽然没有基层干部的身份,但却能够在调解民间纠纷、组织村民集体参加公益事业时发挥实际领导作用。在某些乡村,民间信仰场所甚至充当了处理地方事务的机构,是权力向基层社会渗透的一个窗口。台湾妈祖宫庙虽然不是行政组织,但它代表的是妈祖的意志,体现出"公"的一面,往往能得到当地民众的信赖。"宫庙董事会"依靠民间信仰带来的各种社会资本的力量,在台湾当局直接管理不到位的领域发挥着积极作用,成为处理村社矛盾冲突、维护村社公平正义,维系村社秩序的重要力量。此外,妈祖信俗的主旨仍是教化百姓和谐向善,但是随着台湾社会不断向前发展,其文明和开化的速度也大幅度提升,妈祖信仰主旨也逐渐融入了时代的要求当中,直接应用到社会治理中,比如提倡节俭、文明和环保等与现代社会息息相关的主流价值。这些价值是宝贵的文化财富,是乡村治理中可利用的重要资源。妈祖信仰以其"神圣性"把社会上各个不同利益集团的价值观综合统一起来,形成一个供大家共同遵守的规范,以此增加社会的稳定性。总之,通过将妈祖文化融入村社管理以及村社文化之中,有力地促成了不同祖籍人群、不同信仰人群的再度整合,妈祖信仰成了社会整合和凝聚的一种精神力量。

（三）妈祖信俗是台湾乡土社会经济的"助推器"

在村社形成的时候，庙宇也随之建立。整个社区就以庙宇为中心向四周延展，庙宇所承担的不仅是聚落地理中心位置的作用，以其形成的一整条"庙宇"产业链对当地的经济发展状况也产生了直接或间接的促进作用，甚至成为一个地区的商业和经济活动中心。台湾妈祖信仰与当地经济发展之间存在着一种互动的关系，而且在大多数情况下这种互动是成正比的，呈现出一种互为依存的状态。台湾妈祖信仰区的经济发展在一定程度上影响了当地宫庙和相关活动的规模；同时，妈祖信仰香火的旺盛又会带动整个社区的经济活动，促进当地经济的发展。各种类型的妈祖庙会就是这种互动关系的一个具体表现，它是集文化活动与经济活动于一体的典型代表。同时，在台湾的妈祖信俗中蕴藏着能够激发广大游客好奇心和求知欲的内容。关于妈祖的一些传说、仪式活动和文创产品等，都成为台湾当地独具特色的民俗文化旅游资源，大大充实了妈祖文化这一人文景观的底蕴和内涵，不仅提高了相关游览区的知名度，更是增强了其对游客的吸引力。台湾妈祖庙会现已成为当地一个标志性的文化符号和文化印记，对吸引两岸同胞乃至全球华人华侨的观光旅游起到了重要的作用。此外，随着社会的发展，妈祖文化对台湾经济的影响日益扩大，经济文化一体化越来越引起台湾人民的重视。从某种意义上说，文化是发展经济的精神支柱和智力保障。独具风格的妈祖文化利用自身优势充分整合各类文化资源实现招商引资，不仅有利于妈祖文化自身的传承和发展，也对区域经济发展起到强大的推动作用。

（四）妈祖信俗是台湾乡村社会运行的"规制工具"

妈祖信俗主旨随着时代的变迁不断丰富和完善。目前，妈祖信俗中增加了不少注重环境和规范民众行为的重要内容。妈祖信俗中关于生态环境的禁忌在一定程度上起到了保护传统文化资源和人文景观的作用。妈祖信仰中有大量关于信仰场所、仪式器物的禁忌和崇尚自然的价值内核，对自然环境、妈祖文化资源和景观的保护延续都起到了积极的作用。诚实、公正、守信等是经济生活中至关重要的美德，妈祖信俗会将这些美德以潜移默化的形式灌输给信众并对其他社会成员造成影响,产生一种规制作用,使遵守道德规范和法律秩序内化于广大民众的自觉行为当中,从而对提升台湾社会的文明和谐程度、减少村社管理成本提供了重要的价值基础。同时,妈祖进学校进课堂在台湾得到了强烈的回应与反响,对下一代的教育首先是源自对其世界观、人生观和价值观的塑造,妈祖信俗自带着许多优良的成分,对青少年学生的思想和道德教育都会产生积极的作用。通过开展颂讲妈祖故事、讲解贡品制作等相关活动,不仅让在校学生感受到一种心灵的净化,更是将妈祖信俗的精华以潜移默化的形式传播给学生,这种正能量能转化为学生的自觉思想和行为,使其在社会生活中处处以道德和法律要求自己,从而形成一种良好、文明、守法的社会风气。

台湾妈祖信俗与乡土社会形成良性互动,特别是在当代社会,妈祖信俗在地化过程中出现了众多的民俗活动和形式,在丰富民众生活生产的同时也更好地弘扬和发展了妈祖文化。许多台湾的妈祖宫庙都在以自己的方式尽力引导社会和回馈社会,致力于宣传和践行生态文明的理念和价值,甚至不惜投入巨大的财力、人力和物力,建立和创办一系列服务于社会各阶层的基础设施项目和工程,其所承担的职能已经不再局限于人们所认知的神职和精神慰藉功能,更重要的是在于其对社会的责任与担当。以大甲镇澜宫为例,信众所捐赠的善款,除用在宫庙事务、祭祀庆典活动之外,也秉承着妈祖济世的精神核心,积极地运用于各项慈善和公益事务上。2003 年,大甲镇澜宫成立大甲妈祖基金会;2009 年,为了给无家可归的儿童提供一个可以健康成长的环境,成立了台湾第一所民间庙宇创办的幼育园机构——镇澜儿童家园。镇澜儿童家园原则上对入住的孩子抚养到 18 岁,但是由于各种情况,依然会延长照顾的时间,直到确定孩子可以自立生活才完全放手。正是因为妈祖信俗有了这份历史使命和社会关怀,才能够在漫漫历史长河中依然充满着生机与活力①。

---

①　陈荣裕编:《妈祖的囝仔——大甲镇澜宫跨世代传承》,商讯文化事业股份有限公司2015 年版,第 58—105 页。

三、结　语

　　台湾社会在传承和发展妈祖信俗方面走在大陆的前面,成功地摸索出了一套具有借鉴意义的有益经验做法。首先,台湾当局推动了对妈祖信俗和妈祖文化的保护,政策上的鼓励和扶持为妈祖信俗的保存和传播起到了关键的作用。各地宫庙也积极创新传承机制,扩大妈祖信仰的影响力。一方面,台湾当局出台相关法律法规支持民众保护传统优秀文化;另一方面,积极引导妈祖宫庙逐步实现转型和升级,使之更为符合台湾的实际情况和时代的需要。其次是台湾注重发展与妈祖信俗、妈祖文化相关的产业,致力于打造妈祖精品文化商业圈,开发出品种丰富广受欢迎的妈祖文化创意产品,也创建了具有本土特色妈祖品牌,将妈祖信俗的文化底蕴优势成功地转化成为经济发展的一大新动力,为妈祖信俗的内涵注入了新的内容,促进了妈祖信俗与经济社会的深度融合。再次,妈祖信俗之所以会成为台湾第一大民间信仰,与各行各业的协同努力是密不可分的。在台湾,无论是政治家,还是商人,抑或普通的老百姓,对妈祖的强烈崇敬之情使他们打破了阶层的局限走到了一起,形成了一个个互通共融的妈祖祭祀圈、信仰圈。广大信众在妈祖的感召之下凝聚在一起,协同攻克了各种难题,也开拓了妈祖信俗在台湾传承与发展的新局面。最后,台湾妈祖宫庙自身也努力实现职能转变。如今的台湾妈祖宫庙摒弃了以往铺张浪费、破坏生态的祭祀方式,以实际行动践行生态文明和绿色发展的新型理念。同时,台湾的众多妈祖宫庙也承担着社会教化和扶贫济世双重功能,除了采用更为民众所喜闻乐见的形式传播社会正能量之外,还广泛开展各类慈善和救助活动,加速了妈祖信俗与台湾民众社会生活的融合。因此,台湾的妈祖信俗在传承妈祖精神的同时,进入越来越多人的日常生活,在提升妈祖文化影响力、推动两岸交流互动、带动文化创意产业等方面作出贡献,使得妈祖信仰更加现代化、普及化、生活化和年轻化,为妈祖文化的薪火相传注入新活力。

　　但是,台湾地区在推动妈祖文化与乡土社会融合中也存在突出的问题。一是妈祖信俗中"迷信"思想对民众思想的负面影响。妈祖信俗高度崇尚和信奉妈祖的旨意,常常含有宿命论、因果报应、命由天定等消极观念,容易对民众的心理和行为产生误导,忽视个人后天的努力,从而导致扭曲的世界观、人生观和价值观。封建迷信的思想会导致民众形成错误的思想观念和意识,在这样一种错误观念和意识的指引下,人们容易丧失明辨是非和真伪的能力,这对民众的心灵和身体都会造成一定的伤害。在台湾现代化发展的过程中,这无疑是妈祖信俗所带来的潜在威胁,同时也影响了民众正常的生产和生活。但是很多信众无法意识到这一点,不知道发挥个人的主观能动性而是一味求神灵保佑。更有甚者,有些信众为了改运,花大笔资金去求神拜佛,将求来的神符整碗喝下去,甚至吃香灰,影响健康。二是狂热的妈祖信俗活动影响社会安定。由于受到迷信思想的影响,台湾部分信众对妈祖的信奉和崇拜有时候达到狂热的程度—或大兴土木、修缮和建设各类宫庙;或投入大笔资金盲目举办各类庆典和祭祀活动。以声名远播的大甲妈祖绕境敬香活动为例,活动每年都吸引了众多信众参与,近年来甚至有很多海内外游客慕名而来,创造了宗教活动的奇观。在妈祖绕境活动中,所行之处都受到当地民众的热烈欢迎。民众们普遍认为妈祖銮轿会给所经之处带来好运,停留时间越长,福气就越多。因此,为了让妈祖能够多停留一些时间,通常会燃放大量的烟花爆竹,不但污染环境,还造成大量的浪费。更甚者是出现抢轿的行为,这种行为有时候会引起冲突,甚至酿成群体性事件。为此,需要出动大量警力来维持秩序,这不但对行政造成一定的压力,也会消耗大量社会公共资源。台湾彰化地区是妈祖绕境活动中抢轿最严重的地方,以前是地方角头(黑社会)参与较多,现在由于资讯的发达,绕境活动全程直播,全世界都可以实时观看,有些年轻人甚至希望通过打架斗殴等方式来抢轿,目的是为了上镜来提升自己在帮派或者组织中的名声。三是城镇化的快速推进导致传统妈祖信俗和妈祖文化受到冲击。随着城市的急剧扩张和城镇化的迅速推进,许多外来文化在台湾生根发芽,受到了广大年轻人的追捧和欢迎,逐渐成为社会的主流文化。而以妈祖信俗为代表的优秀传统文化由于形式过于烦琐、内容过于单一、未能及时实现自身的转型和发展等原因而日渐式微,甚至一度面临消亡的困境,因此,如何在面对外来强势文化冲击的情况下保持妈祖信俗的生命力,就成为一个亟待深入思考和解决的重要问题。

　　民间信仰与传统乡土社会的关系紧密。劳格文对于客家传统社会的调查①，丁荷生、郑振满和陈春声等对于民间信仰与地方社会的讨论②，彰显了民间信仰确实是了解我国乡土社会日常生活、经济生产、社会组织和空间结构的一把金钥匙。妈祖作为我国的第一大民间信仰，大陆传统社会也存在着一个个大大小小的妈祖祭祀圈和信仰圈（或称为"仪式联盟"）。在当代社会，由于种种因素的影响，妈祖信俗与乡土社会的互动融合不似台湾那么深入全面，但其发展势头不可阻挡。近年来我国越来越重视发挥传统文化的作用，并且强调要对传统文化作创造性转化和创新性发展，民间妈祖信俗的转型发展方兴未艾，各地都在积极探索实践之道。我们应积极借鉴台湾地区推动妈祖信俗与乡土社会互动发展的经验，同时也要吸取其教训，立足实际挖掘妈祖信俗的当代价值，使之与乡土社会相融合发展，进而推动乡村振兴发展。

---

　　①　劳格文主编：《客家传统文化丛书》（共 30 册），香港国际客家学会、海外华人资料研究中心、法国远东学院，1996—2006 年。

　　②　郑振满、陈春声主编：《民间信仰与社会空间》，福建人民出版社 2003 年版；Kenneth, Dean and Zheng Zhenman, *Ritual Alliances of the Putian Plain*, Vol. 2(Brill,2010)。

附录十三:调研的部分照片

课题负责人宋建晓访谈文峰宫主任委员陈鹭

宋建晓访谈台湾高校的徐崇荣教授、谢贵文教授

宋建晓、曾伟访谈台湾地区徐崇荣教授

谢贵文课题组成员调研台湾朝元宫

课题组成员深入湄洲镇宫下村访谈村民

课题参与者指导村民填写问卷

课题参与者访谈湄洲镇村民

课题组帅志强等访谈湄洲妈祖祖庙吴国春副董事长

课题组帅志强访谈湄洲岛管委会文明办主任

课题组与湄洲镇主要行政村相关负责人召开座谈会

课题组成员调研台北市北投关渡宫

课题组成员调研旱溪乐成宫

后　记

　　本书是国家社会科学基金艺术学项目(项目批准号 16BH133)结项成果。在课题研究过程中,中国社科院历史研究所、福建省委宣传部、省文化旅游厅,莆田市委、市政府有关部门,湄洲岛、湄洲湾北岸管委会,湄洲岛妈祖祖庙董事会、湄洲湾贤良港天后祖祠董事会、莆田文峰宫董事会、台湾新港奉天宫等单位给予了大力支持,福建农林大学公共管理学院苏时鹏教授、黄安胜副教授、黄森慰副教授和硕士研究生邱怡慧、闫三曼、曹悦宁等,以及莆田学院帅志强副教授、蔡福兴副教授、曾伟副研究员、江良副教授、陈建武副教授、陈金亮博士、连晨曦博士、陈祖芬教授、林明太教授等给予了无私帮助,在此表示由衷的感谢! 本书在写作中还得到了方宝璋教授的指导,在此也表示崇高的敬意! 本书的出版吸收了学界的众多成果,人民出版社编辑们付出了辛苦努力,在此一并表示感谢!

　　由于笔者学识有限,时间仓促,本书难免存在不足之处,敬请各位专家学者批评指正。

宋建晓

2019 年 8 月于莆田学院